상식으로 꼭 알아야 할 유럽

상식으로 꼭 알아야 할

유럽

이야기는 힘이 세다 편저

(주) 삼양미디어

유럽,　　　언젠가 가겠다는 꿈을 꾸는

유럽! 1989년 해외여행 자유화 이후 30년을 바라보는 지금에도 그 이름은 아직 실감나게 깊이 와 닿는 공간은 아닙니다. 물리적인 거리도 만만치 않을 뿐 아니라 그 공간을 경험하기 위해서 들여야 하는 비용과 시간의 문제도 여전히 크기 때문입니다. 그러나 점점 더 유럽은 가까운 공간이 되고 있습니다. 방학과 장기 휴가를 이용해서 도전하는 공간, 나를 돌아보는 공간으로 유럽은 다가왔습니다. 여기에 모 방송프로그램을 통해 유럽에 대한 로망이 본격적으로 불이 붙었습니다. 이제 그 유럽으로 여행을 떠나고 싶습니다.

일생에 한 번! 그렇습니다. 이 책에 소개된 유럽 7개국의 내용은 모두 유럽으로 떠나려는 사람이 가기 전에 보고 더 많은 것, 더 넓어진 시야로 유럽을 만나도록 '가능성'을 높이는 것에 주목했습니다. 그리고 세계사로 알기에는 너무나 벅차고 무거운 공간에 보다 쉽게 접근할 수 있도록 했습니다. 그래서 여행 책만을 보고 떠나기에는 너무 허전하다는 마음을 위로하려고 했습니다.

모든 사람을 위한 책!

여행이란 도구는 우리를 변화의 최전선에 서도록 합니다. '우물 안 개구리'라는 말을 사용하지 않아도 세계를 본 사람과 세계를 보지 않은 사람의 간극은 분명히 존재합니다.

하지만 그렇다고 해서 단순히 시간, 비용의 선택에 의해서 단체로 무리지어 다니면서 정해진 일정에 따라 수박 겉핥기로 유럽의 공간을 보고 찍어 오기에 유럽은 너무나 크고 많은 이야기들이 살아 숨 쉬는 곳입니다.

여행은 또한 잊히지 않는 가장 위대한 교육이며, 가장 값진 선물이기도 합니다. 그래서 그런 잊히지 않는 여행을 떠나고 싶다면 무턱대고 들뜬 마음과 비용만을 생각하고 떠나지 말고 철저히 가려는 곳에 대해서 공부하고 준비할 필요가 있습니다. 그런 다음에 가서 본다면 눈으로 그것을 더 큰 감동으로 배우고, 생각하고 느끼고, 기억할 것입니다. 그곳에 잠든 역사와 문화와 인물을 보다 입체적으로 만날 수 있을 것입니다.

따라서 이 책은 유럽을 사랑해서 언젠가 한번은 그곳을 만나러 갈 사람들이 먼저 만나서 꿈을 구체화하고 현실화하고 공부하고 준비할 수 있도록 해 주는 도구가 되려고 합니다.

이 책에는 세계사적으로 가장 큰 위상을 차지하는 유럽의 대표국가인 영국, 프랑스, 독일, 오스트리아, 스위스, 이탈리아, 스페인을 한 권으로 묶었습니다. 하지만 이 책은 단순히 관광지로서의 여행서라기보다 유럽 7개국에 대한 종합적 입문서에 가깝습니다.

유럽 7개국의 대표 도시, 대표 관광지는 물론 꼬리에 꼬리를 물고 얽히고설킨 유럽의 거시적이면서도 미시적인 역사, 그들이 가진 자연환경, 유럽 각 나라와 민족의 국민성, 그들이 구사하는 수백 가지 언어, 가톨릭과 청교도 등 복잡하게 얽힌 종교, 때로는 관광자원으로 때로는 국가의 경계로 이용되는 지리까지 모두 담았습니다.

여기에 역사와 문화, 예술적 차원에서 각 나라들에 접근하려고 했습니다. 그래서 문학, 미술, 건축, 철학, 과학, 음악, 연극, 뮤지컬, 영화의 내용까지 핵심적인 부분을 담았습니다.

유명 철학가, 음악가, 문학가, 과학자, 건축가, 미술가, 연출가 등 그들의 작품들은 물론 그들의 삶이 묻어나는 공간에 대해서 말하고 있습니다. 아울러 소소하나마 유럽의 국가들이 가진 기본적인 국경일, 공휴일, 예절, 습관, 속담, 축제와 문화행사, 음식과 식문화, 스포츠까지 담아서 아직 가보지 못한 나라에 대해서 충분한 이해와 공부가 되도록 했습니다.

知則爲眞愛

愛則爲眞看

看則畜之而非徒畜也.

알면 곧 참으로 사랑하게 되고,

사랑하면 참으로 보게 되고,

볼 줄 알게 되면 모으게 되니 그것은 한갓 모으는 게 아니다.

조선 시대 문장가인 저암 유한준의 글입니다. 이 글은 〈나의 문화유산답사기〉를 쓴 유홍준 교수가 그의 책 머리말에 일부를 인용하면서 유명해졌습니다. 바로 "사랑하면 알게 되고, 알면 보이나니, 그때 보이는 것은 전과 같지 않으리라."는 것입니다. 어떻습니까. 이제 유럽을 사랑하면 알고 싶어질 것입니다. 그때 이 책은 전과 다른 유럽을 보는 첫 도구가 되어줄 것입니다.

편 저 자 이야기는 힘이 세다

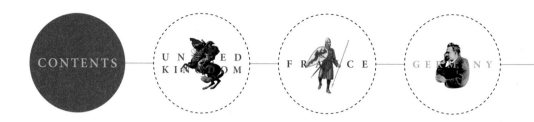

CONTENTS   UNITED KINGDOM   FRANCE   GERMANY

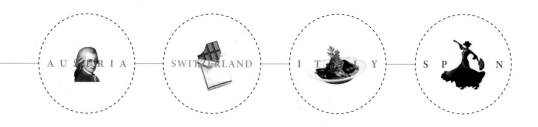

 ## 오스트리아

 ## 스위스

 ## 이탈리아

 ## 스페인

부활절

폴로 경기

프리미어리그

UNITED KINGDOM

앵글로색슨족

얼그레이

가이폭스데이

빨간색 2층 버스

버킹엄 궁 근위병 교대식

영국

CHAPTER 1 영국

영국의 공식 명칭은 그레이트 브리튼과 북아일랜드 연합왕국(United Kingdom of Great Britain and Northern Ireland)이다. 인구는 6,500만 명으로 수도는 런던이고, 인종은 앵글로색슨족과 켈트족이며 언어는 영어를 사용한다. 체제는 내각책임인 입헌군주제이며, 통화는 파운드를 사용한다. 시차는 우리나라보다 9시간 늦으며, 서머타임인 3월에서 10월까지의 기간에는 8시간이 늦다. 영국은 세계 표준시가 되기 때문에 2000년 그리니치에서 밀레니엄 돔을 개관하였는데, 2000년 한 해 동안 대중들에게 새 천 년을 기념하는 전시회를 선사했다.

'대영제국에 해질 날이 없다'는 말이 있을 정도로 세계 여러 나라에 영향을 미치는 세력이 큰 나라인 영국. 영국을 대표하는 주요 인물로는 위대한 극작가이자 시인인 윌리엄 셰익스피어, 16, 17세기에 유럽 대륙과 영국 내 정치적 혼란 속에 빠졌을 때 종교의 안정을 이루면서 영국의 황금시대를 주도했던 엘리자베스 1세, 가장 장기간 왕권을 휘두르며 영국의 전성기를 불러왔

던 빅토리아 여왕, 제2차 세계대전 중 독일군에게 지고 있던 영국이 승리하
도록 이끈 인물로 수상을 두 번이나 지내며 당시 전시에 지친 영국인들을 고
취하는 연설로 유명한 윈스턴 처칠, '대처리즘'이라는 말이 생길 정도로 뛰어
난 정치적 역량을 발휘한 영국의 최초 여성 수상인 마거릿 대처, 영국의 찰스
왕세자와 결혼, 이혼 후 많은 자선 활동을 하다가 교통사고로 사망한 다이애
나 황태자비도 있다. 영국의 역사 속에서 이들의 발자취를 찾아보고, 영국의
지리적 특징과 역사, 전통과 생활, 예술과 대중문화 등에 대해서 알아보자.

❧ 영국의 자연환경

　영국은 남쪽이 비옥한 평야라는 점과 따뜻한 기후때문에 많은 유럽 국가
의 서쪽 세력 확장 열망을 부추겼다. 해양성 기후로 안개가 많이 끼고 바람이
많이 불고 비가 많이 내린다. 섬나라로 대서양 해류의 영향을 많이 받으며,
우리나라보다 여름은 선선하고 겨울은 온난한 편이다. 영국은 비슷한 위도
인 모스크바와 비교했을 때 따뜻한 편이고, 건조한 날보다는 비가 올 가능성
이 많기 때문에 날씨는 늘 사람들의 관심거리이다. 날씨 변덕이 심하다 보니
사람들은 날씨에 민감하고, 일기예보를 자주 하며 단순한 표현보다는 세세한
표현으로 날씨 정보와 기온을 알려준다.

　영국의 봄은 비교적 높은 위도에 위치하기 때문에 늦게 오는 편이다. 평
균기온은 8℃에서 11℃ 정도로 상당히 서늘한데, 3~4월보다는 5~6월에 날
씨가 좋아서 영국 전역에서 다양한 행사가 많이 개최된다. 여름 하지 때는 밤
11시에도 주변이 환하게 밝고, 새벽 5시가 되면 백야현상이 일어난다. 백야
현상은 지구가 기울어진 상태로 자전하기 때문에 여름에 북쪽으로 올라온 태
양 빛이 밤이 되어도 계속 유지되어 발생하는 것이다. 특히 영국의 북쪽에서

| 안개 낀 런던. 걸어가는 행인들 뒤로 뿌옇게 웨스터민스터 사원이 보인다.

뚜렷하게 나타난다. 여름 저녁에는 약간 서늘한 편이다. 여름 기온은 따뜻하고 온화하더라도 구름과 안개가 많이 끼고 비가 많이 온다. 반대로 화창한 날에는 사람들이 공원에서 일광욕을 하는 등 모두 귀한 화창한 날을 즐긴다.

영국의 가을은 도시보다는 시골에서 더욱 아름다운 계절이다. 우리나라의 가을에 볼 수 있는 알록달록한 단풍과는 다르게 영국의 단풍은 황색이나 갈색이 많고, 조용한 풍경이 특징이다. 공기는 맑고 차갑지만 겨울과는 차이가 확연하고 9월부터는 코트 없이 외출하지 않는 것이 좋을 정도로 추워진다. 영국의 겨울은 안개가 가득한데, 여름과는 반대로 낮이 짧고 구름이 깔린 차가운 날이 많다. 12월까지는 견딜만한 추위이며, 눈은 잘 내리지 않는다. 하지만 1월의 날씨는 정말 혹독할 정도로 춥고 진눈깨비가 많이 내린다. 이때에는 특히 서리가 많이 끼고, 한기를 많이 느끼게 된다.

❧ 영국의 국민성

섬나라라는 지리적인 특성과 네 지역이 연합된 국가라는 점에서 영국의 국민성은 그들만의 민족적 특성과 정서, 제도 등이 여전히 담겨 있다.

영국은 다문화 사회로 켈트족, 로마인, 앵글로색슨족, 노르만족 등 여러 민족이 뒤섞인 복잡한 인종으로 구성되어 있다. 19세기에 유대인들이 런던에 자리 잡았고, 20세기 중반에는 이민 바람이 거세게 불었다. 1945년부터 영국은 인도, 파키스탄, 방글라데시의 영연방 민족과 독일, 이탈리아, 폴란드, 헝가리의 유럽계 이민자들도 받아들였다. 현재 영국인의 성격과 문화는 여러 민족을 반영한 결과이다. 영국인들은 자부심과 도덕적 우월감이 높고 대영제국으로서 문명을 전파한다는 사명감을 지니고 있지만, 앵글로색슨족을 고양하고 타민족을 무시하려는 인종차별주의가 뿌리 깊게 내려져 있다.

영국 국민의 특징을 살펴보면 먼저 스코틀랜드인은 고집이 세고 구두쇠라는 평판을 받고 있다. 이들은 엄청난 자부심을 갖고 있다. 웨일스인들은 다정하고 음악을 좋아하지만 잉글랜드인이라고 하면 불쾌해 한다.

전반적으로 영국인들은 익숙하지 않은 것에 대해서는 거부감을 보인다. 또한, 섬나라이기 때문에 내부 분열이 생겨도 갈 곳이 없다 보니 아예 분쟁을 만들지 않기 위해 감정을 억제하고, 언행을 우회적으로 하는 특징이 있다. 영국인들은 차분하고 조용하며 거리에서 떠들고 과한 표현을 하지 않는다. 이들의 냉정함, 침착함, 근엄함은 북유럽의 영향을 받았다.

영국인들은 강직하고 정직한 국민성을 지니고 있는데, 재난에 직면했을 때 두드러진다. 화재나 참사가 발생했을 때 드러내놓고 슬픔을 표현하지 않고 절제된 표정으로 드러낸다. 이러한 특성 때문인지 집사라는 직업이 영국에만 존재했었다.

영국인들은 골동품을 좋아하고, 특히 영국을 상징하는 것에 대해서는 더욱 보수적이고, 지속성을 추구한다. 예를 들면 매년 열리는 의회 개원식도 오랜 관습을 여전히 따르고, 버킹엄 궁 근위병 교대식도 변함없이 치러진다. 공적인 영역에서는 보수적인 측면이 있지만, 개인적인 측면에서까지 보수적이라고 할 수는 없다. 전반적으로 영국인들은 변화에 적극적이지 않을 뿐이다. 변화보다는 전통을 선호한다. 영국인들은 프라이버시를 중시한다. 개인적인 질문(예를 들면 가족관계나 수입 등과 관련된 질문)은 무례하다고 생각한다. 사생활에 대해 무관심한 태도를 보이면 영국인들에게 좋은 인상을 형성할 수 있다. 그들은 영국 나라를 개인과 동일시하지 않는다. 자국에 대한 우월감은 많지만, 이를 적극적으로 펼치지 않는다. 이들은 타인을 쉽게 집으로 초대하지 않으며, 초대에도 쉽게 응하지 않는다.

영국인에게 뿌리 깊게 존재하는 정서는 계급의식이다. 영국의 계급은 현재 세 가지로 나뉜다. 귀족과 자본가 계급인 상류계급, 기업가와 직장인인 중산계급, 육체노동에 종사하는 노동자계급이 그것이다. 현재에도 이들은 계급과 출신을 따지며 이러한 차이는 정치적으로 중요하기보다는 개개인의 일상과 태도에 영향을 준다고 볼 수 있다. 예를 들면 계급에 따라 다른 악센트의 영어를 구사해 악센트로 계급의 차이를 알 수 있고, 대화 주제, 가치관, 여가에서도 차이가 난다. 현재는 평등주의적인 분위기가 확대되어 사회적 신분 상승도 가능하지만, 여전히 계급의식은 영국인들의 삶에 중요한 부분이다. 영국인들은 공식적인 행사와 자리에서는 옷차림과 격식을 중시하고, 친해지면 격식은 덜 중시된다. 격식이 사라져야 친한 관계라는 것이 입증되는데 친구의 집에 방문했을 때 집주인이 격식을 차려 대접하면 이를 고맙게 여기기보다는 진정으로 친한 사람에게 하는 대접이 아니라고 여기기도 한다.

영국은 규칙과 규율이 엄격한 편인데, 과거 앵글로색슨족은 성향이 거칠고 난폭한 야만족이었기 때문에 영국의 엄한 규율이 이들을 다스리기 위해 만들어진 것으로도 볼 수 있다. 의외인 점은 이들에게 유머감각은 필수적이고, 우회적인 블랙 유머를 한다는 것이다. 이들은 드러내 놓고 적대감도 표현하지 않는다. 다만, 무관심할 뿐이다. 신체 접촉도 싫어하기 때문에 악수하더라도 살짝 잡아야 하고 아주 친한 사이가 아니면 볼에 입맞춤하지 않는다. 따라서 볼에 입술을 대는 시늉을 하는 영국식 키스를 한다.

영국의 언어

세계 10억 인구가 사용하고 있는 세계 공용어인 영어는 캐나다, 미국, 오스트레일리아 등 대륙들의 국어로 세계에서 널리 쓰이는 언어이다. 영어가 널리 쓰이게 된 것은 영국이 세계적으로 경제, 정치, 문화에 영향력이 컸다는 것도 의미한다. 영국인들의 95%가 영어를 사용하고 있는데, 영어는 약 2,000년 전에 로마인에 의해 라틴어가 영국에 전래하였고, 영어는 고대 민족들의 언어를 흡수해서 만들어진 일종의 혼성어이다. 영국에서 로마 문화의 영향으로 한때 라틴어가 사용되기도 했지만, 잉글랜드에서는 줄곧 고대 영어가 널리 사용되었다. 앵글족, 색슨족, 쥬트족의 방언에서 발전하여 잉글랜드 전 지역에 보급되면서 고대 영어가 된 것이다.

1150년경부터는 중세 영어의 시대로 영어의 표준화가 이루어졌다. 300여 년에 걸쳐 영어는 대영제국의 팽창 정책으로 북미, 아프리카, 아시아, 호주에 전래되었다. 국제적인 위치를 확보한 영어는 정작 영국에서는 지역마다 변형되어 사용되고 있다. 글래스고, 잉글랜드, 북아일랜드, 요크셔, 뉴캐슬, 리버풀의 방언이 모음의 발음과 억양에 있어 차이점이 두드러지고 비표준어

| 웨스트민스터 사원. 성공회 성당이다. 왕의 대관식이나 왕족의 결혼식이 거행되는 곳으로 윌리엄 왕자와 케이트 미들턴의 결혼식도 여기에서 열렸다.

가 많이 섞여 있다.

✾ 영국의 종교

역사적으로 봤을 때 영국의 종교는 로마의 가톨릭과 영국 교회인 성공회의 반복되는 힘 싸움으로 왕이 바뀔 때마다 주 종교도 바뀌었다. 과거 앵글로색슨족은 칼날 같은 추위에서 살다 따뜻한 영국으로 넘어오면서 자연환경의 소중함을 많이 중시했다. 그들은 자연환경과 관련해 토르, 프레야, 오딘 등의 여러 신을 강하게 믿었다. 국가 체제를 형성하기 전에 섬나라 원주민들은 드루이드교를 믿고 태양을 숭배했다.

유럽에 퍼져 있는 기독교가 영국에 넘어오자 앵글로색슨족도 점점 기독교를 믿었다. 그것이 영국의 종교가 되었다. 6세기에 로마 가톨릭이 지배적이었고, 로마 가톨릭은 이혼과 재혼을 금하고 있었다. 성공회는 16세기 개혁 때 헨리 8세가 창설하였는데, 표면적으로 교회의 조직과 예배와 비슷하다. 성공회는 중용의 입장에서 구교와 신교의 장점을 포용하려는 전통을 지녔다. 18세기에 개신교는 적극적으로 외국 전도에 힘써 아시아, 아프리카 등에 교회와 미션스쿨 등을 창립했다. 영국에서 가톨릭은 1850년 개신교가 종교가 된 이후 관용을 얻어 기틀을 마련하게 된다. 오늘날 가톨릭 신자들은 다양한 계층으로 구성되며 많은 신자가 유럽의 다른 지역 출신들이었다.

현재 영국에는 기독교뿐만 아니라 이슬람교도, 힌두교, 유대교, 시크교도 신자도 많이 있다. 잉글랜드보다는 웨일스, 스코틀랜드, 북아일랜드가 더 강한 종교적 경향을 지닌다. 스코틀랜드에는 국교인 장로교회에 110만 명이 있고, 북아일랜드는 절반의 인구가 개신교이다. 웨일스에는 공식적인 교회가 없고, 성공회가 해체되었고 감리교와 침례교가 가장 많이 전파되었다. 영국은 150만 명 정도의 모슬렘교도와 사원 및 기도 센터가 있다. 시크교도는 40만 명 정도로 그레이터 런던, 맨체스터, 버밍햄에 존재하고 있다. 힌두교도는 32만 명에 달하고 최초의 힌두교 사원이 런던에 세워졌고, 영국 전역에 150개 이상 위치하고 있다.

영국은 양적인 면에서 종교가 침체한 것은 사실이지만, 여전히 국민들의 일상생활과 사고방식에 중요한 요소로 작용하고 있다. 최근에는 영국에서도 인생의 중요 과업이면서 행사인 결혼, 죽음, 출산 및 생명 탄생 같은 경우에만 종교 생활을 하는 사람들도 많다. 자연 생태와 인간의 발전을 중시하는 뉴에이지 영성도 증가하고 있다.

CHAPTER 2 영국의 지리와 도시들

세계의 중심이라 불리는 영국은 유럽 대륙 북대서양에 위치한 섬나라이다. 지리적으로 면적이 24만 4,101km²이며, 지정학적으로 위도는 우리나라보다 높은 북위 50°부터 60°에 자리 잡고 있다. 북쪽의 스코틀랜드, 남동부의 잉글랜드, 남서부의 웨일스로 구성되어 있고, 북아일랜드를 합쳐 United Kingdom으로 불린다.

영국의 4개 지역은 주요 도시와 소읍이 있는 몇 개의 주로 이루어져 있고, 자치구와 마을로 나눌 수 있다. 북쪽은 산과 구릉이 많은 산악지대이고 남쪽으로 갈수록 비옥한 평야이다. 엘리자베스 2세 여왕의 통치 아래 통일 왕국을 이루고 있지만, 잉글랜드를 제외한 다른 지방은 주민과 종교가 다르고 각 지방의 고유한 특징을 간직하고 있다. 지리적으로 영국의 가장 큰 특징은 섬나라라는 점이다. 영국은 해군의 힘으로 엄청난 식민지를 차지하여 대영제국으로 커질 수 있었다. 영국은 여러 나라가 모여 있는 유럽 대륙에서 한 발짝 떨어져 있는 섬이기 때문에 막강한 해군의 힘을 가지고 유럽 대륙과 세계 나라들의 세력 균형을 맞추는 역할을 해 왔다.

잉글랜드

영국 역사에서 중심 역할을 해 온 잉글랜드는 과거와 현재가 공존하며 지적이고 예술적인 지역이다. 영국의 수도인 런던이 위치하고, 그레이트브리튼 섬의 반 이상을 차지하는 지역이다. 북쪽으로 스코틀랜드, 서쪽으로 아일랜드 해와 웨일스, 대서양이 있고, 남쪽으로는 영국해협, 동쪽으로는 북해와 접하고 있다. 잉글랜드 대부분은 평지이거나 완만한 구릉지로 현재 인구의 80%를 수용하고 있다.

잉글랜드는 바다로 둘러싸여 있고 멕시코 만류와 편서풍의 영향으로 기후가 비교적 따뜻하다. 눈이 적게 내리기 때문에 거주하고 농경하기에 적당하여 일찍부터 인류가 정착하기 시작한 곳이다. 잉글랜드는 산이 적은데, 페나인 산맥이 잉글랜드 북부를 서부와 동부로 나뉘며, 콘월 반도와 약간의 산지가 있다. 중요한 강은 템스 강과 세번 강이다.

잉글랜드에 위치한 주요 도시를 살펴보자. 런던은 가장 큰 휴식 공간인 템스 강을 끼고 위치해 있다. 런던 시를 중앙에 두고 첼시, 치즈윅, 덜위치, 햄스테드, 이즈링턴 등의 소도시들이 모여 33개 구역으로 나누어져 있는 거대 도시이다. 경제와 금융의 중심지인 시티, 정치 중심지인 웨스트민스턴을 중심으로 부유층이 사는 웨스트엔드와 서민층이 사는 이스트엔드가 있다. 런던에 영국의 1/5분의 인구가 살고 있고, 굉장히 다양한 인종으로 구성된다. 런던은 21세기에 와서 비약적인 도시로 발전하지는 못했지만, 반면 지난 세기 문화의 많은 장점을 잘 보존하고 있다. 런던탑, 타워 브리지, 세인트 폴 대성당, 의회, 로열 페스티벌 홀, 피커딜리 광장이 있고 시내 곳곳에는 오락과 문화 시설이 즐비해 있다.

잉글랜드의 정원으로 불리는 남동부 잉글랜드는 기후가 온화하고 지형이 낮아 농업과 목축업이 발달하고 무역의 중심지로서 영국에서 가장 풍요로운 지역이다. 윈체스터와 캔터베리는 과거에 영국의 정치와 종교의 중심지였고, 햄프셔의 데인베리의 성채, 피시본의 장원, 로체스터와 보디암과 윈저에 있는 성 등의 문화유산이 있다. 브라이턴은 영국 최대의 휴양지이며, 도버해안의 흰 절벽이 유명한 도버, 전쟁터에서 휴양지로 변한 헤이스팅스, 조용한 옛 도시인 윈첼시가 있다. 남서부 잉글랜드는 국립공원으로 지정되어 있는 다트무어, 많은 미술작품으로 그려진 콘월 지방, 스톤헨지가 있는 윌트셔 주의 솔즈베리 평원, 항구인 포츠머스와 사우샘프턴이 있다. 중부 잉글랜드의 이스트 잉글랜드에는 세계적으로 유명한 대학 도시인 케임브리지, 겨자 상점으로 유명한 지방 도시인 노리치, 영국의 가장 오래된 도시인 콜체스터 등이 있다. 영국의 대표 문호인 셰익스피어의 고향인 중부 잉글랜드에는 산업 혁명이 일어난 버밍엄, 슈롭셔, 우스터, 레스터셔 등 농업 지역도 자리 잡고 있다. 옥스퍼드 대학이 있고, 로빈 후드의 무대로 잘 알려진 노팅엄은 주요 관광 명소이며, 중공업 도시인 코번트리, 역사 도시로 유명한 워릭, 도자기로 유명한 스토크온 트랜트, 아름다운 마을이 있는 코츠월드 구릉지대와 휴양도시인 첼트넘이 있다. 북부 잉글랜드에는 산업 혁명의 중심지이면서 현재는 축구로 유명한 맨체스터, 거대 항구인 리버풀, 영국 역사의 축소판인 요크가 있다.

✤ 스코틀랜드

가장 북쪽에 위치한 스코틀랜드는 그레이트브리튼 섬의 약 1/3을 차지하고 있다. 삼면은 바다에 접해 있고, 서북쪽은 대서양, 남쪽으로는 노스 해협을 두고 북아일랜드와 마주하고 있다. 지리적으로나 문화적으로 구분이 뚜렷한 산악지대, 저지대, 남부고지대 등 3개 지역으로 나뉜다. 약 4,000개의 옛 건축물들이 존재하는 곳으로 그들만의 독자적인 정체성을 지닌 곳이다. 잉글랜드와의 경계에는 작은 소도시가 있고 목축업이 활발한 남부 고지대가 있다. 그 위로는 스코틀랜드 80%의 인구가 거주하고 있는 구릉 지대와 비옥한 농장들이 펼쳐져 있는 중앙 평원이 있다. 더 북쪽으로는 하이랜드로 거주보다는 관광업과 위스키 생산이 유명하다. 스코틀랜드의 중심 도시는 글래스고와 에든버러가 있다.

글래스고는 스코틀랜드에서 가장 큰 도시로 증기 기관을 발명한 제임스 와트와 자유주의 경제학의 시조인 아담 스미스 등의 인재를 배출하여 산업혁명의 발발과 자본주의의 발전에 크게 이바지한 도시이다. 한때 심각한 산업공해로 불명예를 지닌 곳이었으나 현재는 청결한 도시로 거듭나고 있다.

에든버러는 옛 스코틀랜드 왕국의 수도이다. 스코틀랜드의 행정, 학문, 법률, 문화의 중심지로 비교적 부유하고 세련된 도시이다. 언덕 위에 건설된 지형적 특성 때문에 북부의 아테네로 불리며 잉글랜드와 인접한 곳이어서 끊임없는 전쟁을 겪으면서 독립 항쟁을 주도한 곳이다. 에든버러 성이 중심이 되는 구도시와 성 아래 구시가지인 네 도로가 연결된 로열 마일은 옛 거리와 명소들이 있다. 종교개혁의 중심지인 성 자일즈 성당도 위치한다. 신도시는 조지아풍의 석조 건물들이 있고 샬럿 광장에서 성 앤드류 광장까지 뻗어 있는 프린세스 스트리트에는 쇼핑가가 있다. 이 거리에는 스코틀랜드의 문호였던 월터 스콧을 기념하는 기념비가 있고, 프린세스 스트리스 동쪽에 있는 칼튼 힐에서는 아름다운 전망을 볼 수 있다.

🎵 북아일랜드

북아일랜드는 남서쪽으로는 아일랜드 공화국, 동쪽으로는 아일랜드 해와 노스 해협, 북쪽으로는 대서양과 접한다. 북아일랜드의 수도는 벨파스트로 가톨릭 신자들의 주거 지역이다. 이곳에서 신·구교 종교 싸움이 계속되었고, 인종 문제 등이 복잡하게 얽혀 있어 영국의 위신과 체면을 깎아내리고 있다. 이곳에는 고집이 센 켈트족이 자리를 잡았기 때문에 인종과 종교 문제가 더욱 거세진 것이다. 그렇다고 신변이 위험한 곳은 아니며 벨파스트 외에는 매우 평화롭다. 뛰어난 자연환경을 자랑하는 동부의 앤트림 계곡과 거인의 길이 있다. 아일랜드의 수많은 설화가 남아 있고, 뛰어난 작가와 시인들이 많이 배출되어 노벨 문학상을 받은 사람도 4명이나 된다.

🎵 웨일스

영국의 가장 서쪽에 위치한 웨일스는 투박함이 매력이다. 이곳도 역사적으로나 지역적으로 독립되어 고유한 특성을 잘 유지해왔다. 이 지역의 대부분은 산악 지형으로 아주 오래된 암반 지대와 스코틀랜드 쪽으로 높이 솟아오른 지형이다. 걸프만 해류의 영향으로 지중해성 기후를 느낄 수 있는 곳이기도 하다. 웨일스는 고대 켈트족의 언어를 적극적으로 지키고 발전시켜 온 만큼 그들만의 강력한 민족의식과 자연환경에 대한 애착도 강하다. 하지만 지형적으로 분리되어 있고 언어의 차이 때문에 남부와 북부로 나누어져 있고, 교류가 잦지 않은 편이다. 북부 웨일스는 리버풀과 가까이 지내고 중부 웨일스는 잉글랜드 서쪽 지방과 가까이 지낸다. 사우스 웨일스는 산업화하였고, 노스 웨일스는 거친 매력을 보존한 곳이다. 웨일스인들은 자신들이 진정한 영국인들이라고 믿고 자부심이 대단하다.

CHAPTER 3

영국을 대표하는 관광지

영국을 관광하기 위해 알아둬야 할 필수 정보는 다음과 같다. 비자는 무비자 협정을 체결하고 있기 때문에 6개월 이하로 관광을 목적으로 방문할 경우 비자는 필요 없고, 숙박은 비교적 가격이 싼 호스텔과 영국 전통식 숙소인 B&B, 게스트하우스와 호텔이 있다. 영국의 공휴일에는 대부분 상점이 문을 닫지만 관광명소는 문을 연 곳도 많다. 하지만 크리스마스에는 모든 곳이 문을 닫는다. 관광 시 교통편은 비행기, 버스, 기차, 자동차가 있고, 저가 항공사들이 주요 도시를 운영하지만 기차가 가장 효율적인 이동수단이다. 여름이 가장 관광객이 많다. 명승지에 사람이 적고, 날씨가 좋은 봄이 여행하기에는 가장 좋은 계절이고,

| 수륙 양용 모양의 차. 시내를 관광하는 여행객들이 주로 이용한다.

사람이 붐비는 것이 싫다면 가을, 겨울에도 조용하고 평화롭게 여행할 수 있다. 영국을 여행할 시에는 변덕스러운 날씨에 대비하기 위한 우비와 도보여행을 위한 편안한 신발이 필수품이다.

런던

런던에는 런던 아이, 웨스트민스터 사원, 버킹엄궁전, 국회의사당(빅벤), 대영 박물관, 트래펄가 광장, 내셔널 갤러리, 마담 투소 밀랍 인형관, 타워 브리지, 세인트 폴 대성당, 노팅 힐, 자연사 박물관이 있다.

먼저 웨스트민스터 주변부터 살펴보자. 관광객들에게 인기가 많은 웨스트민스터 주변은 걸어서 충분히 다닐 수 있는 거리이며, 템스 강 주변에 볼거리가 모여 있다. 2000년 밀레니엄 시대를 맞아 유리 캡슐형으로 제작된 대관람차인 런던아이는 야경이 아름답기 때문에 밤에 관광하는 것이 좋다. 소요

| 1894년 완공된 런던의 타워브리지. 대형 선박이 지나갈 때마다 다리 가운데가 열리는 개폐형 구조다.

| 여왕의 집무실이 있는 버킹엄 궁전의 정문. 여왕이 궁에 있을 때는 왕실 깃발이 게양된다.

시간은 30분 정도이며, 런던 시내를 한눈에 볼 수 있어 인기가 좋다. 웨스트민스터 사원은 영국 왕들이 대관식을 올리던 곳으로, 다이애나 왕세자비의 장례식이 치러진 곳이다. 13세기 헨리 3세에 의해 건설되었고, 헨리 8세가 이혼 문제로 로마 교황과 맞서면서 당시 가톨릭 교회와 수도원을 몰수했는데, 이곳은 왕실과 관련이 깊은 곳이기 때문에 무사할 수 있었다. 대관식 의자와 촛대의 돌, 헨리 7세의 예배당이 있고, 성당 내부 벽면과 바닥에 있는 역대 영국 왕과 처칠, 뉴턴, 셰익스피어와 같은 위인들의 묘비와 기념비가 있다.

또 다른 영국의 랜드마크는 영국왕실인 버킹엄 궁전이다. 이곳은 1762년 조지 3세에 의해 지어졌다가 조시 4세 때 개축한 곳으로, 영국왕실의 모습을 볼 수 있는 곳이다. 궁전 앞 정면 중앙에는 이 궁전에 처음 거주했던 빅토리아 여왕의 기념비가 서 있고, 그 위로 황금색의 브리타니아 여신이라는 천사조각이 수호신처럼 자리 잡고 있다. 실내에는 650개의 방이 있고, 뒤편에는 넓은 정원이 있다. 11시 30분이 되면 근위병 교대식을 볼 수 있고, 퀸스 갤러리

| 버킹엄 궁전 앞 광장. 영국은 해가 지지 않는 나라이고 영원히 군주가 존재하는 나라이다.

와 로열 뮤스에서 미술품과 명품 마차를 가이드 투어를 통해 볼 수 있다.

영국은 역사에서 알 수 있듯이 최초의 의회 민주주의가 발전한 곳으로 런던의 국회의사당과 빅벤 또한 주요 명소이다. 영국의 북부 지역인 블룸즈버리에 있는 대영박물관은 지하 1층부터 지상 2층으로, 규모가 크기 때문에 하루에 이곳만을 다 관람하기도 벅차다. 원래 1753년에 한스 슬롯 경의 소장품과 이집트, 그리스의 유물, 전리품으로 가져온 이집트의 상형문자가 새겨진 검은 돌인 로제타스톤, 이집트 19왕조 3대 왕으로 화강암 석상인 람세스 2세의 석상, 왕관을 쓴 두상의 높이만 3m인 아메노피스 3세의 석상, 그리스 아테네가 세운 파르테논 신전의 일부 조각들, 서아시아의 발굴 유물 등 세계 각국의 전리품이 모여 현재는 600만 점이 넘는 대형 박물관으로 거듭나게 되었다.

도심지인 소호에 위치한 트래펄가 광장은 영국이 나폴레옹을 격파한 곳이기 때문에 형성된 곳으로, 중앙에 넬슨 제독이 있고 네 군데에 사자상이 있

| 세계 3대 박물관 중 하나인 대영박물관 전경. 왕실이 소유한 박물관으로 상시 무료 개방된다.

| 대영 박물관 내부에 전시된 그리스 신전의 일부

| 대영 박물관 내부 이집트 컬렉션

다. 이 사자상은 예상과 달리 왕권을 의미하는데 다리의 모양을 크로스가 아니라 일자형으로 표현해 넬슨 제독의 힘을 과시하고 왕권을 무기력하게 묘사하였다. 광장 위쪽에 위치한 내셔널 갤러리는 영국 최초의 국립미술관으로 2,200여 점이 전시되어 있고, 1250~1900년대의 작품들이 시대별로 전시되어 있다. 세인즈베리관에는 레오나르도 다 빈치, 얀 반 에이크, 보티첼리, 라파엘로, 조바니 벨리니의 작품이 전시되어 있고, 서관에는 미켈란젤로, 틴토레토, 엘 그레코의 작품이, 북관에는 루벤스, 렘브란트의 작품이, 동관에는 고야, 모네, 세잔, 고흐의 작품이 전시되어 있다.

런던의 북부 지역인 매릴러번 주변에는 셜록 홈스 박물관과 유명인들을 닮은 밀랍인형들로 유명한 마담 투소 밀랍인형관이 있다. 런던의 동부 지역인 시티에는 세계에서 두 번째로 큰 세인트 폴 대성당이 있다. 성당 내부의 화려한 모자이크 벽화와 지하 예배당에는 유명 위인들의 묘가 있다. 특히 속삭이는 회랑이 유명하다. 또한, 시티에는 유리 통로로 연결된 타워 브리지가 있다. 이곳에서 아름다운 템스 강 전경을 볼 수 있다. 노팅 힐은 서부 지역에 위치한 켄징턴에 있는데, 영화로 유명해진 거리로 런던 최대의 시장인 포트 벨로마켓이 서는 곳이 있다. 자연과학의 학습장인 자연사박물관에는 공룡, 조류, 파충류 등 생물 표본을 전시하고 있는 라이프 갤러리와 보석과 귀금속을 전시하고 있는 어스 갤러리가 있다.

영국은 산책하기도 좋고 볼거리도 많은 정원이 유명하다. 런던 시내에 위치한 하이드 파크, 영국 왕실 공원 중 하나로 런던에서 가장 큰 리젠트 파크, 오래된 왕립 공원인 세인트 제임스 파크, 사슴을 볼 수 있는 리치몬드 파크, 다양한 식물과 아름다운 장미로 꾸며진 위슬리 가든이 있다.

옥스퍼드 & 케임브리지

영국을 대표하는 명문대학 도시인 두 곳은 오랫동안 라이벌 관계였다. 약 800년 동안 학문의 본거지인 옥스퍼드부터 살펴보자. 런던에서 북서쪽에 위치하여 대학 도시인 옥스퍼드는 문예 부흥의 중심지로 마가렛 대처, 토니 블레어 등 유명 정치인들을 배출하였다. 옥스퍼드에는 과학사 박물관, 카팩스 타워, 크라이스트처치 칼리지가 있다. 예전에 애슈몰린 박물관이라고 불리던 과학사 박물관은 왕실 정원사가 대륙을 여행하며 수집한 것들을 전시하고 있다. 이곳에는 청동기 시대 전시품과 미술품, 앵글로색슨 왕을 위해 만든 알프레드 보석이 전시되어 있다. 옥스퍼드를 상징하는 카팩스 타워는 15분마다 종을 치는 교회의 일부로 탑 전망대에서 옥스퍼드를 보는 것이 묘미이다. 프라이스트처치 칼리지는 13명의 영국 총리를 배출한 명문 대학으로 대학 내에 성당이 있다. 영화 〈해리포터〉의 마법학교 식당 장면이 촬영된 곳으로 유명하다.

옥스퍼드 못지않게 오래된 전통과 역사를 자랑하는 케임브리지는 89명의 노벨상 수상자를 배출한 명문 대학으로 원래는 요새를 세우면서 시작되었다. 이곳에는 퀸스 칼리지, 킹스 칼리지, 클레어 칼리지, 트리니티 칼리지, 세인트존스 칼리지가 있고, 입장료를 내야 입장할 수 있다.

윈저

템스 강이 흐르는 언덕 위에 위치한 윈저는 관광객들에게 인기가 많은 곳으로, 영국 여왕이 주말에 머무는 별장인 윈저 성이 있다. 이곳에는 세인트 조지 성당이 있는 로어 워드, 둥근 탑이 있는 미들 워드, 공식 행사 때 여왕이 거주한 스테이트 아파트먼트와 미니어처 모형의 자택이 있는 어퍼 워

| 900여 년 넘게 왕실의 거처로 사용되는 윈저 성

드가 있다. 윌리엄 왕자가 졸업한 명문 대학인 이튼 칼리지도 이곳에 있다.

그리니치

찰스 2세가 세운, 세계 시각의 기준점이 되는 그리니치 천문대가 있는 곳으로 유명하다. 이곳은 과감한 개발로 뉴타운으로 거듭난 곳이며 과거 중세 건물과 현대 건물이 조화를 이루고 있다. 왕립 천문대가 있고, 해상 수집품이 전시되어 있는 국립 해양 박물관이 있다.

솔즈베리

잉글랜드 남부에 위치한 솔즈베리는 고대 유적지와 기념비를 볼 수 있는 역사 관광지이다. 고대 영국의 신비로움을 품고 있는 스톤헨지는 오디오 투어와 특별 근접 투어를 운영하고 있고, 관람 인원이 제한되어 있으므로 미리 예약하는 것이 좋다. 스톤헨지 근처에는 우드헨지가 있고, 영국에서 가장 규모가 큰 원형 거석 기념물이 있다. 가운데로 도로가 관통하고, 영국에서 가장 높은 첨탑을 자랑하는 솔즈베리 대성당이 있다. 외곽에는 올드 새럼의 유적지도 있다.

스트랫퍼드어폰에이번

영국의 위대한 문장가인 셰익스피어 관련 유적지로 관광객이 많이 몰려드는 곳이다. 셰익스피어 생가와 극단이 있어 연극을 감상할 수 있다. 셰익스피어생가트러스트는 생가, 전시관, 장식정원, 내시의 집, 홀스 크로프트를 관리한다. 셰익스피어 연극에 언급된 나무 종류를 모아 놓은 나무 정원, 그의 어머니가 살던 가옥, 교외 박물관, 그의 무덤이 있는 홀리트리니티 교회가 있다. 이곳에는 로열셰익스피어 극단이 있어 프로덕션을 돌아보는 것만으로도 수준 높은 극단의 모습을 엿볼 수 있다. 이곳의 유명한 펍으로 '더티 덕'이 있는데 이곳에서 로열셰익스피어 극단의 뒤풀이가 벌어진다. 아름다운 시골 마을에서는 산책하기 좋다.

에든버러&글래스고

에든버러에는 에든버러 성, 훌리루드하우스, 로열마일, 스털링 성이 있다. 에든버러 성은 스코틀랜드에서 역사상 중요한 곳으로 세인트마가렛 예배당, 왕궁, 스코틀랜드 국립전쟁박물관이 있어 관광객들이 끊이지 않는다. 홀리루드하우스는 왕국의 공식 거주지로 궁전이 있고, 예술작품과 골동품, 건축물이 가득하다. 홀리루드 수도원과 공원도 산책하기 좋다. 에든버러에는 18세기 도시 빈민들이 거주한 골목과 지하실이었다가 최근에 발견된 지하도시가 있다. 또한, 영화 〈다빈치 코드〉에 등장했던 로슬린 채플은 역사상 중요한 행사를 진행한 곳이며, 전망대가 있는 로열마일은 거울과 렌즈를 이용해 전망을 볼 수 있는 암상자(暗箱子)가 있다. 글래스고는 스코틀랜드에서 가장 큰 도시이자 우아한 도시로 유명하다. 이곳에는 선구적인 건축가이자 예술가였던 찰스 레니 매킨토시의 숨결을 잘 느낄 수 있는 매킨토시 하우스가 있으며, 빅토리아 여왕의 부를 드러내기 위해 만든 조지 광장과 글래스고의 문화예술을 감상할 수 있는 켈빈그로브 공원에 위치한 아트 갤러리와 뮤지엄이 있다.

맨체스터 & 리버풀

영국 제2의 도시인 맨체스터는 축구팀의 본고장으로 세계적으로 유명한 축구 클럽과 박물관이 유명하고, 노스임페리얼 전쟁박물관과 라우리, 과학산업박물관 그리고 맨체스터 유나이티드의 홈그라운드인 올드 트래퍼드가 있다. 문화도시로 성장하고 있

는 리버풀은 가장 큰 관광명소인 앨버트 독부터 세인트조지 홀, 워커 미술관 등이 있다.

CHAPTER 4 영국의 역사

유럽 대륙의 서쪽 끝, 영국

영국에 처음 발을 디딘 원주민은 이베리아인이었고, 약 2,400여 년 전에 켈트족이 처음 문명을 형성했다. 켈트족은 유럽 대륙 전역에 사는 씨족 국가로 문명과 기술이 발달한 민족이었다. 이들이 대륙의 서쪽으로 영역을 확장하다가 영국을 발견하여 자리 잡았고, 이베리아인들을 북쪽으로 내쫓았다.

하지만 로마 장군 율리우스 카이사르가 로마 제국 영토를 확장할 목적으로 영국을 정복하였고, 영국은 로마 제국의 영토가 되었다. 로마는 템스 강에 요새를 세우고 전쟁 기지로 사용했는데 이곳이 론디니움, 지금의 런던이다. 로마는 영국에 다양한 문명과 군대 등을 정착시켰고, 영국은 라틴 문명의 영향을 굉장히 많이 받게 된다. 그 후 약 300년 동안 전쟁 없는 평화가 찾아왔지만, 약 1,600여 년 전 다시 북방 스코트족이 남쪽으로 침략해 왔다. 당시 로마 군대가 본토로 떠나면서 위태로워진 영국은 도이칠란트 북부 작센에 사는 게르만족의 일파인 색슨족에게 도움을 요청했다. 하지만 정작 이 민족들은 영국의 자연환경에 반해 앵글로족과 함께 영국을 침략했다. 비옥한 평야지대인 남쪽 잉글랜드는 앵글로색슨족이 자리 잡고, 그 외 세 지방으로 켈트족을 내쫓았다. 그래서 현재까지도 서로 다른 민족이 그때의 악감정이 남아 있기도 하다. 앵글로색슨족이 자리 잡은 영국은 여러 왕국을 형성하고 400년 넘게 평화롭게 살았다. 영국은 라틴(로마) 문화와 게르만 문화에 뿌리가 있고, 끊임없이 두 문명의 영향을 받으며 성장한다.

잉글랜드 왕국 성립

다음으로 영국에 쳐들어온 민족은 바이킹족이었다. 덴마크와 노르웨이에 살던 노르만족인 바이킹족이 쳐들어왔을 때 영국의 여러 왕국은 힘을 모아 앨프레드 대왕을 왕으로 선출하고 화평 조약을 맺으면서 영국을 지켜냈다. 이 대왕은 군대로 나라를 지키고, 학문을 권장하는 등 영국 역사에 중요한 인물이다. 하지만 그가 죽은 후 덴마크가 다시 영국을 넘봤고, 영국 왕으로 덴마크인 크누드가 되었다. 크누드는 덴마크와 노르웨이 왕도 겸하면서 스칸디나비아 제국을 건설했다. 하지만 크누드가 죽어 스칸디나비아 제국이 와해하고 영국은 다시 섬나라가 되었다. 다시 프랑스 서북쪽의 노르망디를 차지하고 있던 노르만족인 공 윌리엄이 영국을 침략하였다. 이들은 프랑스에 거주하고 프랑스 문화를 따르지만, 정확히는 노르만족이었다. 윌리엄은 1066년 잉글랜드 왕 윌리엄 1세로 즉위하게 되었고, 프랑스 문화와 생활방식, 언어를 영국에서 사용하기 시작했다. 카이사르 이후 두 번째로 라틴 문화가 영국에 전파된 것이다. 영국인들은 언어, 풍습, 정치, 문화 등 라틴 문화에서 많은 영향을 받았고, 영국의 왕실은 노르만족으로 채워졌다.

그 후 윌리엄 1세가 죽자 헨리 1세가 최종적으로 즉위하게 되었고, 헨리

1세의 딸은 왕권을 지키기 위해 프랑스의 앙주 백작과 결혼하면서 플랜태저넷 왕조가 세워진다. 아들인 헨리 2세는 프랑스 루이 7세와 이혼한 엘레오노르와 재혼하였고 그녀가 가진 남프랑스의 땅은 고스란히 영국 소속이 되었다. 결국, 영국의 왕이 프랑스의 절반이 넘는 영토를 소유하게 된 것이다. 헨리 2세는 정치, 법과 제도 등을 구축하여 평화로운 진정한 통일 왕국을 만들었다. 하지만 헨리 2세 자녀들의 권력 욕심으로 리처드 1세가 왕위를 계승하게 되면서 헨리 2세는 비참한 최후를 맞게 된다. 이후 사자왕 리처드 1세가 죽고 동생 존이 왕이 되는데, 그는 민심을 잃은 왕이었다. 그 틈을 타 프랑스 왕이 영국 소유인 프랑스의 땅을 되찾기 시작했고, 존 왕의 권력은 점점 힘을 잃어 귀족과 신하들도 업신여기는 지경이 된다. 선대로부터 물려받은 프랑스 지역의 땅을 지키지 못해 '실지왕(失地王)'으로 불린다. 이러한 배경 속에서 영국의 의회 민주주의의 발판이 되는 '마그나카르타(대헌장)'가 완성된다.

마그나카르타는 영국의 첫 헌법이며 민주주의의 바탕으로 이를 통해 국민의 권리와 자유를 보호할 수 있게 된다. 왕이 세금을 마음대로 걷지 못하며 걷고자 할 때에는 반드시 귀족, 영주, 농장주, 상인의 동의를 얻어야 한다는 것과 왕 마음대로 사람을 가두거나 체포할 수 없다고 명시되어 있다. 왕의 권력은 땅으로 떨어졌고, 귀족과 국민들의 권위가 높아지게 된 계기가 되었다.

존 왕을 이은 헨리 3세는 프랑스 공주와 결혼해 왕실 자리에 프랑스인들을 세웠고, 로마의 교황을 등에 업고 대헌장을 무시했다. 30년 동안 마그나카르타를 지키겠다고 약속하면서도 번번이 무시했기 때문에 결국 반란이 일어나고 만다. 이를 주도한 사람이 시몽 드 몽포르 백작이다. 백작은 1265년에 각 지역의 대표를 뽑고, 런던에 불러 모아 의회를 만든 장본인이다. 구성원이 귀족에만 한정되지 않고, 농장주와 상인 등도 포함해 진정한 평등을 실천하는 계기가 된다. 이때부터 영국은 왕과 의회로 운영되었고, 귀족의 상원과 평민의 하원인 양원제로 발달하게 된다. 그 후 왕위에 오른 에드워드 1세는 의회 정치를 이어 나갔고, 헨리 7세, 8세, 엘리자베스 1세 등이 왕위를 계승했다. 하지만 귀족들 간의 싸움이 격렬해지면서 다시 절대 왕권이 되살아났고, 제임스 1세와 찰스 1세를 거치면서 왕과 의회의 대립이 커지며 8년간 전쟁을 하기도 했다.

✤ 백년전쟁

영국 역사상 중요한 전쟁 중 하나가 프랑스와의 백년전쟁이다. 노르만족이 영국을 지배했을 때 프랑스의 영토를 많이 차지하면서 전쟁의 씨앗이 커졌다. 이 전쟁은 1337년부터 1453년까지 장작 116년이나 지속되었다. 그 역사적 배경에는 노르만족과 플랑드르가 있다. 당시 노르망디 공 윌리엄이 노르망디와 영국을 차지하고 있어 프랑스는 통일을 이루지 못했다. 프랑스는 영국의 북쪽의 스코틀랜드 민족이 영국과 대립하는 것을 알고 이들을 지원해 주면서 호시탐탐 기회를 엿봤다. 하지만 전쟁의 시작은 엉뚱하게도 플랑드르, 지금의 벨기에와 네덜란드의 장사꾼들에 의한 농간으로 시작되었다. 기본적으로 공업이 발달하여 돈이 많은 플랑드르는 프랑스의 세금 착취에 고민이 많았다. 프랑스로부터 자유로워지기 위해 영국을 이용하였고, 싸움을 붙인 것이다. 영국 왕이 프랑스 왕의 신하로 굴욕적인 세월과 미움이 컸기 때문에 프랑스와 영국이 사이가 좋지 않음은 현실이었고, 플랑드르 상인의 농간까지 더해지며 결국 100년 넘는 전쟁이 시작된다.

백년전쟁은 전쟁 기술을 바꿔놓았는데 당시 중세 시대의 전쟁은 창과 활, 방패만을 가지고 하는 원시적인 싸움이었다. 하지만 석궁이라는 활이 갑

옷도 꿰뚫게 되자 철갑을 입은 기사가 적군의 사기를 누르는 강력한 전략은 무용지물이 되고 만다. 전쟁이 시작되자 초반에는 영국이 석궁을 사용해 우세를 보였다. 하지만 이내 잔 다르크와 뒤 게클랭의 등장으로 영국군은 점차 수세에 몰리고, 프랑스 국민들 또한 힘을 보태 결국 백년전쟁은 프랑스의 승리로 끝이 난다. 백년전쟁으로 영국과 프랑스는 개별적으로 독립된 국가가 된다. 전쟁에 패배하면서 영국 왕은 신임을 더욱 잃었고, 돌아온 패전 영국 군인들은 마을을 약탈하는 등 문제를 일삼았다. 그러던 차에 영국에서 가장 큰 귀족 집안인 요크가와 에드워드가가 싸우는 장미전쟁이 발발했다. 이 전쟁은 1455년부터 1485년까지 30년 동안 계속되었고, 마침내 헨리 7세가 즉위하여 튜더 왕조를 열며 절대 왕권을 가지게 된다. 이때부터 의회는 힘을 잃고, 학자, 법률가, 농장주 등의 젠트리 계급이 생겨났다. 이들을 젠틀맨이라고 부르며 일반 백성보다는 높은 요먼(yeoman, 독립자영농민)과 함께 의회 대부분을 차지해 왕과 함께 나랏일을 논하게 되었다. 왕은 귀족의 반란을 막기 위한 노력으로 젠트리와 요먼을 관직에 등용하여 보수성이 짙은 귀족 중심의 의회 때 보다 더 나은, 진정한 의미의 민주주의를 이뤘다.

종교개혁과 절대왕정

영국에서 가장 많이 회자하는 왕은 강력한 왕권을 누리며 아들을 낳지 못하면 왕비도 잔인하게 처형하고 영국의 종교까지 바꾸었던 헨리 8세이다. 헨리 8세는 여섯 명의 왕비와 세 명의 자녀가 있었다. 당시 강대국이었던 스페인 왕의 딸인 캐서린과 결혼하였으나 이혼을 하고 다른 여자와 비밀 결혼을 하는 과정에서 로마 교황의 명령을 거역하여 가톨릭교도에서 쫓겨났다. 그는 영국만의 국교를 만들었는데 그것이 성공회이다. 성공회는 헨리 8세의 사사로운 욕심에서 시작하였기 때문에 반발하는 백성들과 교회는 무참히 짓밟혔고, 피비린내 나는 종교 싸움이 일어났다. 당시 유럽에서는 천 년 넘게 가톨릭교가 널리 퍼져 있으면서 종교가 변질되어 있었다. 이를 개혁하기 위해 여러 차례 종교개혁이 일어났고, 종교개혁을 주도한 루터파와 칼뱅파인 신교와 가톨릭 구교의 다툼이 끊이질 않았다.

| 헨리 8세. 한스 홀바인(Hans Holbein the Younger)의 그림. 영국 워커 미술관에 있다.

헨리 8세가 죽자 딸 메리가 여왕이 되었는데, 그녀는 스페인 왕비의 딸로 열렬한 가톨릭 신자였기 때문에 다시 영국을 가톨릭교로 바꾸려고 했다. 메리 여왕은 스페인 왕자와 결혼하면서 이를 반대하는 성공회와 청교도를 무자비하게 탄압하고 화형에 처하는 등 극단적인 정치를 했다. 따라서 지금도 영국인들은 그녀를 '피의 메리'라고 부른다. 메리가 죽자 엘리자베스 1세 여왕(1533~1603, 재위 1558~1603)이 즉위하였고, 그녀는 영국 백성들의 사랑을 받는 여왕이었다. 하지만 그녀도 가톨릭과 청교도를 금지하는 종교 통일령을 내렸고, 이를 반하는 자들은 어김없이 처형을 내렸다. 헨리 8세, 메리 여왕, 엘리자베스 1세 여왕의 약 100년 동안은 종교 탄압의 시대였다고 볼 수 있다.

엘리자베스 1세의 공적으로는 해군과 함대의 중요성을 깨달은 데 있다. 이미 종교적으로 기독교인 스페인과 성공회인 영국의 관계는 악화되었고, 영국이 신대륙을 발견하여 강대국이 된 스페인의 배를 해적질하면서 사이는 더

벌어진다. 결국 여왕은 해적인 드레이크를 사령관으로 임명해 전쟁을 준비시켰고, 1588년 두 나라의 함대는 충돌하게 된다. 드레이크는 스페인의 무적함대 아르마다를 대격파시켰고, 화공법을 이용해 함대에 불을 질러 영국을 지켜냈다. 바다의 왕자였던 스페인에 대 패배의 맛을 보여준 영국은 식민지 착취 기관인 동인도 회사를 만들고, 아메리카 대륙 곳곳을 무력으로 진압하고 개발하여 식민지로 삼았다. 여기에 외국과의 활발한 무역 활동으로 영국은 큰 부를 축적하게 된다. 이 시대에는 전쟁과 불화가 끊이질 않지만, 경제, 문화적으로 가장 성장하게 되는 전성기를 맞게 된다. 세금에 의지하지 않고도 경제적으로 넉넉했기 때문에 엘리자베스 1세 여왕은 강력한 절대 왕정을 누릴 수 있었다.

대영제국의 흥망성쇠

엘리자베스 1세 여왕이 죽자 자식이 없었던 그녀는 5촌 관계인 스코틀랜드의 왕이었던 메리 스튜어트의 아들 제임스 스튜어트에게 왕위를 물려준다. 제임스가 왕이 되면서 헨리 튜더 왕조는 혈통이 끊기고, 새롭게 스튜어트 왕가가 세워졌다. 제임스 1세는 왕좌에 오르자마자 성공회, 기독교, 청교도 세파에게 시달리는 나날이 계속되었다. 청교도 신자가 많았던 부르주아 계급이 반란을 일으키면서 왕과 의회의 권력 다툼이 재개되었다. 하지만 더 큰 문제는 제임스 1세의 씀씀이였다. 국고가 늘 바닥나서 의회의 권력이 커진 것이다. 뒤를 이어 찰스 왕자는 프랑스 공주와 결혼하면서 청교도인 의회의 반감을 안은 채로 왕이 되었다. 찰스 1세는 스코틀랜드의 국교인 장로교를 탄압하여 전쟁을 하게 되고, 영국군이 패배했다. 그러자 영국 국민들은 의회를 열라는 청원서를 내기에 이른다. 왕이 멋대로 의회 개폐하는 건을 막자고 건의

했고, 찰스 1세의 국정 기관인 성실청과 고등재판소를 닫게 했다. 화가 난 왕은 의회로 군대를 보냈고, 런던 시민들은 민병대를 구성했다. 왕의 군대와 의회파 군대의 싸움은 8년간 지속되었는데, 이것이 바로 청교도 혁명이다.

올리버 크롬웰은 의회파를 지휘한 인물로 철기대라는 특수 부대를 형성했다. 북쪽의 스코틀랜드 군대와 남쪽의 의회파 군대의 공격으로 찰스 1세는 결국 스코틀랜드에 항복했다. 의회에도 파벌 싸움이 벌어져 크롬웰이 무력으로 진압하였다. 이를 지켜보던 찰스 1세는 남아 있는 왕당파와 스코틀랜드의 지원으로 다시 군대를 일으켰으나 결국 목이 잘려 죽는다. 찰스 1세를 마지막으로 영국은 왕을 모시지 않는 공화국 시대가 열리게 되지만, 크롬웰의 독재 정치도 그가 죽으면서 끝나고 다시 찰스 시대가 열리게 된다. 찰스 2세는 아버지의 죽음을 지켜보며 선거를 통해 의회 의원을 다시 왕당파 인물들로 채우고 자신의 아버지를 죽인 원수인 크롬웰의 시신을 묘에서 꺼내 목을 자르는 등의 행동을 한다. 청교도 혁명 당시 프랑스에 망명하여 도움을 받았던 그는 프랑스와 기독교 신자들을 우대하기 시작했고, 의회 의원들은 불만을 품고 심사율과 인신보호율의 법률을 만들었다. 하지만 국민들의 신임을 얻던 찰스 2세는 독재 정치를 계속 이어나갔고, 아들이 없기 때문에 그의 동생인 제임스가 왕위를 계승 받게 되어 있었다. 하지만 그의 자격에 관해 의회 내 찬성하는 왕당파와 반대하는 자유파가 다투게 된다. 왕당파는 토리당으로 보수당이 되고, 자유파는 휘그당으로 자유당이 되어 정당정치가 시작된다. 제1차 세계대전이 끝나면서 자유당의 자리를 노동당이 대체하게 된다. 이런 과정에서 형의 뒤를 이어 왕이 된 제임스 2세는 가톨릭을 지나치게 편들고, 상비군을 형성하면서 국민과 의회와 등을 돌리게 된다. 개신교도들은 성공회 신자인 제임스 딸인 메리가 왕위를 계승하길 바라는 염원이 커졌다. 마침내

메리와 남편인 윌리엄 3세는 군대를 이끌고 런던을 진격하려 하지만, 제임스 2세가 자발적으로 프랑스로 망명한다. 이것이 명예혁명(1688)이다. 결국 메리와 남편인 윌리엄 3세가 영국의 왕이 되었고, 의회의 권리 청원을 받아들여 법에 따라 나라를 다스리는 입헌 군주국이 되었다. 윌리엄 3세는 1701년에 왕위 계승률을 만들어 메리의 동생 앤이 여왕이 되도록 했다.

이 시기에 잉글랜드와 스코틀랜드가 합쳐져 대 브리튼 왕국이 형성되었다. 스코틀랜드가 무역 국가로의 입지를 위해 잉글랜드에 손을 건넸지만 오랜 기간 두 국가는 문화, 역사, 풍습이 다르다. 100년이 흐른 뒤 아일랜드도 편입되어 지금의 대 브리튼 왕국이 만들어지게 된다. 앤 여왕이 죽자, 왕위 계승률에 따라 심사를 통해 도이칠란트의 하노버 출신인 조지가 왕이 되었다. 그는 영어를 사용하지 않기 때문에 국정을 볼 수 없어서 수상과 장관을 선출하였다. 이것이 '내각책임제'로 정당에서 수상을 선출하고 몇 년 동안 권리를 가지고 정치를 하게 하는 것이다. 왕과 의회의 권력 싸움으로 멍들어가

| 빅토리아 여왕(1819~1901) : 그레이트 브리튼 아일랜드 연합 왕국의 왕 (1837~1901)

는 영국은 이때가 되어서야 진정한 민주주의의 면모를 갖추게 된다. 현재의 영국의 민주주의 발전은 의회가 조금씩 권리를 주장하는 법률을 제정하고 주장하면서 이룩한 것이다.

이 시기 영국은 인도, 동남아, 아프리카, 홍콩, 캐나다 등 많은 식민지를 보유하고 있었다. 영국뿐 아니라 프랑스, 이탈리아, 네덜란드, 벨기에, 나중에는 일본까지 가세해 강대국들의 식민지 싸움은 빅토리아 여왕 시대에 가장 극심했다. 식민지 영토 크기가 거의 영국의 100배가 되었다. 하지만 1890년 이

후 다른 제국을 꿈꾸는 유럽 대륙들의 성장과 변화로 대영제국은 위협을 받았다. 제2차 세계대전이 끝나면서 식민지들은 하나씩 독립을 하고, 브리시티 코먼웰스라는 영국 연방 국가 연합체는 총 53개국으로 영국의 지도아래 있었다. 현재까지도 이들의 친목 모임으로 영국은 대접을 받고 있고, 영국 연방은 영국 여왕을 나라의 원수로 모시고 있다. 빅토리아 여왕 시대는 영국이 가장 장성했던 시기로 그녀는 친근한 인상으로 영국인들의 사랑을 받았다. 1901년에 빅토리아 여왕이 죽자 영국의 미래도 기울기 시작했다.

근대

제1, 2차 세계대전을 겪으면서 영국의 위상은 점차 낮아졌지만, 지속적으로 민주주의를 발전시켰다. 빅토리아 여왕의 장남인 에드워드 7세는 반항아였고, 독단적인 성격을 소유한 인물이라 빅토리아 여왕과 관계가 좋지 못했다. 청교도를 믿는 여왕이 통치하는 27년 동안 공식적인 행사에 배제될 정도였다. 하지만 여왕이 죽고 에드워드 7세가 왕이 되자, 보수당을 지지하는 에드워드는 자유당의 복지 정책에 대해 강한 반대 입장을 보였다. 권리장전 이후 정치, 사회, 군사적인 측면 등 모든 방면에서 왕의 권력은 약해지고 있었다. 하지만 그는 활발한 외교적인 활동으로 정치적인 성과를 이뤄냈고, 평화중재자로 명성이 드높았다. 그가 죽고 군인이던 둘째 아들 조지가 왕위가 오른다. 조지 5세는 차분하고 포용력 있는 인물로 민심을 얻었고, 복지 문제도 원만하게 해결했다. 내부에서는 북아일랜드의 내전 분위기와 외부에서는 오스트리아 황태자 암살 사건으로 전쟁 전야로 돌입했다. 그는 반전을 위해 기부금을 모금하는 등 헌신적인 활동을 했고, 윈저 왕조라고 명칭을 바꾸면서 독일의 전쟁에 항의를 표시하였다. 외부 전쟁은 일단락되었지만, 아일랜드 공화국군(IRA)의 내부 반발은 지속되었다. 결국 아일랜드는 조지로부터 자치권을 획득해냈다. 당시 영국에 러시아의 사회주의가 퍼져 노동당 정당이 들어서게 되는데 조지는 왕실의 존폐에 영향을 줄 수 있는 사회주의에 대해 탐탁하지 않게 여겼다. 그러다 세계 대공황이 일어나면서 파업과 실업자 문제가 사회적 문제로 불거지고, 파운드의 급락으로 경제적인 위기까지 처하게 된다. 이 위기 상황에 조지는 거국내각을 이루면서 국민 정부를 세워 해결하려고 하였고, 입헌 왕정의 존속은 조지의 노력으로 버틸 수 있게 된다.

조지 5세가 죽자 에드워드 8세가 왕에 올랐다. 자유분방한 에드워드는 평민 출신의 심프슨 부인과 사랑에 빠졌고, 결국 결혼에 골인하게 된다. 영국 왕과 평범한 이혼녀가 결혼한다는 것은 대중들에게 관심의 대상이 되었고, 왕의 퇴위가 거론된다. 그는 퇴위 후 오스트리아로 떠났고, 왕좌는 내향적 순정적인 인물인 동생 조지 6세가 물려받았다. 왕실의 결혼은 국내외적으로 늘 화제가 되었기 때문에 그는 스코틀랜드의 공주와 결혼했다. 외교적으로 아버지, 형과 마찬가지로 평화주의자였던 조지는 제2차 세계대전에서 히틀러의 야욕을 두고만 볼 수 없다고 판단해 전쟁을 준비하게 된다. 하지만 그는 스스로 전쟁에 참여할 것을 공언하면서 국민들의 참여도 독려한 것으로 큰 업적을 남긴다. 전쟁 중 늘 국민과 함께 했고, 포격을 당해 목숨이 위태로운 상황에서도 왕과 왕비는 영국병사와 함께 하기도 했다. 왕실의 존폐에 대한 위협이 컸는데 조지 6세의 정치활동으로 이런 걱정은 줄어들었고, 안정적으로 그의 딸 엘리자베스에게 왕위를 계승할 수 있게 된다. 엘리자베스 2세는 21세기의 첫 여왕으로 통치자 교육을 받았다. 조지의 건강이 악화되면서 국정을 대행하기 시작했고, 처칠 수상의 지원 아래 1953년 화려하게 대관식을 열었다.

영국은 복지국가로의 발전에 시동을 걸었고, 왕실의 변화 없이는 왕실의 존속이 어렵다고 판단한 엘리자베스 2세는 주변 식민지국들을 순방하며 영국 위상을 위한 노력을 보여줬다. 그녀는 보수당을 지원하면서 정치적으로 왕실이 유지될 수 있도록 노력했다. 하지만 자녀들의 결혼과 이혼, 다이애나의 죽음 등의 사건을 겪으며 왕실의 권위가 실추된다. 그녀는 영국의 40번째 군주로 입헌군주제를 유지하고 있고, 연방 회원국들의 수장으로 인정되고, 사회적으로 다양한 자선 단체의 후원자이다. 물론 정치적으로 역할이 없는 왕을 없애자는 의견도 있지만, 왕실은 국민들을 융화하고 중재하는 역할을 하고 있다. 영국의 대중문화는 전통과 보수가 공존하며 파격적이고 개혁적이다. 다양하고 비판적인 목소리를 허용하는 성숙한 문화의식을 보여준다. 사회의 지배적인 문화에 반대하고 도전하는 하위문화인 반문화도 존재한다. 예술 표현의 전통적인 위계질서에서 벗어나 민주적이고 포괄적인 방법으로 표현할 수 있다고 보았다. 영국의 예술은 사실적 리얼리즘, 페미니즘의 영향의 여성 예술 활동, 식민지 출신 작가들의 활동, 주제의 다양성과 실험적 기법을 많이 선보였다.

CHAPTER 5 영국의 예술과 학문

문학

영국인들은 책과 글쓰기를 즐겨 왔고, 영국에서 문학은 최고의 예술로 여겨진다. 영국의 문학은 앵글로색슨족과 켈트족의 문학이 섞이면서 발전하게 되었다. 앵글로색슨족은 문학에 있어 일상생활의 지혜를 주로 표현했고, 켈트족은 상상력이 풍부하고 환상적인 내용이 많았다. 중세 시대 영국의 문학은 현재의 영국인들의 특성과 관련되는데, 유머가 풍부하고 인간에 대한 관찰을 표현하였다. 당시 궁정문학은 프랑스의 로망스 문학을 번역하기도 하였고, 종교에 대한 비판을 드러내는 작품도 있었다. 16세기 르네상스 시대 때에는 영국의 튜더 왕조가 다스린 기간으로 특히 엘리자베스 여왕 때 근세 영어를 쓰기 시작하면서 운문이 발달하게 된다. 당시 시인인 크리스토퍼 말로의 뒤를 이어 셰익스피어가 활발히 활동한 시기였다. 그는 인간에 대한 통찰, 극적인 긴장감이 넘치는 연극 형식의 작품을 선보였다. 17세기에 스튜어트 왕조로 접어들면서도 셰익스피어의 작품 활동은 꾸준히 이어졌다. 극작가로서 그의 유명한 비극들은 이때 썼는데, 당시의 시대상과 맞물려 찰스 1세의 청교도 탄압으로 인해 어두운 분위기의 작품들이 선보였다. 당시에는 사회에 대한 비판과 함께 구어적인 리듬이 있는 형이상학적인 작품들이 많이 등장했고, 찰스 2세가 즉위하면서는 프랑스 문학이 들어오고, 풍속희극이 유행하였고, 존 밀턴의 〈실낙원〉 등 종교문학이 발달하게 된다. 드디어 18세기부터 고전주의가 영국에서 유행하게 되고, 이 시기에 가장 큰 특징은 이전의 운문과 희극의 발달에서 그치지 않고 드디어 소설이 발달하게 된 점이다. 풍자소설인 〈걸리버 여행기〉 등의 작품이 있고, 특히 이 시기의 〈로빈슨 크루소〉는 영국의 소설사에서 중요한 작품이 된다.

또한, 이때 비평가가 활동을 시작하였다. 19세기부터는 낭만주의의 시대라 할 수 있는데, 낭만파 비평가들은 사랑과 아름다움을 주제로 삼으며 셰익스피어를 존경하였다. 빅토리아 왕조 시대에는 대제국을 이루면서 많은 부를 축적하였지만 정신적으로는 공허함과 위선이 넓게 유행했다. 이 시기에 찰스 디킨스의 하급계층의 애환을 묘사한 작품들이 있고, 제인 오스틴과 브론테 자매와 같이 여류작가가 등장하기도 한다.

20세기 영문학은 제1차 세계대전을 겪으면 큰 타격을 받게 된다. 인생의 의미와 인간의 잠재된 욕구와 심리를 묘사한 작품들이 나오게 된다. 1950년대에는 '성난 젊은이들(Angry Young Men)'이라고 불리는 전후 세대 청년작가들이 기성세대에 맞서는 작품들을 선보인다. 영문학의 특징을 살펴보면 고급문화를 비판하고, 보통 사람들의 일상을 사실적으로 묘사하는 사회적 리얼리즘이 강하다. 또한 영국의 역사적 특징과 관련하여 식민지 출신의 작가들이 환상과 우화를 통해 역사적 사실과 현실을 표현했다. 특히 영국 작가들은 종교에서 벗어나 새로운 방식들로 다양한 주제들을 실험하는 작품을 많이 선보였다. 실험적인 기법을 선보인 대표적인 문인으로는 버지니아 울프, 제임스 조이스가 있다. 오랜 식민지 활동으로 다문화 사회가 되면서 이들의 작품이 영문학의 한 시대를 차지하게 된다.

1990년대부터 지금까지는 문학의 주제가 개인적인 것들로 옮겨지며 전기 문학, 공상 과학 소설, 매직리얼리즘으로 판타지 요소가 가미된 작품이 인기가 많았다.

| 윌리엄 셰익스피어(1564~1616) 영국의 극작가, 시인.

영국의 문학을 대표하는 인물들에 대해서 살펴보면 먼저 '셰익스피어 학'이라는 말까지 만들어냈을 정도로 뛰어난 작품과 명성을 지닌 셰익스피어를 이야기해야 할 것이다. 그는 최고의 극작가이자 영국 문학사를 빛낸 인물이다. 인간에 대한 통찰력, 풍부한 언어 구사, 뛰어난 시적 상상력으로 많은 비평가의 존경을 받아 왔다. 주요 작품으로는 〈로미오와 줄리엣〉, 〈햄릿〉, 〈한여름 밤의 꿈〉 등이 있다.

다음으로 찰스 디킨스는 셰익스피어와 비교되는 작가로 다양한 계층에게 인기가 많았고, 그만의 독특한 소재로 19세기 영국을 대변하는 작가이다. 주요 작품으로는 〈위대한 유산〉, 〈올리버 트위스트〉 등이 있다. 현재까지 전 세계적으로 사랑받는 캐릭터인 셜록 홈스를 탄생시킨 아서 코난 도일은 4편의 장편과 56편의 단편 추리소설로 영국인들과 전 세계인들에게 사랑받는 작가가 되었다. 그의 뒤를 잇는 추리작가는 아가사 크리스티로, 그녀는 뛰어난 구성과 인간의 갈등을 절묘하게 표현하며 50여 년 동안 왕성하게 활동했다. 그녀의 주요 작품으로는 〈스타일스 장 살인사건〉, 〈아크로이드 살인사건〉,

〈그리고 아무도 없었다〉 등 80여 편이 있다. 마지막으로 〈해리 포터〉 시리즈로 유명한 조앤 롤링이 있다. 그녀는 〈해리 포터와 마법사의 돌〉을 1997년 발표한 이후로 전 세계적으로 사랑받는 최고의 인기 작가가 되었다.

❧ 미술

영국에서 미술은 많은 명성과 인기를 얻지는 못했는데 전통주의와 보수성이 강한 영국인들이 새로운 시도와 실험적인 작품을 좋아하지 않기 때문이다. 또한 유럽대륙과 떨어진 섬나라로 근대에 이르기 전까지 대륙의 미술과는 또 다른 영국만의 미술적 특색을 유지하고 있었다. 종교개혁과 영국의 왕실, 궁정, 시민계급의 지원으로 영국만의 전통적인 미술문화가 뿌리를 내린 것이다. 영국의 미술은 주로 외국 화가들의 활동이 활발했고, 영국 화가들은 유럽의 미술을 모방하기에 급급했다. 영국의 미술가들은 권력자의 영광과 명예를 드높이는 수단으로 작품을 그리지 않았다. 11세기 영국에서는 캔터베리 대성당의 벽화가 가장 오래된 것으로 남아 있고, 비잔틴 미술의 영향을 받았다. 당시 수도원에서는 대량으로 세밀화를 제작했는데 유럽 대륙의 영향을 받은 것이었다. 14세기에는 신교도로 전향한 탓에 미술 발달에 지대한 영향을 주는 교회와 수도원의 지원이 끊어져 영국의 미술은 침체기에 빠지게 되고, 헨리 8세가 당시 세밀한 묘사를 하던 영국의 양식과 다른 북방 르네상스 화풍을 선보이게 했다. 17세기부터 영국의 궁정과 귀족의 지원으로 궁정화가의 활동이 두드러진다. 18세기로 넘어가면서 시민계급까지 미술에 사회적 지지를 보내면서 미술작품에 대한 수요가 급증하게 된다. 18세기에는 호가스, 레이놀즈, 게인즈버러 등과 같은 화가들의 등장으로 외국 화가들의 활동을 대체하게 된다. 특히 윌리엄 호가스는 영국 회화의 아버지로 불리며 영국의 민족적 특색을 강하게 드러냈다. 그는 익살스러움, 엄숙함, 풍자 등을 다루었고, 궁정생활부터 서민들의 일상생활까지 다양하게 표현했다. 그의 대표 작품은 〈새우잡이 소녀〉로 이 작품은 과감한 붓 터치로 경쾌한 느낌을 준다. 18세기 후반 레이놀즈는 르네상스 미술을 추종한 작가로, 형식주의 표현양식을 추구했다. 그의 대표 작품은 〈삼미신에게 제물을 바치는 사라 번버리 부인〉이 있다. 반면 게인즈버러는 자연을 숭상하였고, 낭만주의 표현양식을 추구했다. 한편 팝아트는 영국의 미술 분야에 큰 영향을 미쳤다. 앤디워홀, 데이비스 호크니 등이 활동했고, 시각적 인지능력을 시험하는 '오프 아트'라는 새로운 스타일도 선보였다. 영국에서 미술의 발달은 더딘 편이었지만 그럼에도 불구하고 훌륭한 미술관이 많다. 현대 영국 미술은 런던, 맨체스터, 뉴캐슬, 버밍험, 에든버러 등 여러 도시에서 역사적인 미술품과 작가들의 작품을 선보이는 미술관이 자리 잡고 있다.

영국의 미술관으로는 런던 템스 강 주변에 위치한 테이트 갤러리, 런던 시티 지역에 위치한 화이트채플 갤러리, 다양한 전통 예술 장르를 고대부터 현재까지 광범위하게 아우르는 전시 프로그램을 선보이는 기관인 왕립 미술 아카데미, 하이드 파크 켄징턴 가든에 자리한 서펜타인 갤러리, 런던 사우스 뱅크 아트센터에 위치한 문화복합공간인 헤이워드 갤러리, 빅토리아 여왕의 남편이 영국의 예술적 성취를 자랑하는 만국박람회의 성공을 기념하는 의미로 개관했던 사우스 켄징턴에 위치한 빅토리아&알버트 미술관이 있다.

✤ 건축

영국의 건축은 5,000년 된 고분들과 선사시대의 유적부터 중세시대의 성당과 저택, 대도시의 현대식 건축까지 찬란한 건축 역사를 자랑한다. 영국의 건축 발달은 이들의 보수성과는 반대로 과감한 양식 도입을 해왔기 때문에 가능했다. 선사시대의 건축물 중 가장 으뜸인 영국 최고의 조형물은 누가 뭐라고 해도 영국 남부 솔즈베리에 있는 신석기시대의 스톤헨지일 것이다. 이 돌을 왜 올렸는지에 대해서는 여전히 의문으로 남아 있지만, 스톤헨지를 기하학적으로 배치한 것을 봤을 때 선사시대인의 창조력을 발견할 수 있다.

스코틀랜드의 도서 지역에는 청동기, 철기 시대의 유적이 잘 보존되어 있는데 스카라 브래와 잘쇼프 등이 있다. 또한 로마 시대의 유적물로 하드리아누스 방벽, 로마 시대의 수영장과 증기탕이 있다. 영국의 건축물은 과거 수천 년 동안 종교와 외부 침략에 대한 방어로 발전하였다. 영국에는 로마 가톨릭의 영향으로 웅장한 성당, 교회, 수도원이 많고, 현재는 관광명소로 유명해지고 성채 투어가 있을 정도로 침략에 대비한 요새와 성채도 많다. 역사적 배경에서 알 수 있듯이 초기 라틴 문화의 영향과 오랜 침략의 시대를 거쳐 왔기 때문이다.

11세기 로마네스크 양식이 영국에 들어오면서 앵글로색슨의 양식이 더해져 더럼 대성당과 같은 건축 양식이 발생하고, 13세기에 초기 영국 양식이 형성되는데, 북방의 영향을 많이 받은 영국은 이를 재빨리 흡수하여 자신들의 독자적인 요소를 더해 발전시켰다. 기하학적 장식, 수평구성, 이중 트랩이 나타났다. 후반에는 장식양식이 활발했는데, 천장을 별 모양의 궁륭(Vault)으로 만들었고, 화려하고 과도한 장식으로 성을 지었다. 14~15세기에 후기 고딕 건축 양식이 활발했는데, 케임브리지의 킹스 칼리지 교회당과 웨스트민스터의 헨리 7세 교회당 내부가 수직식으로 건설되었다. 후기 고딕 건축 양식인 수직양식은 과도한 장식양식과는 다르게 장식의 크기가 작아졌고, 규칙적으로 패턴이 만들어졌다. 15세기 이후에도 중세 양식이 지속하였고

| 템스 강변에 위치한 영국 국회의사당. 북쪽은 하원 의사당, 남쪽은 상원 의사당이다. 복도 길이만 3.2km에 달한다.

르네상스 양식은 전파되지 않았다. 17세기에는 영국도 유럽의 고전주의를 도입하였고, J.망사르가 세인트 폴 대성당을 복구하였다. 18세기에는 대영제국박람회를 위해 세운 수정궁, 국회의사당을 건설하였고, 18~19세기 조지 왕조 시대의 저택과 광장, 대로 등은 배스(City of Bath)에 유적지가 많고, 로열크레센트 등도 유명하다. 제2차 세계대전 이후는 보수적인 건축 성향을 만회하기 위해 현대적인 건축물이 많이 건설되고 있다. 영국의 천재 건축가인 크리스토퍼 렌은 1666년 런던 대화재로 시티 지역이 소실되자 재건 프로젝트를 진행하여 시내 51개 교회와 세인트 폴 대성당을 재건시켰다. 런던 시티의 잉글랜드 은행, 화재로 세 번째 재건된 건물인 왕립 증권거래소, 세계 최고의 보험회사인 로이즈 등도 유명하다. 또한, 영국 문화의 아이콘이라 불리는 노먼 포스처는 대영박물관의 그레이트 홀, 런던 시청, 거킨(Gherkin) 빌

딩 등을 건설하였다.

❧ 철학

영국의 철학은 경험론적, 자연주의적, 개인주의적, 실천철학적 경향이 강했다. 영국의 철학자로는 베이컨, 흄, 존 로크, 홉스, 벤담, 밀, 화이트헤드 등이 있다.

영국은 중세 시대 때 스콜라 신학 안에서 벗어나 그들만의 철학적 활동을 해 왔고, 근세 시대가 되면서 모국어로 독자적인 성격을 지니게 된다. 영국 철학의 진정한 탄생은 17세기 베이컨과 홉스의 철학으로 1688년 명예혁명으로 종결된다. 베이컨은 근대 철학과 영국 고전 경험론을 창시한 인물로 관찰과 실험에 근거를 둔 귀납법을 주장한다. 뒤이어 홉스는 〈리바이어던〉에서 개인주의와 사회계약설을 인정하면서도 전제정치를 옹호하는 이론을 제시하였다. 당시 플라톤 사상이 부흥하였다.

18세기의 철학자들로는 존 로크, 흄이 있다. 존 로크는 데카르트의 영향 아래 '인간의 인식은 경험을 바탕으로 형성된다'는 경험철학을 완성하였고, 근대 시민사회의 발전에 이바지하게 된다. 흄은 로크의 경험론을 이어받았고, 뉴턴의 실험, 관찰 방법을 응용하여 인간의 근본 법칙을 밝히려고 노력하였다. 그는 〈인성론〉, 〈도덕정치철학〉, 〈자연 종교에 대한 대화〉를 펴냈다.

19세기가 되면서 경험론은 대영제국 시대의 벤담과 밀에게 계승되었다. 밀은 경험론을 더욱 확장하였고, 쾌락주의와 최대다수의 최대행복을 내세우는 공리주의를 명쾌하게 밝혀냈다. 20세기가 되면서 영국의 철학은 진화론적 철학과 자연주의 철학, 독일의 영향을 받은 영국 헤겔학파의 이상주의가 있다.

| 영국애서 일어난 산업혁명은 기술력신뿐만 아니라 사회, 경제 구조를 바꾸어 놓았다.

과학

    근대 과학의 발상지인 영국은 산업혁명을 일으킨 나라로 당시 과학기술 수준이 높아 산업혁명을 영국이 일으켰다는 의견도 있지만, 장사를 위해 일으켰다는 것이 더 정답에 가까울 것이다. 18세기 영국 과학자들은 연구와 실험을 통해 확신을 가졌고, 베이컨과 뉴턴은 자연 현상을 명쾌하게 밝혀냈다. 샤를의 열기구 실험 또한 대중들의 관심을 받으며 과학의 역사가 태동하게 된다. 증기기관을 발명한 제임스 와트는 산업혁명에 큰 기여를 했고, 이를 동력원으로 발전시킨 사람은 영국의 공학자 뉴커먼이었다. 19세기가 되면서 기계 개발로 제조업이 발달하면서 영국은 강대국이 된다. 당시 빅토리아 여왕은 과학기술에 대한 기대와 지원이 컸고, 여러 종류의 도르래와 축바퀴도 만들어졌다. 이 시대 리차드 트레비식이 발명한 엔진이 육상 운동 수단의 혁명을 일으켰다. 그 후 증기기관차를 발명, 철도 운송을 정착시킨 사람은 조지 스티븐슨으로 영국의 철도 회사는 큰돈을 벌게 된다.

19세기가 되면서 산업화의 범위는 넓어졌고, 화학 혁명과 전기 에너지, 대량 생산의 시대가 된다. 과학의 발전만큼 사람들의 우려도 커졌지만, 과학 기술의 발전은 영국에 큰 힘이 되었다. 과학기술은 곧 국력으로 영국은 이후 항공기 개발 프로젝트를 진행하였고, 발달한 과학 기술로 여러 사회 문제를 해결하려고 나서기도 하였다. 20세기 전까지는 물리학과 화학이 발전했고, 20세기 후반이 되면서는 DNA와 관련된 생명과학이 성장하기 시작했다. 영국의 과학과 관련된 주요 기관으로는 케임브리지, 옥스퍼드, 옥스퍼드 과학사 박물관, 자연사 박물관, 런던 과학박물관, 자연사 박물관, 플레밍 박물관, 국립 해양 박물관, 다운 하우스, 맨체스터 과학산업 박물관이 있다. 영국의 옥스퍼드와 케임브리지 대학에서는 과학 분야에서 뛰어난 성과를 거두고 있고, 세계적인 규모의 과학박물관과 자연사 박물관을 갖추고 있다. 케임브리지는 전자를 발견한 케번디시 연구소와 휘플 박물관이 있고, DNA 발견의 현장을 볼 수 있다. 런던 과학박물관에서는 영국의 과학사를 꿰뚫어볼 수 있는 전시와 미래 에너지 관련 전시가 되어 있다. 런던 자연사 박물관에는 공룡관이 있고, 플레밍 박물관에는 곰팡이 관련 전시가 되어 있다. 런던 자연사 박물관에는 화산과 지구, 돌에 대한 전시가 있고, 동력관에서 산업 혁명에 시동을 걸었던 맨체스터를 빛낸 과학자 이야기를 만나볼 수 있는 맨체스터 과학·산업 박물관도 있다.

영국의 유명한 과학자는 만유인력의 법칙을 비롯한 역학을 만들어낸 뉴턴이 있다. 뉴턴은 17세기 과학자로 근대 과학의 성립에 중요한 역할을 한 사람이다. 그는 수학과 물리학, 광학, 천문학에서도 두각을 드러내 미적분법을 만들고 광학 망원경을 발명하였다. 그 밖에도 원자설을 제안했던 돌턴, 전기와 자기에 대한 기본 법칙을 찾아낸 패러데이, 생물 진화론을 창시한 다윈, DNA 구조를 밝힌 왓슨과 크릭, 페니실린을 발견한 플레밍 등 유명한 과학자가 있다.

다윈은 19세기 생물학자로 생물은 진화한다는 이론을 〈종의 기원〉에서 펼쳤다. 그는 당시 사회에 인간은 창조된다는 창조론을 믿는 사람들에게 반감을 사면서 사회에 영향을 미쳤다. 현대 물리학에 대해서는 많은 이론을 내놓은 스티븐 호킹(1942~)이 있다. 그는 루게릭병을 앓고 있음에도 블랙홀에 대한 이론을 펴는 등 왕성한 활동을 하고 있다.

음악

영국의 음악은 6세기쯤 그레고리오성가가 도입된 것으로 시작되는데, 특색이 있다기보다는 소박한 편이다. 여러 민족이 공존한 역사와 섬나라의 폐쇄성 등 유럽 대륙의 음악에 끊임없이 영향을 받아 왔다. 유명한 대작곡가를 배출하지는 않았지만 역사는 길고, 특히 스코틀랜드의 민요는 개성이 강하다. 영국은 3도 화성을 애용했고, 이런 특유의 감각이 15세기 전반적으로 퍼지고 18세기에는 헨리 8세의 치세 하에서 합창 음악이 발달했다. 당시 합창곡, 건반악기의 음악에서 세속 곡이 유행하였고, 영국의 황금기 시대인 엘리자베스 왕조 시대에는 버드, 기번스, 불 등의 작곡가가 배출되었다. 그 후 청교도 혁명과 공화제 시대를 거쳐 시민 계급으로 음악의 번영이 확대되었다. 하지만 점점 영국의 작곡가들은 개성을 잃어 갔고, 유럽 대륙 음악의 소비시장으로 전락하게 된다. 당시 런던에서의 성공은 음악가로의 명예를 보장하였다. '영국의 오르페우스'라고 칭송되는 영국 음악의 아버지인 헬리 퍼셀은 유럽 대륙의 양식에 영국의 전통을 융합시켜 오페라와 실내악을 작곡하였다. 본 윌리엄스는 영국 민요와 합창 음악의 전통을 이어 영국 국민 음악을 탄생시킨다.

음악은 영국의 청년들에게 많은 영향력과 영감을 준 분야이기도 하다. 영국인들은 라이브 음악을 즐기며 런던의 노팅힐 카니발과 같은 음악 축제를 즐긴다. 한때 재즈, 클래식, 팝 뮤직이 각각의 특성을 유지하고 있었지만, 대중음악이 다양해지면서 음악 간의 벽이 허물어지고 있다. 1950년대에는 로큰롤이 도래했고, 대중들은 열광했다. 로큰롤은 청년 문화에 큰 영향을 주었는데, 반항심의 표출의 수단이었고, 뮤지션의 패션까지 열풍이었다.

영국의 현재 음악 스타일의 장을 마련한 비틀즈는 영국 리버풀 출신인 존 레논, 폴 매카트니, 링고 스타, 조지 해리슨의 4명으로 구성된 록 밴드이다. 이들은 음악적 영향뿐 아니라 영국인들과 세계 팬들에게 사회 및 문화적 혁명을 일

| 영국이 낳은 세계적인 록 밴드인 비틀즈

으켰다. 스코틀랜드, 잉글랜드, 웨일스는 긴 포크 음악의 역사를 자랑하고, 저마다 독특한 멜로디와 토속 악기를 가지고 있다. 스코틀랜드는 백파이프와 바우란, 잉글랜드에는 노섬브리안 파이프와 브라스 밴드, 웨일스는 하프와 남성 합창이 있다.

✿ 연극과 뮤지컬

　　영국의 연극은 중세 교회에서의 예배극에서 시작되는데, 사람들에게 인기 있으면서부터 교회 밖으로 확장된 것이다. 초기 연극은 라틴어였지만, 교회를 벗어나면서는 영어로 바뀌었다. 당시 종교적 축제에서 주로 행해졌고, 14세기 종교극에서 도덕극으로 행해졌다. 도덕극은 소재가 다양하고 인간의 내면적인 요소들을 의인화하여 표현하였다. 그 후 엘리자베스 왕조 시대의 연극은 청교도 탄압으로 극장이 폐쇄되기 전까지 지속된다. 당시 셰익스피어 등 위대한 극작가의 출현으로 연극은 활발했으나, 찰스 2세가 즉위한 이후로는 연극이 금지되어 불법적으로 공연할 수밖에 없었다. 다시 왕권이 강해지면서 상류층을 위한 연극이 재개되었고, 극장이나 무대 기구의 변화가 일어났다. 여배우가 무대에 등장하기 시작하기도 했다. 연극은 17세기 런던의 웨스트엔드의 시어터랜드가 본고장으로 18세기가 되어 민요 오페라가 공연되었고, 영국의 전통적인 희극인 풍습희곡도 화려한 배우들을 출현시키면서 발달하게 된다. 19세기에는 멜로드라마가 인기 있었고, 1843년에 정부가 극장법을 제정해 다양한 소극장들이 생겨나면서 대부분의 현대극은 이 시기부터 시작되었다. 2차 세계대전 이후의 연극은 사회적 리얼리즘이 강했다. 사무엘 베케트의 〈고도를 기다리며〉는 유명한 희곡 작품이며, 헤럴드 핀터 또한 핀터풍이라는 말이 생길 정도로 연극 역사에서 중요한 작가 중 한 명이다. 1960~70년대에는 코미디 쇼가 상영되었고, 뮤지컬 또한 성공을 거두었다. 80년대에는 정부의 예술에 인색한 정책이 펼쳐져 작품들이 온건해졌다. 이 시기에 알란 에이크본, 톰 스타파드 등 많은 희곡 작품이 선보였다. 영국에서의 연극은 다양성, 생동감, 소설의 재해석, 새롭고 뛰어난 작품 등 현대 연극의 요소를 모두 포괄하고 있다. 현재 런던 웨스트엔드에는 50개가 넘는 극장이 위치해 있어 다양한 뮤지컬을 관람할 수 있다. 우리에게 잘 알려진 런던의 인기 뮤지컬로는 〈맘마미아〉, 〈오페라의 유령〉, 〈라이언킹〉, 〈레미제라블〉, 〈위키드〉 등이 있다.

⚜ 영화

영국의 영화는 로버트 W.폴이 만든 극영화로 1889년 처음 상영되었다. 제1차 세계대전이 끝난 1918~1925년 사이에 지속된 외국 영화의 압박으로 자국 영화산업이 위축되자 정부는 결국 쿼터 법을 제정하였다. 이 시기의 대표작으로는 알프레드 히치콕의 〈하숙생〉, 허버트 윌콕스의 〈새벽〉 등의 작품이 있고, 1932년에 A.코르다는 '런던 필름'을 설립하였다. 현재 영화 제작은 상업적 중심지인 런던과 잉글랜드 동남부에 집중되어 있고, 영화 및 텔레비전 전문가 양성 교육을 하는 대학들도 이곳에 많이 있다. 영국에서는 특히 다큐멘터리 영화, 청춘영화가 사랑받았고, 영화도 다른 예술 분야와 마찬가지로 사회적 리얼리즘을 반영하였다. 대전 후에는 통속 영화, 상업 영화, 독립 영화의 제작이 활발해졌다. 영국의 영화 제작 역사는 100년이 넘었고, 현재는 관심사를 반영한 뉴리얼리즘과 자연주의 영화가 제작되고 있다.

CHAPTER 6 영국의 문화와 생활

🎵 국경일과 공휴일

영국의 국경일은 잉글랜드, 스코틀랜드, 웨일스, 북아일랜드 각 지역마다 다르고, 모든 국경일을 경축하지는 않는다. 잉글랜드의 경우 성 조지데이로 4월 23일이 국경일이다. 이날은 잉글랜드의 수호성인 성 조지의 설화를 바탕으로 형성된 날이다.

스코틀랜드는 성 앤드루데이인 11월 30일이 국경일이고, 웨일스의 국경일은 성 데이빗데이인 3월 1일이다. 웨일스인들은 이날에 웨일스의 상징인 수선화나 부추를 몸에 달고 다닌다. 북아일랜드는 성 패트릭데이인 3월 17일이 국경일로, 기독교 전파에 대한 공헌을 기리기 위한 날이다. 이날 시민들은 아일랜드 클로버를 달고 다닌다.

영국의 공휴일은 성탄절부터 부활절, 성 조지데이 등을 포함해 40일이 넘고, 일요일을 포함하면 일 년에 92일을 넘게 쉬었다. 빅토리아 시대 사람들은 많이 쉬는 것이 부담되어 공휴일을 모두 없앴다. 그러나 현실적으로 불

가능했으므로 런던 시티에 위치한 중앙은행에서 며칠만 쉬기로 했다. 결국 이날에 영국인들도 따라서 쉬었고, 공휴일은 다시 부활했다. 이때를 '은행 휴일'이라 부르고, 영국인들은 대개 공휴일인 월요일과 주말을 포함해 대대적인 휴가를 즐긴다. 현재 은행 휴일은 대략 8일 정도이다. 새해, 부활절 금요일과 부활절 월요일, 5월 첫 주와 마지막 주의 월요일, 8월 마지막 주 월요일, 할로윈데이, 크리스마스, 복싱데이가 그것이다.

새해가 되면 파티를 하면서 빅벤이 정오를 알리는 종을 칠 때 런던 거리를 행진하는 축제를 즐긴다. 에든버러, 글래스고, 런던에서 '올드 랭 사인'을 부르며 수많은 사람들이 함께 새해를 맞는다. 관습으로 1월 2일까지는 물건을 치우면 안 되기 때문에 이웃에게 물건을 빌려주지 않으며, 새해가 되어 처음으로 집안에 발을 들여놓는 사람이 키가 크고 검은 옷을 입으면 집에 행운을 가져가 준다는 믿음도 있다. 미신이지만 요크셔에서는 금발 남자가 행운을 가져다준다고 믿는다.

부활절은 보통 3월 22일부터 4월 25일 사이에 있다. 부활절은 과거 색슨족의 여신인 에오스터의 이름을 딴 날로, 예수님의 부활을 기념하는 공휴일이다. 이날 로마 가톨릭과 성공회 신자들은 교회에 가서 신성한 의식에 참여하고 새로운 삶과 봄이 오는 것을 상징하는 부활절 달걀을 만든다. 현재는 종교적인 의미가 덜한 초콜릿을 선물하기도 한다. 신자가 아닌 사람들은 휴가를 즐긴다. 할로윈데이는 10월 31일로, 어린이들이 귀신 의상을 입고 할로윈 랜턴을 들고 다닌다.

영국에서 가장 큰 휴일은 크리스마스이다. 크리스마스는 고대 로마에서 동지를 축하하며 명절로 지낸 날로 4세기경 그리스도의 탄생일로 채택된 날이다. 영국에서 가장 사랑받는 크리스마스 관습 중 하나인 트리를 꾸미는 관습은 독일에서 온 것이다. 영국인들은 멋지고 신선한 침엽수를 잘라 거실에 둔다. 이것은 19세기에 앨버트 왕자가 크리스마스 캐럴과 함께 만든 관습으로 빅토리아식 크리스마스를 탄생시켰다. 크리스마스 카드를 주고받는 것은 헨리 콜이라는 사람이 처음 시작하였고, 이날 어린이들에게 선물을 주는 관습은 빅토리아 시대 중반부터 시작되었다고 한다. 크리스마스 다음 날인 복싱데이는 근로자가 사주(社主)로부터 고마움의 표시로 받는 크리스마스 박스에서 유래했는데, 이날 영국인들은 축구 같은 스포츠 경기를 많이 한다.

예절

예절은 그 나라의 특징과 환경의 영향은 물론 지속적인 교육을 받아 형성된 것으로 보는데, 영국인들의 예절은 한마디로 무뚝뚝하면서도 친절하다. 노동 계층은 격식보다는 등을 치고 친근한 말투로 친밀감을 표현하고 친절한 편이다. 하지만 중산층은 다소 차가운 태도로 세련된 행동을 보이려고 한다. 영국인들의 호칭은 Mr, Miss, Mrs 등을 사용하고, 만약 왕실로부터 직책을 수여한 사람을 부를 때는 Sir 뒤에 이름을 부르면 된다. 영국인들은 이런 경우 매우 자랑스러워하기 때문이다.

쇼핑할 때 상점에서 원하는 물건이 있다면 직접 꺼내지 말고 판매직원에서 요청하는 것이 좋다. 외식할 때 아무리 작은 식당이라도 그냥 들어가서 원하는 자리를 맘대로 앉으면 안 되며 자리로 안내될 때까지 기다려야 한다. 영국에서는 식당 규모에 비해 웨이터의 수가 많은 편이 아니기 때문에 여러 번 나눠 주문하기보다는 한 번에 모든 음식을 주문하는 것이 예의이다. 영국인들은 식사를 초대하고 펍에서 대화를 나누고 운동경기나 음악 공연 등을 통해 사교생활을 한다. 초대를 받았을 경우 선물로는 와인, 초콜릿이나 영국인들이 좋아하는 꽃을 준비하는 것이 좋다. 복장이 애매할 경우에는 초대자에게 물어보고, 복장에 대해 특별한 규정이 없을 때는 남자는 정장을 입고, 여자는 치마 정장을 입으면 무난하다.

차를 마시는 경우 스푼으로 요란하게 소리를 내지 않고, 조용히 마셔야 한다. 뷔페인 경우에도 주인이 접시를 줄 때까지 기다려야 하고, 주인을 도와주겠다고 설거지를 마음대로 하면 안 된다. 자신의 주방에 낯선 사람이 들어오는 것을 싫어할 수도 있기 때문에 반드시 물어보고 도와주더라도 도와야 한다. 또한, 전화나 화장실을 사용해야 할 때는 주인에게 반드시 물어보고 사용하고, 사적인 공간을 마음대로 둘러보거나 해서는 안 된다. 영국인들은 이런 행동을 무례하다고 생각하고 집의 시세나 물건의 가격을 물어보는 것은 특히 실례이다.

❧ 습관

영국인은 일상생활에서도 반복적이고 예측 가능한 행동을 한다. 예를 들면 수십 년 동안 매번 같은 식당, 같은 시간에 같은 음식을 먹거나, 일주일에 두 번은 같은 장소, 같은 테이블에서 식사하기도 한다. 영국인은 친숙한 것으로부터 안정감을 찾는 것을 좋아한다.

상품 광고부터 행사 등은 클래식한 것을 고집하고, 고정성과 예측 가능성에 초점을 둔다. 그래서 버버리 레인코트처럼 실용적인 의상이 탄생했고 전 세계적으로 사랑받는 영국의 대표 아이템이라고 할 수 있다. 이것은 명예의 전당에도 들어갔는데 단순 패션이라기보다는 영국인을 특징짓는 무엇이다. 그 밖에 영국인을 특징짓는 것에는 더블코트를 입고 있는 패딩턴 베어, 전원을 좋아하는 영국인들에게 필수품인 웰링턴 부츠, 신사를 의미하며 영국의 전통을 상징하는 얼그레이 티, 클래식한 의상을 대표하는 트위드, 런던의 전형적인 검은 택시, 설화석고 도자기인 웨지우드, 소시지, 잉글랜드의 대표 음식인 로스트비프와 요크셔푸딩 등이 있다. 왕실에서도 마찬가지로 수십 년간 같은 디자이너의 옷을 입거나 같은 머리 모양을 하는 등 특별히 새로운 변화를 추구하지 않는다. 영국인은 계획을 하고 이것을 규칙적으로 꾸준히 잘 지키는 습성이 있다. 이들의 느긋하고 계획적이고 편안한 것을 추구하는 경향은 수백 년 동안 오래된 것을 보존하는 것에 대한 충분한 설명이 된다.

속담

영국의 속담에는 '옆집 잔디가 더 파랗다', '예방이 치료보다 낫다', '영국인의 집은 성과 같다', '빈 수레가 요란하다', '사람은 항상 대비해야 한다', '잔잔한 바다에서는 좋은 뱃사공이 만들어지지 않는다', '침묵은 금이다', '격언이란 경험에서 태어난 어린아이다' 등이 있다.

축제와 문화행사

영국에서는 종교 축제 이외에도 전통 축제와 음악, 댄스, 연극 등의 문화 공연이 많이 열린다. 대표적으로 11월 5일 불꽃놀이 밤, 1월 25일 번스의 밤, 웨일스의 시 음악 경연 대회인 아이스테드바드, 스코틀랜드 서민들의 축제인 프린지 축제, 북아일랜드의 벨파스트 축제가 있다. 벨파스트는 가장 성대하고 연극, 무용, 드라마, 노래까지 다양한 예술 장르를 감상할 수 있다. 런던의 에든버러 국제 페스티벌, 글로스터의 스리 콰이어 페스티벌, 첼튼햄 페스티벌 등 대규모의 축제도 볼만하다. 에든버러 페스티벌 프린지는 축제 속의 축제로 기네스북에도 등재되어 있고, 아마추어와 프로를 막론한 예

| 에딘버러 프린지 페스티벌 : 세계 각국에서 참가한 연극, 마임, 퍼포먼스, 서커스 등을 감상 할 수 있다.

술 단체들이 공연하는 축제이다. 8~9월에 3주간 오페라, 재즈, 발레, 서커스 등 공연이 펼쳐지며, 개별 극단을 초청해 이뤄지는 프린지(실험극)을 공연하는 등 세계적인 공연들이 상업화할 가능성을 평가받는다.

첼튼햄 문학 축제는 사상가들의 논쟁과 토론을 즐길 수 있는 축제로 책에 대한 대담이 펼쳐지는 축제다. 쓰리 콰이어 페스티벌은 헐포드, 글로스터, 우스터 성당에서 열리는 음악 축제로 합창단이 주축이 된다. 노팅 힐 카니발은 아이들을 위한 퍼레이드와 먹을거리가 유명하다. 또한 글래스톤베리락 페스티벌은 6월에 잔디 위에서 펼쳐지는 현대 음악 축제이다.

음식과 식문화

영국의 음식 맛은 별로라는 의견이 많고, 패스트푸드 음식점이나 카페의 경우에도 다른 나라보다 음식의 질이 낮다고 한다. 사실 영국인들은 음식에 많은 흥미와 욕구를 갖고 있지 않으며 음식의 질에 크게 연연해 하지 않는다. 그러다 보니 잡지와 신문 등에서 음식과 관련된 보도가 적다. 하지만 영국인들도 건강에 대해서는 관심이 많아 채식주의자들도 많다. 영국의 전통요리는 코타지 파이와 장어 요리, 스코틀랜드의 해기스, 웨일스의 토끼 요리, 잉글랜드의 스튜 등이 있다.

영국의 음식들은 화려하거나 조리 과정이 복잡한 요리보다는 간소하고 기름진 음식, 볶은 음식과 밀가루 음식을 많이 먹는 편이다. 식재료 중에서는 달걀이 필수품이고, 모든 음식에 설탕을 사용할 만큼 설탕 사용량이 많다. 그리고 식사 후에는 푸딩 등 다양한 종류의 단 음식을 디저트로 즐겨 먹는다. 영국인들은 외국 요리에 상당히 개방적이어서 아울렛과 슈퍼마켓에서 다양한 나라의 식재료와 인스턴트식품을 많이 판매하고 있다. 이국적인 재료를 판매하는 아웃렛에는 막스 앤 스펜서, 세인즈베리, 세이프웨이, 테스코 등이 있다. 이곳에서 중국, 동남아, 이탈리아, 인도, 태국 식재료를 마음껏 구매할 수 있다. 식사 예절로는 오래 앉아 대화를 나누며 식사하는 것보다는 빨리 먹고 치워버린다. 아침은 보통 곡물류와 토스트, 마멀레이드를 먹으며 커피와 과자, 차를 간식으로 자주 챙겨 먹는다.

외식 문화를 살펴보면, 영국인에게 외식은 드문 일이며 일상적인 음식을 먹는 것이라기보다 미지의 음식을 맛보는 모험과도 같다. 비싼 외식비용으로 외식을 부유한 사람들이 하는 것으로 인식하는 경향이 높아서 반 조리 음식으로 식사를 종종 한다. 영국에서는 길거리 음식 문화가 없고, 공공장소에서 음식을 먹는 것을 대부분 싫어하는데, 젊은 사람들은 개의치 않고 먹기도 한다.

외식업은 미국의 패스트푸드의 유입과 프랑스식 요리가 대다수이다. 인도, 중국 식당도 늘고 있고, 핫도그 포장마차나 이탈리아식 패스트푸드점도 있다. 그중에서도 와인과 저녁을 즐길 수 있는 프랑스식 스타일의 요리를 즐긴다면 사회적으로 우월한 위치에 있다고 생각하는 경향도 있다.

대부분의 펍, 카페, 체인 음식점에서 판매하고 있는 메뉴는 육류와 생선, 감자튀김, 채소, 콩 정도의 요리이다. 영국의 외식 문화에서 펍(Pub, public house) 문화를 빼놓을 수 없다. 펍은 '공공의 장소'라는 뜻으로 영국 전역에 8만 개가 있고, 도시와 시골 지역 곳곳에 존재한다.

펍은 15~16세기부터 만들어졌는데 개인주의적인 국민성이 풀어지는 공간이다. 영국 사회에서 펍이라는 공간이 중요해질 수밖에 없는 이유는 이곳에서는 모든 영국인이 격식을 내려놓고 편안하게 시간을 보낼 수 있고, 인종차별 또한 없기 때문이다. 다양한 종류의 맥주와 독한 주류를 판매하며, 최근에는 가벼운 음식이나 커피도 판매하고 있다. 영국의 비싼 외식비용을 고려하면 펍에서 판매하는 맥줏값은 비교적 싼 편이다. 개인주의적인 성향을 지닌 영국인들은 이곳에서만큼은 타인에게 너그럽고, 관심이 많으며, 자기공개도 꺼리지 않는다.

소란을 볼 수 없는 영국의 공공장소 중에서 가장 시끄럽고 소란스러운 곳이며, 영국인들의 딱딱한 분위기가 급변하는 곳이다. 이곳에서 영국인들은 자유롭고, 편안하며 타인과의 대화를 즐긴다. 영국인들이 사생활을 중시하는 것과 긴장을 풀고 술을 마시는 모습을 노출하기를 꺼리는 것을 고려해 밖에서 안을 들여다보기 어렵게 만들었고 창문도 작다. 즉, 영국인들에게 펍은 술을 진탕 마시는 곳이 아니며 낯선 사람을 만나고 이야기를 나누는 곳이다. 펍은 영국인들과 진솔한 교류를 할 수 있는 최적의 장소인 셈이다.

영국인들은 일하다가도 동료들과 함께 차를 만들어 마시는 차 문화가 두드러진다. 영국인들은 눈뜨자마자 아침부터 차를 마시고, 11시에는 티 브레이크 시간을 가지면서 차를 마신다. 오후 4시경에는 티타임을 가지고 또 차를 마실 정도로 영국인들에게 차 문화는 식사와도 같다. 영국은 차 때문에 1773년 미국이 보스턴 차 사건을 일으켜 독립 전쟁을 했을 정도이다. 이들에게 따뜻한 차 한 잔은 의식이고, 그 어떤 요리보다 정중한 대접으로 여겨진다. 특히 커파(CUPPA)라는 하루를 마치며 마시는 따뜻한 차 한 잔이 없으면 큰일이 난다고 여길 정도다. 이들이 열광하는 차는 커피를 말하는 것이 아니고, 주전자는 한 번 헹구고 그다음에 차를 내려 우유를 섞어 마시는 뜨거운 차를 말한다.

스포츠

영국에서 근대 스포츠가 탄생했으며 페어플레이 정신과 규칙을 준수하는 것이 청소년들의 인성과 심성 교육에 효과가 있다고 보았다. 이들에게 스포츠는 최고의 오락이며 여가생활을 보내는 최고의 수단이다. 영국의 네 지방이 각각 출전하여 국제 대회라는 명칭을 붙이기도 한다. 스포츠 관련 시설과 이용이 실용적으로 잘 갖춰져 있고, 관람할 수 있는 경기도 다양하다. 귀족스포츠로는 승마와 폴로가 있고, 대중스포츠로는 크리켓과 축구가 있다. 영국인들은 오벌 경기장에서 크리켓 시즌이 되면 와인과 소설책을 챙겨 관람을 하려고 많은 사람들이 몰려든다. 스코틀랜드, 웨일스, 북아일랜드의 중간 계급이 즐기는 스포츠로, 잉글랜드에서는 열성 팬이 있을 정도로 활발하다. 영국에서 왕실 사람들은 말을 굉장히 좋아하는 듯하다. 찰스 왕세자의 가족이 소유하는 말이 출전하는 폴로 게임은 고급스러운 스포츠이다.

축구를 영국인들은 풋볼이라고 부르며 웨일스의 남쪽을 제외하고는 축구는 영국인들이 가장 즐기는 스포츠이다. 축구는 노동 계급이 즐기던 운동이었다가 20세기가 지나면서 전 계급이 즐기는 스포츠가 되었다. 보통 8월부터 다음 해 5월까지 잉글랜드와 웨일스의 클럽으로 구성된 FA 프리미어 리그로 새로운 변화를 겪는다. 시즌 동안에는 이천 개가 넘는 경기가 펼쳐진다. 지역마다 클럽과 지역 축구 협회가 있다. 영국의 모든 주는 지역 축구협회를 가지고 있고, 월드컵에 네 지역이 따로 출전하고 있다. 한 가지 독특한 점은 영국에서 축구는 다른 나라와 다르게 가족 단위로 평화롭게 즐기기 보다는 다소 과격한 남성스러운 관람 스포츠라는 점이다. 그래서 그런지 관객들의 적극적인 응원이 폭력으로 이어져 큰 사회적 문제가 되기도 했다. 한편 정작 영국 테니스의 수준은 높지 않지만, 윔블던은 테니스 선수들에게 상징적인 의미를 지니고 있다.

F R A N C E

에펠탑

나폴레옹

에스카르고

생텍쥐페리

노트르담드파리

개선문

루이14세

와인

프랑스

프랑스

CHAPTER 1 프랑스

'낭만과 예술의 나라' 하면 가장 먼저 떠오르는 곳이 바로 프랑스이다. 에 펠탑, 개선문, 루브르 박물관 등 국가의 모든 곳곳이 가봐야 할 곳으로 도배되어 있을 정도로 예술적 가치의 작품들이 차고 넘치는 곳이기 때문이기도 하지만, 미술, 음악, 건축 등 각종 문화와 예술이 유럽국가 중에서 특히 발달하여 주변국에 큰 영향을 끼쳤다는 점에서도 그러하다. 질서나 규칙에 얽매이는 것을 싫어하며 자유분방함을 추구하는 프랑스인의 국민성 역시 이러한 특유의 분위기와 문화를 만들어냈다는 평가가 많다. 이는 프랑스 요리에도 잘 반영되어 있는데 다양한 재료로 자유분방하고 창의적인 작품 수준의 요리들이 크게 발달한 프랑스 요리는 이탈리아, 중국, 태국과 함께 세계 4대 요리로 불릴 정도로 큰 인정을 받고 있다.

이처럼 볼거리, 즐길 거리가 풍성한 문화 덕분에 프랑스 파리는 세계 1위의 관광도시로서의 명성을 계속해서 이어오고 있다. 또한 관광대국 프랑스를 가능하게 한 건 지정학적 위치의 덕도 컸다. 유럽 대륙의 서부, 지중해와 대서양 사이에 위치하는 프랑스는 동쪽은 이탈리아·스위스·독일, 북동쪽은 룩셈부르크·벨기에, 북서쪽은 영국해협 건너 영국과 마주하며, 서쪽은 대서양, 남쪽은 지중해와 스페인과 맞닿아 있다. 동과 서, 남과 북의 주요 국가들의 이동 관문 역할을 해 온 것이다. 하지만 이러한 장점을 그대로 두기보다는 최대한 활용해서 그저 흘러가는 곳에 그치지 않고 그들만의 독특한 문화와 예술을 발달시켜온 노력이 더해졌다.

이 모든 것들이 더해져 프랑스는 오늘날 전 세계인들에게 다양한 매력과 특징을 갖는 나라로 정평이 나 있다. 지중해와 맞닿은 곳에서는 포도, 레몬, 올리브유 같은 지중해식 농업이 높은 경쟁력을 갖고 있으며, 프랑스의 와인은 세계에서 거의 최고로 손꼽히는 경쟁력 있는 상품이다. 농업뿐만 아니라 예술의 국가답게 미용과 패션산업도 크게 발달했다. 세계적으로 뜨거운 사랑을 받고 있는 고급 명품 브랜드인 샤넬, 루이뷔통, 에르메스 등은 모두 프랑스에서 탄생했다. 이렇듯 여러 방면에서 큰 경쟁력을 갖춘 프랑스는 과연 어떤 역사, 예술, 문화적 배경 속에서 발전해왔을까?

프랑스의 자연환경

프랑스는 3가지 지질 지역으로 나뉜다. 아르덴 고원, 보주 산맥, 마시프상트랄, 아르모리캥 대산괴(大山塊)를 이루는 '고기 산맥의 잔구지역'을 비롯해서 파리 분지, 루아르 평야, 아키텐 분지, 알자스 평야 등의 '북부와 서부의 평야지역', 알프스 산맥들과 인접한 손 평야와 론 평야를 포함한 남부와 남동부의 보다 높은 '신기 습곡산맥지역'이 바로 그것이다.

국토의 평균 고도는 342m이다. 500m이상의 고지대는 국토의 17.8%에 불과하고 250m이하의 저지대는 61.8%에나 달한다. 마시프상트랄의 북쪽과 북서쪽에 자리한 파리 분지에는 센 강이 흐르고 있다. 450km이상에 걸쳐 뻗어 있는 피레네 산맥은 프랑스와 스페인의 자연 국경을 이루고 있으며. 스위스까지 이어지는 쥐라 산맥은 습곡된 석회암들로 이루어져 있다. 이중 최고봉은 프랑스에 있는 해발 1,723m의 네주 산이다. 또한 프랑스 내에 위치한 알프스 중에서 최고봉은 몽블랑으로 해발 4,807m에 달한다. 이 신기 산맥들 사이에는 남쪽으로 론 강 삼각주까지 뻗은 손 평야와 론 평야가 있다.

프랑스는 대서양·지중해·대륙의 영향이 결합된 온대기후 지역으로서, 겨울은 산지와 북동부의 알자스 지방을 제외하고는 대체로 따뜻한 편이다.

프랑스의 국민성

프랑스인들은 매우 화려하고 한없이 자유분방할 것 같지만, 이는 사실과 다르다. 보통 매우 현실적이며 타인을 존중하도록 자녀 교육을 엄격히 시킨다. 특히 '남을 존중하라'는 내용을 어릴 때부터 교육할 정도로 예의를 중시하는 편이다. 세계적인 명품 브랜드를 많이 가진 국가지만, 국민들은 의외로 검소하다. 벼룩시장이 활성화되어 있고, '전통'과 '낡은 것'을 소중하게 여기는 편이다. 또한 프랑스인들은 자기 생각을 솔직하고 분명하게 밝히기를 좋아한다. 즉, 너도 옳고 나도 옳다는 '양시론'을 매우 싫어한다. 상대의 약점을 풍자하는 재치(에스프리. esprit)도 프랑스인들의 중요한 특징이다. 하나의 말이 가지고 있는 여러 가지 의미를 적절히 이용하여 상대방에게 재치 있게 응수하는 것을 좋아한다.

프랑스 민족은 다양한 민족으로 구성되어 있기 때문에 사고방식 또한 다양하다. 명랑하고 낙관적이며 좋은 포도주와 좋은 음식을 즐긴다. 세계적으로 유명한 다양한 포도주와 다양한 요리가 발달한 건 이 때문이다. 또한 실용적이고 현실적이며 재치 있고 융통성이 있다. 서둘러 끝내기보다는 시간이 걸리더라도 완벽하게 일을 마무리 짓는 편이며, 유럽에서도 개인주의가 발달한 나라로 손꼽히는 국가이지만 결혼 후에도 부모의 집과 가까운 곳에 사는 경우가 많다. 단, 가족에 대한 의무가 약하고, 이혼율이 높은 편이다.

프랑스의 언어

프랑스어는 라틴어에서 발전한 것인데 고대 갈리아인이 사용하던 골어가 라틴어로 대체되었고, 그 라틴어가 프랑스어로 변화한 것이다. 프랑스인들은 모국어에 대한 사랑이 각별하기로 유명하다. 예를 들어 'computer'란 단어를 그대로 수입해 쓰지 않고 'ordinateur'(오흐디나뙤흐)라는 독특한 불어를 만들어 쓸 정도다. 또한 알리앙스 프랑세즈라는 프랑스어 교육기관이 있어서, 해외 각지에 부설 어학기관을 설치해두고 있기도 하다.

프랑스가 해외 식민지를 개척하며 그 세력을 확장했던 덕분에 프랑스어는 세계 각국으로 많이 확산된 바 있고, 이에 따라 국제 프랑스어 사용국 기구(프랑코포니)까지 등장하기도 했다. 지금 프랑스어를 모어로 사용하는 인구는 약 2억 9,000만 명으로 추산된다(아프리카 24개국, 캐나다 퀘벡 지역, 유럽 일부 지역 포함). 프랑스의 강력한 1 언어정책으로 그 지위는 인정되지 않고 있지만 켈트어 계통의 브레통어, 오크어, 알자스어 등 각 지역어도 존재하고 있다. 이밖에 과거에 대학과 교회를 바탕으로 사용되던 라틴어 역시 현재도 프랑스 내에서 사용되고 있긴 하지만 그 사용이 점점 줄어드는 추세다.

프랑스의 종교

프랑스에서 정식으로 인정하는 국교는 없지만, 가톨릭 신자가 인구의

| 노틀담 대성당. 센 강변의 시테 섬에 있는 고딕 사원이다. 라 에스메랄다를 향한 꼽추 콰지모도의 열정과 비극의 무대가 된 곳이다.

69%를 차지할 정도로 가톨릭 국가라 할 수 있다. 하지만 일요 미사에 정기적으로 참석하는 사람은 약 10% 정도로 많지는 않다. 최근에는 과거 프랑스 식민지였던 지역에서 이민자들이 대거 이주하면서 이슬람교도가 증가해 현재 모슬렘 인구는 600만 명 정도로 추산되고 있다. 그밖에 유대교는 약 48만 명 정도로 예상된다. 1978년 법은 종교, 인종 등은 개인의 사생활에 관련된 것으로 관련 정보를 수집하는 것을 금지하고 있어, 종교와 관련한 통계가 없으며 따라서 정확한 수치는 알기 어렵다.

CHAPTER 2 프랑스의 지리와 도시들

　서유럽에 위치한 프랑스는 동경 2°, 북위 46°에 자리하고 있다. 면적은 64만 3,801km², 인구는 6,500만 명(2012년 기준), 수도는 파리(Paris)이다. 프랑스는 러시아, 우크라이나에 이어서 유럽에서 3번째로 큰 나라로 대한민국 면적의 약 6.5배 크기를 자랑한다. 이는 유럽연합 소속 국가 중 가장 큰 면적이기도 하다. 약 220만 명이 거주하고 있는 수도 파리는 그만의 독특한 매력과 낭만적인 분위기를 통해, 최근 10여 년간 계속해서 세계 제 1의 관광 도시라는 영예를 차지하고 있다. 하지만 프랑스는 파리 외에도 세계인을 매료시키는 수많은 도시가 존재한다. 마르세유(무역도시), 리옹(금융도시), 툴루즈(공업도시), 니스(휴양도시), 에비앙(물의 도시), 칸(영화의 도시) 등 세계인들에게 그 이름을 알린 도시들이 많다.

　그중 생수 브랜드로 유명한 도시 에비앙은 레만 호수 기슭에 위치하고 있는 특별한 자연경관을 지닌 곳으로 물, 웰빙, 골프, 미식, 스포츠가 이곳에서 모두 유명하다. 또한 '길의 도시'라는 뜻을 가진 스트라스부르는 하늘을

| 프랑스 동부 부르고뉴주(州)에서 생산되는 부르고뉴 와인은 보르도 와인과 더불어 세계적으로 유명하다.

찌를 듯 솟은 지붕이 유명하며 애니메이션 〈하울의 움직이는 성〉의 미야자키 하야오 감독은 이런 풍경에 반해 이 도시를 만화의 배경으로 택하기도 했다.

　이 밖에도 문화와 요리로 유명세를 떨친 도시가 바로 디종이다. 특별한 맛집이 많으며 특히 전 세계 와인 애호가들이 최고로 꼽는 부르고뉴 와인생산지의 첫 번째 관문으로서 유네스코 세계문화유산으로 등재될 만큼 가치를 인정받기도 했다.

CHAPTER 3 프랑스를 대표하는 관광지

　　프랑스는 풍부한 문화유산과 발달한 문화관광 산업으로 더욱 돋보이는 국가이기도 하다. 프랑스 문화산업 분야의 연간 매출액은 400억 유로, 고용인은 47만 명으로 세계관광기구가 집계한 세계 제 1위 방문국(방문객 기준)이기도 하다. 연간 8,000만 명이 프랑스를 방문(2013년 8,470만 명)하고 있다. 프랑스는 앙드레 말로, 자크랑 등 유명한 문화부 장관들을 중심으로 오래전부터 문화정책을 국가차원에서 중시해 왔으며, 국민들은 높은 문화 수준을 자랑하고 있어 관광산업이 발달하기에 좋은 사회적 분위기를 갖췄다. 또한 지중해, 대서양에 접한 지정학적 위치, 과거 해외식민지 경영 등으로 오래전부터 외국문물이 활발히 수입되어 외국 문화에 대한 수용성이 높다는 점, 타 문화에 대해서도 관대하다는 점에서도 관광산업의 발달 잠재력이 큰 국가라 할 수 있다. 특히 루브르, 오르세, 퐁피두 등 세계적인 박물관과 미술관들이 소재하고 있고, 거의 일년내내 프랑스 전역에서 다양한 축제가 개최되고 있다.

❧ 파리

프랑스 최대 도시이자 심장이라 비유되는 수도 파리는 정치·경제·문화의 중심으로 세계 1위의 관광도시라는 명예를 차지하고 있다. 파리는 '예술의 도시', '꽃의 도시'라고 불리며 전 세계인을 매료시키고 있으며, 그 결과 세계 최고의 관광 도시로 자리매김했다. 가는 곳마다 그림 같은 풍경에 아름다움을 자아내는 파리는 유럽에서 차지하는 상징성과 파급력이 엄청나다.

파리에서도 가장 먼저 손꼽히는 명물은 에펠탑이다. 센 강 서쪽 강변에 펼쳐진 샹 드 마르스 공원(Champ de Mars) 끝에 위치해 있으며 구스타브 에펠의 설계로 세워졌다. 1889년 프랑스 혁명 100주년을 기념해 개최된 파리 만국박람회 때 세워진 것으로, 그 규모도 어마어마해서 높이가 301m에 달한다. 당시로써는 세계 최고 높이였다. 총 무게도 무려 9,700t이나 된다. 하지만 웅장한 느낌보다는 부드러운 느낌이 강하다. 곡선형 철탑이라 딱딱하지 않고, 여유로운 멋을 살렸다는 평가가 많다. 유럽의 가장 상징적인 곳이 어디냐는 조사를 할 때마다 사람들은 압도적으로 파리의 '에펠탑'을 꼽을 정도로 유럽인들의 엄청난 지지와 사랑을 받는 곳이기도 하다. 그만큼 유럽의 중심 에펠탑은 파리의 상징이자, 프랑스의 자존심이다.

전망대에서 내려다보는 파리의 경관도 특별하다. 전망대는 세 군데 있으며, 다리 4개의 동쪽 코너와 서쪽 코너에서 들어갈 수 있다. 에펠탑의 백미는 에펠탑 내부로 올라가서 볼 수 있는 바로 이 파리 시내 전경에 있다. 특히 파리의 바람을 피부로 직접 느낄 수 있는 철망이 쳐진 제3전망대에서는 파리 시가지의 전망을 360° 바라볼 수 있는데 남동쪽으로는 샹 드 마르스 공원 너머로 앵발리드의 돔과 몽파르나스 타워를, 북쪽으로는 센 강을 내려다보며 오페라 극장과 사크레 쾨르 성당을 멀리 조망할 수 있다.

| 에펠탑. 만국박람회 당시 파리의 흉물이 될 것이라는 비웃음이 무색하게 파리를 상징하는 아이콘이 되었다. 근대 건축의 기적으로 불린다.

| 몽마르트의 사크레 쾨르 대성당. 몽마르트는 '순교자의 언덕'이라는 뜻에서 유래하였지만, 지금은 청춘들이 사랑을 나누는 연인들의 언덕이다.

이외에도 예술의 도시 파리의 분위기와 가장 잘 어울린다는 찬사를 듣는 '몽마르트르'는 예술가들의 아지트로 유명하다. 몽(Mont)은 '언덕'이란 뜻이고 마르트르(martre)는 '순교자'를 뜻하는데 272년 성 도니와 2명의 제자가 순교한 곳이며, 12세기에 베네딕트파의 수녀원이 건립된 곳이기도 하다.

특히 이곳이 인기인 가장 큰 이유는 파리 시내를 한눈에 내려다볼 수 있다는 점이다. 꼬불꼬불 이어진 좁은 길을 따라 계단을 오르면 시내가 훤히 내려다보이는 꼭대기가 나오는데 해발 129m의 작은 언덕이지만 파리가 평지로 이루어져 있는 까닭에 여기만 올라도 시가지를 한눈에 볼 수 있다. 그 광경을 보려고 파리를 찾는 사람들은 이곳을 빼놓지 않고 찾고 있다. 이곳은 또

| 몽마르트는 자유분방함과 상상을 즐기는 예술가들의 아지트로 유명하다

한 예술가들이 많이 살았던 지역으로서도 유명하다. 특히 19세기 후반 이래 고흐, 로트레크 등 많은 화가와 시인들이 활동한 인상파, 입체파 등의 발상지이다. 그 외에도 19세기의 모습을 그대로 간직한 유서 깊은 고택이 거리에 늘어서 있어, 아직도 화가들이 많이 찾아들고 있다.

에펠탑과 함께 파리를 대표하는 또 하나의 상징물은 파리 에투알 개선문이다. 샤르 드골 광장에 위치한 이 개선문은 높이 50m, 너비 45m로 웅장한 규모를 자랑한다. 나폴레옹이 전쟁에서 승리한 것을 기념하기 위해 만들어진 것으로 로마 티투스 황제의 개선문을 그대로 본떠 설계됐다. 로마 시대에 영웅만이 개선문 아래로 행진하도록 허락될 수 있었기 때문에 새로운 땅을 정복한 황제와 그 군사들이 개선문 아래로 행진하는 것은 매우 영광스런 일이었으며, 1945년에 4년간의 독일 지배에서 벗어나는 데 앞장 선 샤를 드골 장군이 이 개선문 아래로 당당히 입성하면서 명소가 되었다. 개선문은 동서남북 네 면에 새겨진 조각이 큰 볼거리를 이루고 있기도 하다. 부조 10개가 있는데 모두 나폴레옹 1세의 공적을 모티브로 제작되었다. 프랑스 혁명에서 나폴레옹 1세 시대에 걸쳐 참전한 장군 558명의 이름이 문 아래에서 보이는 내부 벽면에 모두 새겨져 있다. 개선문 옥상에 있는 전망대도 빠뜨리지 말고 챙겨보아야 할 곳이다. 계단 272개를 오르거나 지하도에서 옥상 계단까지 통해 있는 엘리베이터를 타고 올라갈 수 있는데 이 전망대에서는 에펠탑과 마찬가지로 방사형으로 뻗어 있는 거리와 파리 시가지가 한눈에 들어온다. 전망대 아래층에는 역사박물관도 있어서 나폴레옹 1세의 장례식을 비롯해 국민 작가인 빅토르 위고의 국장, 무명용사의 매장 등 개선문에서 행해진 일에 관한 역사적 자료를 둘러볼 수 있다.

개선문이 있는 광장은 방사형으로 뻗은 12개의 도로가 마치 별과 같은 모양을 이루고 있다고 해서 이전에는 에투알(Etoilè, 별) 광장이라고 불렸는데 프랑스를 구한 장군이자 초대 대통령의 이름을 따서 1970년에 샤를 드골 광장으로 이름이 바뀌었다.

한편, 프랑스인들이 세계에서 가장 아름다운 거리라고 자부하는 명소이자 파리 시내 최대 번화가는 파리의 '샹젤리제 거리'다. 개선문에서 콩코르드 광장까지 일직선으로 뻗어 있는데, 패션과 쇼핑의 메카라고 할 만큼 화려한 모습을 자랑한다. 특히 크리스마스 시즌에는 샹젤리제 거리 일대가 환상적인 야경을 뽐내기도 한다. 갖가지 기념품, 전통 음식 등을 파는 매장이 들어선 크리스마스 마켓도 구경할 수 있으며 고급 부티크들은 샹젤리제 거리와 몽테뉴 거리에 밀집해 있다. 전 세계 여성들이 선호하는 명품 브랜드 매장이 모여

| 파리 개선문. 로마 티투스 황제의 개선문을 그대로 본떠 설계되었다. 파리에서 소매치기와 집시들이 가장 많이 '작업'하는 곳이기도 하다.

있어 쇼핑객들을 끌어모으고 있는데 최근에는 이탈리아 유행 상품 매장도 이곳에 생겨 세계적인 명성이 더욱 높아졌다. 과거에는 들판과 습지에 불과했지만, 17세기 초 마리 드 메디시스 왕비가 튈르리 정원에서부터 센 강을 따라 걸을 수 있는 자신만의 산책길을 만든 것이 지금의 '샹젤리제 거리'로 탄생하는 계기가 됐다.

❧ 니스

파리가 프랑스 특유의 도시적 매력으로 승부한다면, 니스는 여유 있는 휴양지로서의 매력이 풍부한 곳이다. 프랑스 남부의 항만 도시이자 지중해 연안에 위치한 니스는 연중 따뜻한 날씨로 관광객들에게 최고의 휴양도시로 손꼽히는 곳이다. 파리에서 테제베(TGV)로 5시간 30분 정도 소요될 정도로 거리는 먼 편이다. 모나코 공국 및 이탈리아에서 가까운 지중해의 항만 도시인 이곳은 프랑스 관광지를 대표하는 명소로 전 세계인들이 프랑스를 방문할 때 꼭 들르는 도시 중 하나인 데 해마다 휴가철이면 국내 유명 스타들이 휴가를 오는 곳으로 매스컴에 자주 오르내리고 있기도 하다.

니스가 이렇게 큰 인기를 얻고 있는 이유 중 하나는 지중해 연안에 위치해 연중 15℃ 내외로 유지되는 온화한 기후로 관광을 즐기기에 최적의 상태를 유지하고 있다는 점이다. 감청색 해안은 아름다운 풍광으로 마티스, 샤갈 등 많은 예술가들이 여생을 보낼 정도로 매력적이기도 하다. 니스는 지중해 연안에서도 가장 아름다운 해안을 지닌 곳으로 평가받을 정도로 소문난 경관을 자랑한다. 특히 바다와 해변을 따라 4km가량 늘어선 최고급 호텔과 별장 등은 한 폭의 그림과 같은 모습이다. 마티스 미술관, 샤갈 미술관 등 볼거리들도 몰려 있는가 하면 누드비치가 곳곳에 있어 세계적으로 휴양지로서 명성이 높다.

니스의 관광지는 해변으로 가는 장 메드생 거리와 마세나 광장, 남동쪽 언덕 위의 성과 그 주변 시가지 등 세 구역으로 나뉜다. 구시가지는 규모가 작아 반나절이면 충분히 돌아볼 수 있으며 장 메드생 거리는 해변으로 뻗어 있는 길로 저렴한 레스토랑과 호텔이 밀집되어 있고 트램이 운영되고 있어 편리하게 이동할 수 있다. 장 메드생 거리에서 구시가지까지 가는 도중에 분수와 함께 높이 솟은 동상이 위치한 곳이 나오는데 이곳이 바로 마세나 광장이다. 니스 카니발 등 주요행사가 이곳에서 많이 열리며 산책코스로 사랑받는 곳이기도 하다. 특히 영국인의 산책로라는 뜻을 가진 '프롬나드 데 장글레'는 니스의 명소다.

에따유니 동쪽 끝에 위치한 샤또 언덕은 니스의 풍경을 한눈에 볼 수 있어 좋다. 186개의 계단을 올라가거나 엘리베이터로 갈 수 있는데, 과거 왕이 살던 성으로 니스의 해변뿐 아니라 알프스 산자락도 볼 수 있다. 해변에서 직접 바다를 즐기고자 할 때는 주의할 점이 있다. 입장료를 받는 곳이 많기 때문에 만일 입장료를 내지 않고 싶다면 무료 해수욕장인지 유료 해수욕장인지 알아볼 필요가 있다. 또한 니스의 해안은 모래가 아닌 자갈로 되어 있다는 점도 알아둬야 한다. 14세 이상이라면 '파란 자전거'를 대여할 수 있어 자전거로 이 길을 즐길 수도 있다. 실제로 니스 곳곳에는 무려 174개나 달하는 자전거 보관소가 있어 여행객들의 큰 호응을 받고 있다.

✤ 칸

니스와 함께 손꼽히는 휴양도시가 바로 칸이다. 국제 영화제가 열리는 도시로도 더욱 유명한 칸은 관광도시 니스에서 남쪽으로 26km 떨어진 지점에 위치해 있다. 니스에서 칸은 열차가 수시로 오가며 니스보다는 칸이 숙소나 물가가 비싼 편이다. 니스와 함께 코트다쥐르(지중해에 면한 해변지대)의 대표적인 휴양지로, 겨울철에도 10℃ 안팎의 기온을 유지하고 있다. 19세기에 해수욕장으로 발전한 이곳은 특히 나폴레옹 3세가 통치하던 제 2 제정시대 이후 큰 호텔이 들어서면서 세계적인 관광지가 되었다. 시의 서쪽 끝 구릉 위의 구시가에는 노트르담 드 레스페랑스 교회가 있고 구릉 동쪽에는 요트가 떠다니는 항구가 있다. 니스와 마찬가지로 해안을 따라 6km쯤 되는 산책로가 뻗어 있어 산책로를 통해 둘러보기 좋다. 특히 크루아제트 산책로에서는 매일 아침 꽃시장이 서므로 꽃을 좋아하는 사람들은 한 번쯤 찾아봐도 좋다.

니스에 비하면 칸은 특별하게 눈에 띄는 자연풍광이 있는 것은 아니다. 인구 7만 명의 작은 도시지만, 칸을 특별하게 만든 것은 일 년 내내 열리는 풍부한 축제다. 이 축제들은 콘텐츠를 중시하고 있는 도시 칸의 철학을 단적으로 보여주는 것이라 할 수 있다. 그만큼 프랑스 칸은 지역의 자연보다 콘텐츠의 힘으로 사람들을 모으고 있는 곳이다.

베를린영화제, 베니스영화제와 어깨를 나란히 하는 세계 3대 영화제중 하나인 칸영화제인 만큼 영화 축제는 워낙 유명한데, 이 영화제는 프랑스 정부가 1936년에 만들어진 베를린영화제에 대항하기 위해 1946년 칸에 영화제를 만들면서 탄생했다. 영화제의 도시답게 기차역 플랫폼에는 영화 포스터들이 즐비하게 붙어 있고, 최초로 영화를 만든 뤼미에르 형제의 대형 사진도 그려져 있다. 영화제의 상징인 종려나무가 칸의 도로마다 늘어서 있으며 그 아래로 도심을 오가는 꼬마열차가 지나는 등 영화의 도시로서 특징적인 외관을 하고 있다.

세계적인 국제영화제가 열림에 따라 세계에서 모인 유명 인사와 영화 배우가 숙박하는 최고급 호텔도 볼거리이다. 섬을 따라 이어지는 끄르제트 거리(*Bd. de la Croisette*)는 고급 레스토랑, 부티크 등도 한번에 볼 수 있으며 이 거리에서 열리는 '팔레 드 페스티벌'(*Palais des Festivals*)은 연중 다양한 이벤트가 열린다. 6월 하순에는 '칸 국제 광고 페스티벌'이, 1월에는 MIDEM(*국제 음악 산업 전시회*)가 개최된다.

에페르네

프랑스하면 떠오르는 대표적인 음식 중 하나인 와인. 그중에서도 발포성 와인인 샹페인은 샹파뉴(*Champagne*) 지역에서 생산된 것만 샹페인이라 부를 정도로 유명한데 샹파뉴 지역의 대표적인 도시가 바로 에페르네(*Epernay*)다.

파리에서 약 1시간 동안 기차를 타고 도착할 수 있는 거리에 있으며 파리 동쪽 138km, 마른 강 왼쪽에 위치해 있다. 포도주의 제조·판매로 유명한 이 도시는 포도주 박물관은 물론, 언덕을 파서 만든 길이 약 50km의 포도주 저장용 터널들이 있을 정도로 도시 전체가 와인, 샹페인에 관련된 다양한 볼거리들이 있다. 중심부에는 주로 샹페인 하우스들이 즐비하게 늘어서 있으며 포도밭은 외각 지역에 따로 존재한다.

중심부인 애비뉴 드 샹파뉴(*avenue de champagne*) 거리에는 양옆으로 샹페인 하우스가 모여 있는데 그중에서도 전 세계적으로 명성을 얻고 있는 곳은 영국의 전 총리 윈스턴 처칠이 사랑했던 샹페인으로 유명한 폴 로저(*Pol Roger*)다. 이곳은 처칠이 점심과 저녁 매일 두 병씩 폴 로저의 샹페인을 즐겨 마시면서 더욱 유명해졌다. 나중에 폴 로저는 그를 위해 2만 병의 샹페인을 따로 보관하기도 했다고 한다. 이러한 인연을 반영해 현재 폴 로저 건물이 자리한 거리 이름은 공식적으로 '윈스턴 처칠 거리'로 지정돼있다.

이곳에선 또한 폴 로저의 샴페인이 숙성되고 있는 대규모 지하저장고 카브(cave)도 구경할 수 있다. 무려 지하 33m의 계단을 내려가야 할 만큼 어마어마한 규모를 자랑하며 카브의 길이는 총 7.5km로 평균 기온 9~11도를 유지하고 있다. 이웃의 샴페인 하우스와 연결되기도 했던 이 동굴에서는 소형 전동차를 탄 채 수천만 병이 정렬된 샴페인을 직접 볼 수 있다.

리옹

인구 47만 명(교외 포함 130만 명)의 리옹은 프랑스에서 파리 다음 두 번째로 큰 도시다. 프랑스 중남부 오베르뉴 지방 퓌 드 돔의 중심시인 리옹은 파리에서 테제베(TGV)를 타고 두 시간이면 이동할 수 있는 거리에 있는데 파리 못지않은 문화유산을 가진 곳이기도 하다. 오른쪽에는 알프스 산맥, 왼쪽에는 마시브 상트랄이라는 고원이 자리하고 있으며 그 사이로 손 강과 론 강이 나란히 다리를 뻗고 있다. 볼거리, 먹을거리, 즐길 거리가 모두 풍부한 곳으로 유명한데 영화를 발명한 뤼미에르 형제, 〈어린 왕자〉의 작가로 유명한 생텍쥐베리의 고향으로도 널리 알려져 있다.

샹파뉴 지방이 와인으로 유명하다면, 리옹은 맛을 위한 미식의 도시로 유명세를 떨치고 있다. 18세기부터 이미 요리도시로서의 명성을 얻고 있는데, 이곳은 전형적인 리옹 음식점인 보숑을 비롯해 작은 술집, 호프바, 작은 음식점, 맥줏집 등 다양한 레스토랑이 발달해 있다. 리옹의 레스토랑 수는 약 2,000여 개에 이른다. 이는 리옹의 주방장들이 총명한 두뇌와 기발한 창조력으로 요리를 하나의 예술로 발전시켰기 때문이라고 한다. 특히 리옹의 부숑거리는 프랑스 전통요리를 파는 거리로, 리옹 부숑을 먹기 위해 리옹을 들르는 여행객이 있을 정도로 그 맛으로 사람들을 사로잡고 있다. 1837년 리옹을 방문한 〈적과 흑〉의 작가 스탕달은 "런던에는 22종류의 감자가 있지만 리옹에는 감자를 요리하는 22가지 방법이 있다." 는 말을 남기며 리옹에 대한 최고의 찬사를 보냈을 정도다. 이곳에서는 상류층보다는 서민 음식들이 발달했는데 요리의 도시로서 리옹의 명성이 확고해진 것은 여성이 운영하는 음식점들이 대거 등장하던 18세기 후반이다.

리옹의 요리 중에서도 대표적인 요리는 돼지고기 요리라 할 수 있다. '로제트 드 리옹'이 전채요리로 유명한데, 고급 육질의 돼지고기를 창자에 넣어 말린 소시지 요리다. 또한 메인디시로는 선지로 만든 순대에 설탕에 절인 사과를 곁들인 '부댕 오 폼므', 돼지고기를 다져 넣은 작은 소시지인 '앙두이예트' 등이 잘 알려져 있다.

먹거리뿐 아니라 볼거리도 많다. 리옹 구시가지에는 고대의 건축물이 그대로 남아 있는데 2,000여 년 전의 옛 극장과 같은 다양한 문화유산이 있으며 구시가지 비유리옹(Vieus Lyon)은 지난 1998년 유네스코의 세계문화유산으로 등록되기도 했다. 또한 필름영화를 최초로 만든 뤼미에르 형제의 이름을 딴 뤼미에르 축제가 유명하다. 빛이라는 의미의 뤼미에르 축제는 매년 10월에 개최되는데, 약 400만 명의 관광객이 찾을 정도로 세계적인 축제가 되었다.

✨ 안시

안시는 프랑스의 베니스라 불리는 도시다. 파리 남동쪽 542km, 스위스의 제네바 남쪽 35km 지점에 있으며, 오래전부터 여러 도시를 잇는 거점도시로 다양한 문화의 영향을 받았다.

인구 5만여 명의 작은 마을이지만 관광명소가 밀집해있어 걸어서 이를 둘러볼 수 있는 장점이 있다. 작은 집들과 함께 티우 운하(Canaldu Thiou)가 어우러져 운치가 있는데, 티우 운하는 안시 호수와 연결돼 구시가를 따라 흐르고 있으며 특히 안시의 구시가(Vieille Ville)는 '프랑스의 베니스'라 불릴 만큼 아름답기로 유명하다. 운하 주변에는 노천 카페와 독특한 레스토랑이 많으며 관광객들을 위한 기념품 가게도 눈에 많이 띈다.

안시 호로 들어가는 또 다른 운하는 바스 운하(Canaldu Vasse)인데 이 운하 주위 역시 경관이 빼어나다. 특히 바스 운하에 있는 사랑의 다리(Pont des Amours)는 장 자크 루소의 〈고백〉이라는 작품에 등장하며 바랑부인과의 사랑을 속삭인 곳으로 유명하다. 그밖에 12~16세기 사이에 지어진 안시 성이 있다. 제네바의 영주들과 느무르-제네바 공작들의 거주지였던 곳인데 1953년 역사기념물로 지정되어, 현재는 현대미술과 종교미술의 박물관으로 쓰이고 있다.

도시 남쪽에는 프랑스에서 두 번째로 큰 안시 호가 있고 알프스 산맥이 펼쳐져 있다. 안시의 중심부는 중세 사부아 지방의 고풍스러운 모습을 고스란히 간직하고 있으며 12세기에 축성된 릴르 궁전과 16세기에 지어진 안시 대성당, 중세 민간 건축물과 골목길이 남아 있다. 고대 로마의 유적도 많아 오늘날은 관광지로 더 유명해졌다.

안시는 동계스포츠의 메카로도 널리 알려져 있다. 겨울에는 알프스 산맥 능선에서 겨울 스키를 즐기려는 관광객들이 모여드는데 안시의 스키 리조트는 유럽에서 손꼽는 명소로 동계스포츠의 메카라 불린다.

CHAPTER 4

프랑스의 역사

🎐 갈리아 시대

프랑스가 자리한 영토는 기후가 온화한 데다 땅도 비옥해 사람들이 정착하기 좋은 조건을 지니고 있었다. 기원전 8세기 당시만 해도 인도·유럽 (Indo-European)계인 켈트족은 이 비옥한 지역에 원주민을 몰아내고 정착해 있었다. 이후 로마인들은 이 지역을 갈리아(Gallia)라 부르고, 켈트족을 갈리아족이라고 불렀는데 이 시대를 갈리아 시대라 부른다. 이후 갈리아는 프랑스어 명칭인 골(Gaule)로 변화했다. 골족과 로마는 활발한 교역을 이어가고 있었는데, 이는 차후에 골족이 로마화 되는 토대가 되기도 했다. 그리고 이후 BC 121년, 로마의 세력이 점차 강해지면서 프랑스 남부 해안지역이 로마로 편입되는 한편, 나머지 지역도 로마에 차례로 속주로 편입되는 길을 걸었다. 골족이 자신들만의 독자적인 성격의 국가가 아닌 로마에 편입된 채 존재하게 된 것이다.

🎗 프랑크(Frank) 왕국 시대

로마의 지배를 받던 갈리아족은 4~5세기경에는 서로마 제국이 멸망하고 게르만족이 힘을 얻자 게르만족 중심의 국가로 점차 변화하기 시작했다. 게르만족이 골 지역에 진출하면서 로마중심이 아닌, 게르만족 중심의 사회로 자리를 잡게 되는데, 당시 게르만족은 프랑크족, 반달족, 서고트족, 동고트족, 앵글로족, 색슨족, 노르만족 등으로 구성되어 있었다. 이러한 각각의 게르만족들은 프랑스를 지역별로 나누어 점령했는데 프랑스 동북부는 게르만족 중에서도 프랑크(Frank)족이, 서남부는 서고트(Wisigoth)족이, 동남부는 부르군디(Burgundy)족이 차지한 것이다. 이후 481년 프랑크 부족 중의 하나인 클로비스가 서고트족과 부르군디족을 물리치고 세력을 확장하며 프랑크 왕국을 세울 수 있었다. 이때 프랑크 족이 골족을 지배하며 세운 프랑크 왕국이 바로 메로빙거 왕조이며, 로마의 정치제도 속에 강력한 왕권을 갖고 있었다.

클로비스가 사망한 후 메로빙거 왕조는 왕권이 힘을 잃으며 분열했고 카롤링거 가의 궁재 카를 마르텔이 왕조의 실권을 장악했는데, 당시 그의 아들 피핀이 새로운 프랑크 왕국의 군주가 되면서 752년 카롤링거 왕조가 탄생했다. 피핀의 아들 카롤루스는 유럽 대부분을 정복하며 프랑크 왕국의 전성기를 이끌기도 했다. 이 당시 수도원 학교가 건립되고 학문연구가 크게 발전되기도 하는 등 큰 발전을 이루기도 했다. 하지만 카롤루스가 죽고 프랑크 왕국은 또다시 큰 내분을 겪었다. 샤를마뉴 대제의 손자 3형제가 서로 다투며 혼란이 거듭된 것인데, 이후 843년 베르됭 조약에 의해 오늘날 독일 지역인 동프랑크 왕국, 프랑스 지역이 된 서프랑크 왕국, 이탈리아가 된 중프랑크 왕국 셋으로 갈라지는 계기가 됐다.

🎗 프랑스의 왕정 정치 시대 – 봉건왕조에서 절대왕정으로

절대왕정이 자리를 잡기 전 프랑스는 봉건제도를 기본으로 하고 있었다. 지역의 귀족들에게 땅과 권력이 나뉘어 있었으며, 이들에게 재판권은 물론 세금을 걷는 권한까지 귀속되어 있었다. 권력이 지방 귀족들에게 나누어져 있는 구조인 만큼 왕의 권력은 상대적으로 약할 수밖에 없었다. 하지만 이러한 봉건체제는 십자군 원정, 백년전쟁 등 사회가 혼란을 겪으면서 봉건영주의 세력을 크게 약화시켰다. 상대적으로 점차 왕정이 강화되었고, 16세기에는 봉건체제가 무너지기 시작하면서 왕은 점차 절대적인 권력을 차지하게 됐다. 즉, 직접 왕이 세금을 걷고 자신의 명령을 전달할 관리를 지방에 보냄으로써 자신의 영향력을 크게 확대한 것이다. 이런 움직임이 극에 달한 때가 바

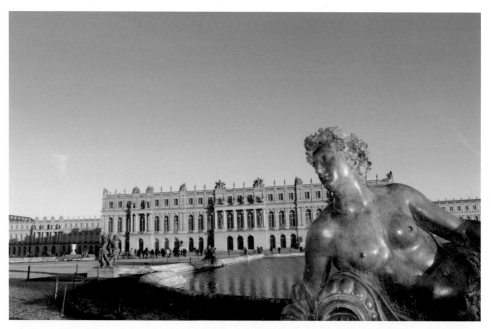

| 베르사유 궁전은 원래 루이 13세가 만든 사냥용 별장이었다. 프랑스 대혁명을 거치면서 다량의 유물이 뜯겨나가는 비극을 겪기도 했다.

로 16~18세기다. 이 시기는 절대 왕정이 들어서며 왕의 권력이 최정점에 달할 정도로 그 파워가 가장 큰 시기였다. 당시 왕은 중앙 집권적 관료기구인 군과 경찰을 거느림으로써, 국가 전체를 강력한 힘으로 지배할 수 있었다. 특히 자칭 태양왕이라 부르던 루이 14세는 강력한 왕권을 행사하고 경제적으로도 큰 성과를 내면서 왕권신수설(왕권은 신으로부터 주어진 것이라는 주장)까지 등장하게 됐다. 이 시기 왕권이 어느 정도로 대단했는지를 가늠할 수 있는 기준이 되는 것이 바로 베르사유 궁전이다.

궁전 내부의 '거울의 방', '루이 14세의 방', '전쟁의 방', '평화의 방' 등은 어마어마한 장식을 자랑하는데 그만큼 왕 한 명에게 집중된 권력을 단적으로 보여준다. 베르사유 궁전은 원래는 별장이었던 곳을 '태양왕'이라 부를 정도로 절대왕권을 과시했던 루이 14세가 대궁전으로 증축한 것인데, "짐이 곧 국가"라는 말과 함께 절대 권력을 누린 루이 14세는 궁전 각 방에 자신의 모습을 상징적으로 그려 넣는 등 자신의 권력을 자랑하는 각종 장식품으로 꾸며 놓기도 했다. 궁전은 주로 궁정 의식을 치를 때 사용했으며, 그 정원에는 1,400개의 분수가 있을 정도로 방대하다. 내부 또한 2,143개의 창문, 1,252개의 벽난로가 있을 정도로 그 규모가 엄청난 수준으로 오늘날에도 수많은 관광객들을 이끄는 곳이기도 하다. 바로 이러한 시기에 화려한 장식이 특징인 바로크 양식이 발달하며 전 유럽에 큰 유행을 이끌기도 했다.

☙ 절대왕권의 붕괴 - 프랑스 대혁명

막강한 권력을 누리던 절대왕권을 무너뜨린 건 1789년 7월 14일 일어난 프랑스 대혁명이다. 대혁명이 일어난 당시 일반 시민의 고통은 극에 달하고 있었다. 피라미드식의 봉건 계급 구조가 이어져 있었는데 제 1 신분의 가톨릭교회 성직자, 세속귀족이 속한 제 2 신분을 제외한 인구의 90%의 제 3 신분에 막대한 세금이 부과되며 착취에 시달리고 있었기 때문이다. 봉건체제에서는 봉건 영주에게만 세금을 냈다면, 왕정체제에서는 봉건영주뿐 아니라 왕에게까지 각종 세금을 내야 했기 때문에 평민들의 고통과 불만은 점점 극에 달하고 있었다. 더욱이 혁명 당시 프랑스 파리의 시민들은 식량 부족을 비롯한 심각한 곤경에 처해 있었지만, 프랑스 국토의 90% 이상을 차지한 왕과 귀족들은 이에 아랑곳하지 않고 사치만을 일삼는 등 평민을 배려한 어떠한 정책도 보이지 않았다.

이러한 시기에 더욱 힘을 보탠 건 제 3 신분에 속하던 부르주아지였다. 프랑스의 무역이 발달하며 부르주아지가 자본을 축적할 수 있었고, 이에 토지를 구입, 영주의 자격으로 귀족계급으로 편입을 시도하는 등 환경은 변화했지만, 신분은 여전히 농민과 같은 제 3 신분을 유지하면서 시대의 모순을 더욱 절감하게 된 것이다. 극한 궁핍에 처한 농민과 사회의 모순을 인식하기 시작한 부르주아지라는 제 3 신분이 사회에 대해 강력한 변화의 요구를 갖게 되면서, 곧 대혁명을 일으킬 시대적 분위기는 고조되고 있었다.

특히 당시 부르봉 왕조의 루이 16세(재위 1774~1792년)는 사치스러운 생활로 큰 원성을 사고 있었다. 화려함과 사치의 대명사로 불리는 루이 16세의 왕비 마리 앙투아네트는 베르사유 궁전 내에서도 왕국의 재정을 바닥나게 할 정도로 사치가 심해 일반 농민들에게 큰 박탈감을 주고 있었다. 마리 앙투아네트는 "빵을 달라며 시위를 벌이고 있다고? 빵이 없으면 과자를 먹으면 될 텐데."라는 말을 남길 정도로 이러한 현실에 무감각했으며 이는 프랑스 대혁명을 촉발시키는 촉매가 됐다.

대혁명이 시작을 알린 결정적인 사건은 1789년 5월 5일 루이 16세의 3

부회 소집이었다. 당시 프랑스는 미국 독립전쟁에 참전하며 재정난이 심화됐고 사치스런 궁정생활로 국가 채무가 증가하는 등 거듭되는 재정문제가 큰 이슈였고 이를 해결하기 위해 소집한 자리였다. 하지만 이에 참석한 평민대표들은 오히려 봉건특권폐지, 평등과세 등 개혁을 주장하고 나서며 왕권과 더욱 강경하게 대립했고, 평민대표들의 이러한 요구는 결국 관철되지 않으면서 시민들의 개혁 목소리는 더욱 뜨겁게 퍼지기 시작했다. 제 3 신분의 다수를 이루던 법률가, 공무원, 언론인, 은행가, 기업가 등 부르주아지는 신분별 표결이 아닌 머릿수 표결을 주장했고 급기야 테니스코트에 모여 새로운 헌법이 제정될 때까지 해산하지 않을 것을 선서(테니스코트의 서약)했는데 이후 1신분, 2신분 의원들이 이에 상당수 합류함으로써 1789년 6월 17일에는 평민대표들만으로 구성된 국민의회를 선포하기에 이르렀다.

　이러한 움직임이 가능했던 건 몽테스키외, 루소와 같은 계몽사상가들이 프랑스에서 속속 등장하면서 모순된 체제를 개혁하고자 하는 사회적 움직임도 활발했기 때문이다. 특히 루소는 모든 국민의 평등을 주장하며 모든 민중은 정치적 불평등에서 벗어나 진정한 자유를 얻어야 한다고 주장했고, 이는 사회적으로 큰 파문을 낳았다. 이러한 사회적 분위기에 힘입어 1789년 7월 9일 혁명적인 시도가 이어졌다. 시민들이 자유·평등·박애를 부르짖으며 바스티유 감옥을 습격하며 루이 16세와 마리 앙투아네트를 처형하기에 이른 것이다. 이로 인해 부르봉 왕조는 무너지고 공화국이 등장하게 되는 결과를 가져왔다. 이러한 프랑스 대혁명은 세계 모든 나라에 큰 충격을 주었으며, 그 자유화의 불길이 세계로 확산되는 결과를 낳았다.

✿ 나폴레옹의 통치

프랑스 대혁명은 절대왕권을 누리던 타 국가에도 커다란 충격을 줬다. 급기야 자신의 절대왕정에 위협을 받은 오스트리아 등 여러 나라가 동맹을 맺어 프랑스를 공격하기에 이르렀는데 이에 프랑스에서는 훌륭한 지도자를 원하는 목소리가 높았다. 주변 봉건 국가들이 군사적으로 위협하자, 강력한 독재정치에 대한 필요성이 대두한 것이다. 이때 탄생한 인물이 바로 나폴레옹이다. 정치적인 이유로 나폴레옹의 등장과 함께 1804년에는 프랑스 대혁명은 끝이 난다. 이 시기에 혁명군은 정비되고 합스부르크 왕가와 오스트리아 제국 등 여러 국가를 공격하여 승리하는 등 그 세력은 커져만 갔다. 나폴레옹의 공격 아래에 네덜란드, 나폴리, 프로이센과 오스트리아, 스위스, 이베리아반도(스페인과 포루투갈)가 함락되는 등 그의 위력은 대단했다. 스페인, 이탈리아의 패권을 놓고 경쟁 관계에 있었던 오스트리아, 러시아 등과의 싸움에서도 크게 승리하며 기선을 잡은 것이다. 또한 이후 이집트까지 침공해 그 세력은 날로 확장되어 갔다. 이 시기에 나폴레옹은 오스트리아를 점령해 신성로마제국 황제를 폐위함으로써 자신이 스스로 서로마 황제임을 선포할 정도로 막강한 세력을 이뤘다.

하지만 그 기세는 오래가지 않았다. 나폴레옹은 영국까지 차지하려 했지만 저항에 부딪혀 계속 좌절을 겪었다. 1805년 10월 나폴레옹에 대항하는 세력들과 싸운 트라팔가르 해전에서 영국군에게 큰 패배를 당했고 이후 영국과의 통상을 금지한 대륙봉쇄령을 발포해 영국을 고립시키려 했지만, 이는 또 다른 문제를 불러왔다. 대륙의 여러 나라가 오히려 피해가 발생하면서 상대적으로 물품 공급에 차질이 생긴 러시아가 대륙봉쇄령을 거절하며 영국과 통상을 재개한 것이다. 그의 의도와 다른 상황이 계속해서 전개되자 나폴레옹은 러시아 정벌에 나섰지만, 프랑스군은 예전과 같지 않았다. 강한 추위의 러시아라는 척박한 환경에서 벌어진 전쟁은 프랑스군에게 크게 불리하게 작용했고 이에 크게 패하면서 나폴레옹은 엘바 섬에 유배까지 당하는 신세가 됐다. 재기를 꿈꾸던 나폴레옹은 다시 탈출하며 1815년 6월 영국·프로이센 연합군과 벨기에 남동부 워털루에서 전투를 벌였지만, 이 역시 프랑스군이 또다시 패배하면서 나폴레옹은 세인트헬레나 섬으로 유배되어 결국 그곳에서 초라하게 숨을 거뒀다.

✤ 나폴레옹 그 후

나폴레옹이 미친 영향 중 가장 큰 것이 바로 절대왕권을 막고, 자유와 민족의식을 확산시켰다는 점이다. 이전의 국가가 왕과 귀족을 위한 것이었다면 이 시점을 기준으로는 모든 국민을 위한 국가로 변화하는 양상을 보인 것이다. 신성로마제국이 붕괴되고 나폴레옹의 지배아래 있던 대부분의 유럽국가가 해방되면서 이러한 민족주의와 자유주의는 더욱 확산되었다. 나폴레옹이 패배하고 유럽국가들 사이에서는 프랑스가 포기한 영토를 처분하기 위해 빈 회의가 열렸고 프랑스 혁명 이전의 왕조와 영토가 복귀하는 결과를 낳았다. 그러나 다시 연합군에 의해 사라진 절대왕권이 부활하면서 유럽은 민주주의와 절대왕정이 부딪히는 과정을 겪기도 했다. 나폴레옹이 사망하고 구 세력들이 다시 권력을 얻으려는 움직임이 활발해진 것이다. 실제로 부르봉 왕국에 의한 왕정복고가 일어나며 행정권과 법률 발의권을 왕이 독식하는 등 당시 프랑스는 역사를 거꾸로 가고 있었다. 하지만 이미 평등과 자유에 대한 의식이 높아진 국민을 상대로 옛 체제로 돌아가기란 힘든 일이었다. 또다시 파리의 민중들이 봉기하는 결과를 낳았고, 1830년 7월 혁명을 통해 국민주권을 인정하는 루이필립의 7월 왕정을 복구시킬 수 있었다. 하지만 7월 왕정도 온전한 자유민주주의는 아니었다. 선거권이 당시인구(3,000만 명)에 턱없이 모자란 24만 명에게만 주어지는 등 상류층을 위한 특권이 여전히 존재했기 때문이다. 농민과 노동자, 부르주아 계층은 이에 대해 큰 불만을 품고 있었으며, 결국 1848년 2월 혁명으로 이 체제는 무너지며 제 2 공화정이 시작되는 계기가 되었다.

당시 선거권이 주어지지 않았던 프랑스의 중소 부르주아와 노동자들은 1848년 2월 그들의 권리를 주장하며 선거권 확대를 요구하는 시민대회를 개최하려고 하자 정부는 이를 군대를 동원하며 탄압했는데 이러한 과정에서 2월 혁명이 발발했다. 이후 노동자들은 다시 투표권을 얻게 되지만 투표로 독재를 승인하는 등 잘못된 투표로 인해 군사 외교 행정 등이 모두 왕에게 독점되는 결과를 낳기도 했다. 이후 1875년 공화국 헌법이 제정되며 공화제가 확고히 자리매김했다. 즉, 왕당파와 공화파의 팽팽한 대립 속에서 1875년까지 과도체제가 유지되다가 1875년 의회우위의 대통령제 공화정이 수립됨으로써 공화제로 정착한 것이다.

하지만 제 3 공화국 헌법은 단일 법체계가 되지 못하고 통일성 없이 운영되는 데다가 여러 정당의 난립으로 불안정한 정국이 지속되었고, 세계대전까지 발발하며 안정적인 체제가 이어지지 못했다. 세계대전에서 현재까지 프랑스는 제1차 세계대전과 제2차 세계대전에서 모두 승리를 거두었지만, 많은 국민이 전사하고 국토 대부분을 독일에 점령당하게 되는 아픔을 겪었다. 하지만 이후 1940년 드골이 이끄는 자유 프랑스 정부가 대독일 항전에서 승리하며 8월 25일 연합군에 의해 파리가 해방되었으며 이로써 프랑스가 현재와 같은 안정된 정치를 이루는데 기반이 되었다.

CHAPTER 5 프랑스의 예술과 학문

문학

프랑스 문학 작품 중 사람들에게 가장 많이 읽힌 책 중 하나는 1943년 발표된 생텍쥐페리의 〈어린 왕자〉다. 동화지만 자기 속의 어린 왕자를 잃어버린 어른들을 위한 책이기도 한 이 작품은 세계적으로 널리 큰 사랑을 받았다. 이밖에도 〈마담 보바리〉를 쓴 귀스타브 플로베르, 〈적과 흑〉을 쓴 스탕달, 〈인간희극〉의 발자크, 〈제르미날〉의 에밀졸라 등이 프랑스가 배출해낸 걸출한 작가들이다. 특히 발자크와 스탕달은 19세기 프랑스 소설의 2대 거장으로 평가된다. 프랑스 문학의 특징은 그들의 민족성이 그대로 드러나 있다는 점이다. 이치를 따지기 좋아해 비판을 즐기는가 하면, 데카르트적인 사고와 논리를 중시하는 등의 성향이 고전주의 문학을 싹 틔웠다. 또한 논쟁을 통해 다양한 비평문학을 발전시킴으로써 세계문학에서 새로운 사조를 이끌어내기도 했다.

프랑스인들은 워낙 문학을 사랑하고 존중하기 때문에 오늘날에도 초등

교육에서 고등교육에 이르기까지 학교에서 꾸준하게 문학교육을 시키는 등 오랜 전통과 성향을 소중하게 이어오고 있다.

미술

프랑스는 각종 회화 작품이나 건축물에서의 높은 예술성을 통해 알 수 있듯, 미술이 크게 발달한 나라다. 서유럽에서는 이탈리아와 함께 프랑스의 미술을 거의 최고로 알아주며 현대에 들어서도 프랑스 미술은 세계에서 손꼽히는 수준의 예술성을 자랑한다. 프랑스를 대표하는 미술계 거장들은 세계 미술사를 움직인 인물들이다. 〈씨 뿌리는 사람〉, 〈이삭줍기〉, 〈만종〉 등으로 유명한 밀레를 비롯해서 모네, 피사로, 시슬레, 르누아르, 세잔 등이 프랑스에서 활동한 인상파 화가들이다. 특히 그중에서도 모네는 자연을 관찰하고 그것을 순수한 광선으로 포착해 색채감 있게 표현한 작품세계로 큰 인상을 남겼 다. 그는 자연에서 가장 본질과 골격을 잡아내고 그것을 통해 작품을 형상화했는데, 이와는 반대의 성향을 보인 화가가 바로 고갱이다. 고갱은 자연보다는 회화를 평면적인 것으로 간주하고 선과 면으로 대담한 평면화를 그려내 큰 인상을 남겼다.

프랑스 미술사에서 빼놓을 수 없는 또 한 명의 거장은 바로 천재화가 빈센트 반 고흐(1853~1890)다. 네덜란드 출신으로 프랑스에서 활동한 그는 〈별이 빛나는 밤에〉, 〈해바라기〉 등 세계 미술사에 길이 남을 작품을 남겼다. '빛의 마술사', '역사상 가장 위대한 화가' 등으로 부를 정도로 오늘날에도 세계인들은 그에게 큰 찬사를 보내고 있다.

이러한 미술 세계는 프랑스 파리에 위치한 '루브르 박물관'에서 잘 감상할 수 있는데 루브르 박물관은 영국의 대영 박물관, 바티칸시티의 바티칸 박

| 루브르 박물관을 찾는 관람객의 대부분은 '모나리자'를 보기 위해서지만, 가장 실망스러운 기억도 모나리자다.

물관과 함께 세계 3대 박물관에 꼽히는 곳으로 BC 4,000년부터 AD 19세기에 걸친 각국 미술작품을 총망라하며 38만 점의 작품을 감상할 수 있다. 세계적으로 유명한 〈모나리자〉, 〈피에타〉, 〈가시면류관〉 등의 작품도 이곳에 전시되어 있다.

건축

세계적으로 영향을 미친 프랑스의 건축양식은 바로크, 로코코 양식이다. 특히 우아하고 화려함으로 대표되는 로코코 양식은 1700년 무렵 프랑스에서 등장하여 18세기 말 복고풍에 밀려 후퇴할 때까지 유럽을 휩쓸기도 했다. 장중함 등이 돋보이는 바로크 문화 역시 건축에서 세계적으로 큰 영향을 미쳤다. 16세기 후반, 종교 전쟁으로 침체했던 프랑스 건축은 17세기에 들어 바로크 건축으로 다시 붐이 일었다. 특히 앙리 4세가 왕권을 강화하기 위해서 파리를 재개발하는 과정에서 건축이 많이 늘어났고 루이 13세 때에는 바로크 건축이 본격적으로 시작되기도 했다. 이렇게 화려한 건축문화는 절대왕정이 극에 달하던 루이 14세 때 절정을 이룬 후, 18세기에 로코코로 변화하면서 막을 내렸다. 이 시기에 뤽상부르 궁전을 건축한 건축가 살로몽 드 브로스(*Salomon de Brosse, 1571~1626년*)가 활동하기도 했다.

바로크 이후 나타난 로코코 양식은 18세기 초 프랑스를 중심으로 활발히 퍼져 나갔는데 여성적 성향이 나타나는 꽃, 식물, 조개 등을 사용해 아름답게 꾸민 것이 특징이다. 웅장한 바로크가 남성적 성향이라면 로코코는 화려하고 우아한 곡선적 여성성을 띄는데 이러한 양식은 프랑스 대혁명 시기에 자연스레 사라졌다.

| 프랑스의 철학자이며 수학자, 물리학자인 데카르트는 '근대철학의 아버지'라 불리우고 있다.

철학

프랑스의 철학하면 가장 먼저 떠올릴 수 있는 인물이 "나는 생각한다. 고로 나는 존재한다."는 말을 남긴 철학자 데카르트이다. 근대 철학의 아버지로도 불리는 데카르트는 철학에서 확실한 기본을 발견하기 위해서는 모든 인식을 부정하고 의심하여야 한다고 주장했다. 이는 소위 뜬구름 잡는 개념적 논리를 선호하지 않으며 실증적인 내용을 원하는 프랑스인의 기질을 반영하는 것으로 볼 수 있다. 18세기에 이를 계승한 인물은 퐁트넬과 볼테르였으며, 이후 19세기 콩트의 실증주의 속에도 살아 있다.

18세기 들어 프랑스 철학은 몽테스키외와 볼테르를 통해 계몽주의가 발달했다. 몽테스키외는 '삼권분립'의 이론을 제출하고, 볼테르는 위대한 시사 논평으로 시대사조에 큰 영향을 미쳤다. 19세기에서 20세기에 걸쳐서 가장 눈에 띄는 철학자는 오귀스트 콩트이다. 콩트는 보통 '사회학의 창시자'로 널리 알려져 있지만, 프랑스에서는 실증주의를 널리 전파한 창시자로서 더 큰 의미가 있다.

❧ 과학

프랑스의 과학을 이야기할 때 가장 많이 언급되는 두 인물이 바로 퀴리 부인과 라부아지에이다. 퀴리 부인(Maria Skłodowska-Curie, 1867~1934년)은 프랑스 파리 5구에 퀴리박물관이 있을 정도로 프랑스인들에게 추앙받고 있는 인물로, 남편과 함께 최초의 방사성 원소 플로늄과 라듐을 발견한 여성과학자이다. 폴란드 출신의 이민자였던 퀴리 부인은 수많은 어려움을 극복하고 이룬 성과였기에 더욱 큰 존경을 받는다. 당시 여성의 대학진학을 허가하지 않았던 폴란드 정책으로 인해 프랑스로의 유학을 꿈꿔왔으나 넉넉하지 못했던 가정 형편으로 아이들을 가르치는 등의 허드렛일을 하며 어렵게 파리 소르본 대학에 입학했다. 대학에서 그녀는 매우 우수한 성적으로 여성 최초 물리학 박사학위를 취득했고, 그곳에서 자신의 동반자가 될 남자, 피에르 퀴리를 만나기도 했다. 그리고 남편과 함께 연구 끝에 세계사에 길이 남을 큰 과학적 성과를 남기며 1903년 노벨 물리학상이라는 영예를 안았다.

세계적인 과학사에 큰 영향을 미친 또 한 명의 인물의 바로 프랑스의 화학자 라부아지에다. 루이 15세의 통치하인 1743년 법률가의 아들로 파리에서 태어난 그는 '질량 보존의 법칙'을 발표했는데, 이는 화학 반응을 할 때 원자들의 배열은 달라져도 반응 전후의 질량은 그대로라는 법칙으로서 수많은 연구의 토대가 되는 중요한 원칙이 되고 있다. 그는 "사실 이외엔 아무것도 믿으면 안 된다. 실험이나 관찰이 아니면 진실을 찾으려고 해서는 안 된다." 는 말을 남겼으며 현대화학의 창시자로 불린다.

음악

프랑스는 중세부터 음악이 크게 발달한 국가다. 타 유럽 국가와 마찬가지로 교회를 중심으로 성가를 통해 발전해 왔는데 각지의 수도원은 자연스레 교회음악의 중심지가 됐다. 하지만 프랑스 혁명을 계기로 궁정음악은 쇠퇴하고 19세기에는 낭만주의 시대의 음악이 나타나기 시작했다. 베를리오즈는 이 악파의 대표적 인물이며 이후 등장한 드뷔시는 인상주의 음악을 펼치며 프랑스 음악의 제 3 황금기를 이어가기도 했다.

특히 프랑스는 독특하고 우아한 분위기의 대중가요 '샹송'으로 세계인들을 매료시켰다. '프랑스 음악' 하면 바로 샹송이 떠오를 만큼 샹송은 프랑스 음악사에 큰 자리를 차지하고 있는데 샹송의 역사는 11세기로 올라간다. 가사를 중시하기 때문에 마치 이야기하듯 주절대는 노래가 만들어졌다. 선율은 단조롭지만, 가사는 자유분방하며 시와 같은 언어로 이루어져 있다. 또한 정부나 귀족을 풍자하는 내용의 샹송도 있었는데 이러한 노래를 따로 샹소네(Chansonner)라 부르며, 샹소네를 부르는 가수는 샹송 가수들 중에서도 귀한 대접을 받기도 했다. 샹송 가수 중 가장 유명한 인물은 '샹송의 여왕' 혹은 '프랑스의 국민가수'라 불리는 에디트 피아프(Édith Piaf)가 있으며 수많은 사람들을 감동시킨 그의 대표곡으로는 '장밋빛 인생'(La Vie en Rose, 1946), '사랑의 찬가'(Hymne à l'amour, 1949), '난 아무것도 후회하지 않아'(Non, je ne *regrette rien, 1960)* 등이 있다.

연극과 뮤지컬

프랑스 연극은 중세의 가톨릭 전례극에서 시작해 중세후기의 세속극, 17세기의 고전주의 비극 등으로 발전했다. 종교극으로 시작한 프랑스 연극은 1630년을 전후하여 상류층 관객이 새로이 등장함에 따라 프랑스 고전극을 발전시켰으며 이후 실증주의 사상이 발전하면서 사실극이 융성하기도 했다. 한편 오늘날 프랑스에서는 연극보다 뮤지컬이 더 주목을 받고 있다. 〈노트르담 드 파리〉, 〈십계〉, 〈로미오와 줄리엣〉 등 3대 흥행작은 세계적인 사랑을 받고 있는 작품이다. 그중에서도 먼저 뮤지컬에 관한 한 불모지에 가깝던 프랑스에서 대중적 인지도를 넓히며 대대적인 사랑을 받은 작품은 단연 프랑스의 국민 뮤지컬 〈노트르담 드 파리〉(*Notre Dame de Paris)*다. 1998년 9월 프랑스의 팔레 데 콩그레(*Palais des Congrès*)의 극장에서 초연된 이 작품은 전대미문의 흥행을 기록했고, 싱글까지 포함하면 1,000만 장이 넘는 엄청난 음반 판매량을 기록했다. 이외에도 성경 속 인물인 모세의 이야기를 다룬 〈십계〉는 프랑스 뮤지컬의 흥행대작이며, 셰익스피어의 원작소설을 뮤지컬로 각색한 〈로미오와 줄리엣〉은 제라르 프레스귀르빅(*Geraed Presgurvic*)이 작사·작곡을 맡았던 작품으로

| 비극적 사랑의 원형처럼 여겨지는 셰익스피어의 작품. 〈로미오와 줄리엣〉의 여주인공인 줄리엣.

2001년 1월 19일 프랑스 파리에서 초연됐는데 이 역시 아름다운 음악과 흥미로운 전개로 세계적인 주목을 받았다. 이러한 작품을 바탕으로 프랑스 뮤지컬은 세계 시장으로부터도 예술성을 인정받으며 빠르게 성장하고 있다.

❧ 영화

프랑스는 영화의 종주국으로 영화사에서도 큰 의미를 차지하고 있다. 특히 뤼미에르 형제는 시네마토그래프라는 최초의 영화 기계를 발명해 큰 영향을 미쳤다. 1895년 루이 뤼미에르와 오귀스트 뤼미에르 형제의 〈열차의 도착〉이 파리에서 상영된 이후 큰 인상을 남겼다. 영화의 도시 칸에는 이러한 뤼미에르 형제의 대형 사진을 그려 넣으며 그 공적을 기리고 있다.

한편 1930년대는 프랑스 영화의 부흥기로, 장 르누아르(Jean Renoir) 감독이 눈에 띄는 활동을 보였다. 장 르누아르는 〈위대한 환상〉(La Grande illusion, 1937), 〈인간 야수〉(La Bête humaine, 1938) 등 걸작들로 큰 주목을 받았다. 이후 1950년대에 프랑스 영화는 알렉상드르 아스트뤽이 주창한 '카메라 만년필설'(Camera-stylo)은 작가주의의 실마리가 되기도 했다. 이밖에 레오스 카락스의 〈소년, 소녀를 만나다〉(1984), 뤽 베송의 〈그랑부르〉(1988) 〈레옹〉(1994), 〈제5원소〉(1997), 〈택시〉(1998)등도 큰 주목을 받은 작품이다.

CHAPTER 6 프랑스의 문화와 생활

국경일과 공휴일

프랑스의 국경일은 11월 11일 제1차 세계대전 휴전 기념일 (Rememberance Day of World War Ⅰ), 5월 8일 제2차 세계대전 승전 기념일 (Victoryday world war Ⅱ), 7월14일 프랑스혁명 기념일(Bastille dayy), 8월 15일 성모승천 기념일(Assumption), 11월 1일 모든 성인의 축일(All Saints' Day), 5월 1일 노동절(Labor Day), 1월 1일 설날(New Years Day), 5월 상순 그리스도 승천일(The Ascension), 5월~6월(매년 변경) 오순절(Whitsuntide), 12월 25일 크리스마스(Christmas day)가 있으며 공휴일은 3월 하순~4월 하순(매년 변경)의 부활절(Easter Saturday)이 있다.

예절

프랑스의 인사법은 두 가지로 나뉜다. 하나는 신체적 접촉이 있는 것이고 다른 하나는 말로만 하는 인사인데, 서로 뺨을 맞대고 하는 인사(bise)는 주로 친한 사람들 사이에서나 여자들끼리 만났을 때, 어른이 어린이에게 인사할 때 이루어진다. 이에 비해 남자들끼리의 인사는 보통 악수로 한다. 또한 처음 소개받거나 업무상 만날 경우 악수가 이뤄지며 이 경우 손을 잡고 약간 흔드는 정도로 하는데, 너무 심하게 잡거나 흔드는 것은 예의에 어긋난 행동이다. 남의 집을 방문할 때에는 윗사람에게 먼저 손을 내밀어 악수하지 않는다. 프랑스 남성들은 손이 더럽다거나, 젖어있을 때는 팔목을 내밀기도 한다. 방문한 가족과 인사할 때에도 악수를 한다. 또한 한정된 공간에서 누군가를 만날 경우 모르는 사이라도 웃으면서 인사하는 것이 일반적이다.

습관

프랑스인은 남프랑스, 브르타뉴지방, 독일 인접 지역 등 출신 지역에 따라 성격도 다르기 때문에 주의가 필요하다. 정치적으로 조금이라도 민감한 화제는 피하며, 특히 영국이나 독일과 프랑스를 비교하는 것은 꼭 피하는 것이 좋다. 또한 프랑스인 가운데 동물애호가가 많으므로 개고기에 관한 화제 역시 피하는 것이 좋다.

프랑스인들은 외국인이 프랑스어를 사용하는 것을 좋아하기 때문에 주로 대화는 프랑스어를 사용하는 것이 분위기를 띄우는 데 더 효과적이다. 또한 프랑스 사회는 남녀평등 사상이 발달해서 여성의 사회참여율이 높고, 여성의 활동영역 또한 범위가 넓은 편이다. 따라서 여성을 비하하거나 무시하는 발언이나 행동은 큰 문제가 될 수 있다. 자유를 중시한다는 점도 특징이다. 실제로 프랑스인들은 타인들을 도와주는 것은 꺼리며, 남의 일에 나서는 것은 참견이고 실례라고 생각한다. 또한 여유를 즐겨 공적인 부분에서도 민원 업무처리가 느린 편이다. 한편 식당에서는 계산서에 봉사료가 포함되어 별도의 팁을 줄 필요는 없으나, 보통 잔돈은 남겨 놓는다.

속담

프랑스 속담에 '사람들은 친절을 통해 서로를 이해하게 된다'는 말이 있다. 다른 사람을 향해 나눠주고 배려해야 서로 소통할 수 있다는 의미이다. 남을 배려하라는 교육을 어릴 때부터 시키는 만큼 이런 문화가 속담에도 반영되어 있다. 또한 와인이 유명해 그와 관련된 속담도 여럿 눈에 띈다. 그중에 '와인 없는 식탁은 꽃이 없는 봄과 같다', '물은 황소처럼, 와인은 왕처럼', '와인없는 하루는 햇빛 없는 하루와도 같다' 등은 프랑스인이 얼마나 와인을 사랑하는지 보여주는 속담들이다.

그 밖에 음식과 관련한 속담도 눈에 띄는데 '차는 한잔의 인생이다'라는 속담은 차 한잔으로 여유를 즐길 수 있다는 내용의 속담이다. 또한 인생의 지혜를 엿볼 수 있는 속담도 있는데 우리나라의 '아니 땐 굴뚝에 연기 나랴'와 비슷한 프랑스 속담, '연기 나지 않는 불 없고, 불 없는 연기 없다'라는 말이 있고 '밤중에 화살 쏘기'처럼 쏜 화살을 어디서 찾을지는 짐작하기 어렵다는 뜻의 속담도 있다.

축제와 문화행사

낭만의 나라 프랑스는 대표적인 관광국가인 만큼 다양한 축제와 문화행사로 세계인을 끌어모으고 있다. 프랑스 남부 도시 니스에서 열리는 니스 카니발은 매년 1월 말~2월 초에 시작해 2주 동안 진행되며 그리스도교 전통축제로 브라질의 리우 카니발, 이탈리아의 베네치아 카니발과 함께 제 3대 카니발로 꼽히기도 한다. 매년 새로운 조형물과 퍼레이드로 화려함을 자랑한

| 세계 3대 영화제의 도시인 칸의 야경.

다. 이외에도 프랑스의 망통이라는 도시에서 개최되는 '망통 레몬축제'도 유
명하다. 이는 세계최고의 레몬축제로 불리는데 레몬, 오렌지, 감귤 등의 산
업이 발달한 이 지역에서 이를 주제로 한 각종 조형을 만들어 축제를 발전시
킨 것이다.

또한 베네치아국제영화제, 베를린국제영화제와 함께 세계 3대 영화제로
꼽히는 칸영화제는 프랑스 남부의 휴양도시 칸(Cannes)에서 매년 5월 개최되
는 국제영화제로 이 시기만 되면 도시 전체가 축제로 변한다.

음식과 식문화

기상천외한 다양한 요리가 자리 잡은 프랑스는 미식가의 나라이기도 하

다. 화려한 요리가 높은 신분을 나타내는 척도로 여겨지면서 여러 요리가 예술의 경지로 올라서며 본격적으로 발달할 수 있었다. 또한 기후가 온화해 각종 농산물, 축산물, 수산물이 모두 풍부하다는 것 역시 프랑스에서 식문화를 발전시키는데 큰 역할을 했다.

세계의 식도락가들이 사랑하는 세계 음식 문화의 중심지 프랑스는 프랑스 제일의 특산물인 포도주를 통해 요리에 다양하게 이용해 왔으며, 산지에 따라 맛, 빛깔, 향기 등이 모두 다르다. 프랑스 요리는 각 지방에서 각자의 기후에

| 프랑스어로 '달팽이' 또는 '나사 모양'을 뜻하는 말인 에스까르고는 와인으로 유명한 지역의 달팽이가 맛이 좋은 것으로 알려져 있다.

맞게 발달해 왔는데 대표적인 프랑스 요리로는 달팽이 요리인 '에스까르고', 소 안심 스테이크인 '사토브리앙', 거위 간 요리인 '푸아그라'가 있다.

식탁 예의도 중시된다. 초청을 받았을 때는 정장을 하는 것이 예의이며, 주인의 안내로 자리배정이 되기 때문에 자기 임의대로 앉지 말아야 한다. 과음해서는 안되며 술잔은 절대 돌리지 않는다. 프랑스인들은 맛있는 식사와 함께 식사 중에 재미있는 이야기를 나누는 것도 중요하게 생각하고 있어서 너무 이야기하지 않으면 실례가 되므로 대화에 적극적으로 참여하는 것이 좋다. 이때 프랑스인들은 타인의 프라이버시를 대단히 중요하게 생각하므로 사적인 질문은 하지 않아야 하며, 특히 정치와 금전에 관한 화제는 꺼리는 편이

| 프랑스의 재래시장. 유럽의 풍요는 농업에 기반을 두고 있다. 기후를 잘 활용하고 농지를 잘 가꿔 풍성한 먹거리를 제공한다.

므로 주의한다. 대화를 나눌 때는 실례가 되지 않는 범위 내에서 하도록 조심하고, 반드시 안주인에게 음식 솜씨가 좋다고 칭찬해 주는 것이 예의다.

스포츠

프랑스를 대표하는 스포츠로는 테니스, 펜싱, 축구, 사이클 등이 있다. 특히 테니스는 프랑스 파리에만 170여 개의 테니스 코트가 있을 정도로 인기가 있으며 국민 스포츠라 불리기도 한다. 또한 사이클은 '뚜르 드 프랑스'라고 해서 유럽을 관통하는 축제가 열릴 만큼 국민적 관심이 높은 종목인데 이 축제는 우리에게는 다소 생소하지만 유럽에서는 FIFA 월드컵만큼이나 유명하며 세계적으로도 인기를 자랑하고 있다. '뚜르 드 프랑스'는 높은 산악지대

| 매년 7월 프랑스에서 개최되는 세계 최고 권위의 일주 사이클 대회인 뚜르 드 프랑스. '지옥의 레이스'로도 불린다.

를 넘어 인간의 한계까지 페달을 돌리는 스포츠로 총 2,400km내외의 거리를 약 3주 동안 동안 몇몇 구간으로 나누어 진행한다. 선수들은 밤낮으로 자전거를 타야하는데 각 스테이지 별로 경기가 운영된다. 이 밖에 펜싱은 올림픽에서 프랑스가 가장 많이 메달을 따는 종목으로 관심이 높다. 사르브와 에페, 플뢰레로 종목이 나뉘며 펜싱의 종주국인 만큼 경기는 프랑스어로 진행된다. 한편 프랑스는 축구로도 유명한데, 마치 예술과 같은 기술과 경기운영으로 프랑스 축구를 '아트사커'라 부를 정도로 세계적인 인기를 끌고 있기도 하다.

옥토버페스트

분데스리가

베토벤

G E R M A N Y

구텐베르크 인쇄기

브라트부르스트

학센

니체

독일

CHAPTER 1 독일

독일의 정식 명칭은 독일 연방 공화국(The Federal Republic of Germany)으로 수도는 베를린이고, 인종은 슬라브족, 켈트족, 라틴족의 혈통이 섞인 게르만족이며 공식 언어는 독일어를 사용한다. 체제는 내각 책임제를 채택한 연방공화국으로 국가원수는 연방대통령이지만 정치적 실권은 총리에게 있다. 통화는 1999년부터 유럽연합의 단일화폐인 유로화를 사용한다. 시차는 우리나라보다 8시간 늦으며 서머타임인 3~10월 기간에는 7시간이 늦다. 인구는 8,900만 명으로 유럽연합(EU)에서 가장 인구가 많은 국가이다.

독일을 대표하는 주요 인물로는 〈파우스트〉, 〈젊은 베르테르의 슬픔〉과 같은 작품으로 독일 문학의 거장으로 꼽히는 시인이자 작가인 괴테, 우리에게는 교향곡 5번 〈운명〉으로 잘 알려진 빈고전파 대표 작곡가인 베토벤, 18세기 가난한 나라 프로이센을 유럽 강국으로 만들며 대왕으로 불린 계몽 전제군주 프리드리히 2세, 1866년 북독일 연방을 결성하고 1870~1871년 전쟁에서 통일 독일을 이룩하며 사실상 독일의 근대화를 이끈 철혈재상 비스마르크 등이 있다. 이제 독일이란 나라를 잘 이해하기 위해서 독일의 지리적 특징과 역사, 정치, 사회, 전통, 예술과 대중문화, 스포츠와 여가생활에 대해 알아보도록 하자.

독일의 자연환경

독일의 기후는 서유럽의 해양성 기후와 동유럽의 대륙성 기후가 섞여 있다. 북해와 접해있는 북부 지방은 서유럽의 해양성 기후를 띄지만, 유럽의 내륙에 위치한 남부 지방은 해안의 영향을 크게 받지 않고 동유럽의 대륙성 기후를 띈다. 독일의 연평균 기온은 9℃로 온화하고 다습하다. 우리나라처럼 사계절이 뚜렷하지만, 겨울은 우리나라보다 따뜻하고 여름은 시원한 편이다. 여름에는 기온이 30℃이상 오르기도 하지만 우리나라보다 위도가 높기 때문에 시원한 편이다. 가장 더운 7월에도 평균 기온은 17℃~18℃정도로 유지된다. 독일의 한여름은 해가 길어 북부 지역의 경우 밤 8시 이후에도 밖이 훤하다. 그러나 여름이 끝나면 한 달이 채 안 되는 가을이 끝나고 바로 겨울로 이어지는데 보통 겨울은 3~4월까지 계속된다. 한겨울에는 대개 오후 4~5시만 되어도 해가 진다. 독일의 연 강수량은 평균 600~800mm 사이로 우리나라처럼 한여름에 집중호우가 내리는 것이 아니라 사계절 내내 비가 자주 내린다. 독일 동부 평야 지대는 연평균 강수량이 600mm 이하지만, 알프스와 같은 산간지역은 강수량이 많다.

독일의 국민성

독일인은 게르만족(91.5%), 터키인(2.4%), 이탈리아인, 그리스인, 폴란드인 등으로 이뤄졌다. 독일 주간지 〈슈피겔〉에서 독일의 14~29세 사이의 젊은이들 2,000명을 대상으로 '전형적인 독일인의 성격은 무엇인가'에 대한 조사를 했는데 1위 정돈(74%), 2위 근면(46%), 3위 개인주의(39%), 4위 지능(30%) 5위 관대하지 못함(26%)의 순서로 꼽혔다고 한다. 독일인은 이처럼 이성적이면서도 꼼꼼하고 검소하다. 1, 2차 세계대전을 겪으며 전쟁의 피폐함을 통해 근검절약이 투철하며 특히 정돈을 통해 절약할 부분을 꼼꼼히 확인하는 것으로 유명하다. 청결한 것을 좋아하여 쓰레기 투기 금지 장소, 공원에서의 자연보호 규정 등 공공장소에서의 규칙이 많다. 철저한 예약문화에서도 알 수 있듯이 독일인은 계획성을 중요하게 여긴다. 독일인은 한 가지 일을 결정할 때도 여러 번의 고심 끝에 결정한다. 결정된 사항에 있어서도 그것을 지키려는 의지가 강하다. 독일인의 사색 또한 유명하다. 감정을 내세우기보다 깊이 생각하고 자신의 감정을 내면화하려는 의식이 강하다. 또한 보수적이고 엄격한 성향이 있으며 전통과 자연 문화 등에 대한 자부심이 높다.

독일의 언어

독일어는 현재 독일을 비롯해 오스트리아, 네덜란드, 스위스 등에서 공식 언어로 사용되고 있으며 유럽에서 가장 많은 인구가 모국어로 사용하고 있다. 도이체(Deutsch)—독일어—는 '평민(민중)의 말'이라는 뜻이다. 이는 중세 시대 라틴어와 구분하기 위해 붙여진 표현이었다. 독일어는 BC 10세기 게르만 민족이 대이동을 하면서부터 시작되었다. 라틴어와 고딕언어를 바탕으로 고대 독일어인 고트어가 생겨난 것이다. 이후 중세 시대부터 오늘날 사용되고 있는 독일어의 기본이라 할 수 있는 고고지독일어가 쓰였으며 신성로마제국의 오토대제 때 중고지독일어를 사용하기 시작하면서부터 독일어의 틀이 잡히기 시작했다. 독일어는 고지(高地)독일어(Hochdeutsch), 저지(低地)독일어(Niederdeutsche Sprache), 방언으로 나눌 수 있다. 독일의 동부지역의 방언을 기초로 만들어진 고지 독일어는 표준 독일어라고도 불리며 독일에서 표준어로 사용되고 있는 언어다. 16세기 루터가 성서번역을 할 당시 고지독일어를 바탕으로 작업하면서 근대 독일어의 모체가 되었다. 저지(低地)독일어(Niederdeutsche Sprache)는 독일 북부와 네덜란드 북동부에서 사용되는 언어다. 오늘날에도 지방어로 사용되고 있으며 철자는 독일 표준어가 섞여 있는 철자를 사용한다.

독일의 종교

1919년 바이에른 헌법에서 정치와 종교를 분리한 이래로 독일의 공식적인 국교는 없다. 그러나 독일은 종교인들을 대상으로 종교세를 걷는다. 성직자나 신자일 경우 소득의 일정 부분을 종교세로 원천징수하고 그렇게 거둔 세금은 각각의 종교단체에 기금으로 전달된다. 이는 정식 국교는 없지만 오랜 그리스도교 전통에 따른 것이다. 9세기 프랑크왕국부터 그리스도교를 받아들인 독일은 16세기 가톨릭교회의 쇄신을 요구하며 시작된 종교개혁을 통해 프로테스탄트(신교도)가 생겨나면서 가톨릭과 프로테스탄트, 두 종파가 이어져 왔다. 프로테스탄트는 주로 북동부 지역을 근거지로, 가톨릭은 남, 서부 지역을 근거지로 삼았다. 그러나 1648년 독일 30년 전쟁의 끝내기 위해 체결된 베스트팔렌조약으로 신성로마제국이 붕괴하면서 두 종파 사이의 분쟁 역시 끝났다. 오늘날까지도 독일에는 종교 분쟁이 거의 없다.

독일의 지리와 도시들

독일은 유럽의 중앙에 위치해 있다. 면적은 356,973km²이며 북쪽으로 덴마크, 발트 해, 북해와 접경해 있으며 서쪽으로 네덜란드, 벨기에, 룩셈부르크, 프랑스가 남쪽으로 스위스, 오스트리아 그리고 동쪽으로는 체코, 폴란드와 접경해 있다. 지정학적으로 우리나라보다 위도가 높다. 북부는 주로 평야지대이고 남부는 산지가 많은데 최고봉은 남쪽 국경에 있는 알프스 산맥이다. 독일은 지방분권의 전통과 각 지방의 고유문화를 유지해오고 있는 16개의 주(州)—니더작센, 라인란트-팔츠, 바덴-뷔르템베르크, 브레멘, 브란덴부르크, 작센, 작센 안할트, 함부르크, 노르트라인-베스트팔렌, 메클렌부르크-포어퍼메른, 바이에른, 베를린, 슐리츠비히-홀슈타인, 자르란트, 튀링겐, 헤센으로 이루어져 있다.

❧ 니더작센

독일 북서부에 위치한 니더작센은 면적이 47,618km²로 16개 연방

주 가운데 두 번째로 크다. 수도는 매년 산업박람회가 열리고 있는 하노버(hanover)이다. 전체 면적의 2/3 이상이 농경지로 농업과 식품업이 발달했는데 그중에서도 베이컨과 벌꿀이 유명하다. 하르츠(Harz)를 중심으로 광산업이 오랜 전통으로 내려오고 있으며 1775년 클라우스탈(Claustal)에 세워진 광산학교는 오늘날 세계적인 공업대학으로 발전하였다. 오늘날에는 철, 갈탄, 석유, 암염 등 지하자원을 바탕으로 한 공업이 성행하고 있다. 주요 도시로는 폴크스바겐의 본사가 있는 볼프스부르크(Wolfsburg), 대학과 학문의 도시로 유명한 괴팅겐(Göttingen)이 있다.

✿ 바덴-뷔르템베르크

독일 남서쪽 스위스와 프랑스의 경계에 있다. 수도는 벤츠의 본사가 있는 곳이자, 발레리나 강수진이 소속되었던 발레단의 고장 슈튜트가르트(Stuttgart)이다. 라인 강 동쪽으로 뻗어있는 슈바르츠발트 산맥과 보덴제 강, 라인 강, 도나우 강, 네카 강 등 다양하고 아름다운 전원 지역으로 이루어져 있어 휴양지로 유명하다. 특히 검은 숲이라는 뜻의 슈바르츠발트는 동화 〈헨젤과 그레텔〉의 배경이 된 곳이다. 라인 강변과 보덴제 강변은 비옥한 토지와 온화한 기후 덕분에 포도, 아스파라거스와 담배 재배가 발달했다. 주요 도시로는 독일에서 가장 오래된 종합대학이 있는 하이델베르크, 1883년 칼 벤츠가 세계 최초의 자동차 공장을 세운 만하임(Mannheim), 세계적인 물리학자 아인슈타인의 고향 울름(Ulm)과 남부 독일 건축양식의 기념비라 할 수 있는 뮌스터성당이 있는 프라이부르크(Freiburg)가 있다.

⚜ 함부르크

수도는 함부르크로 하나의 도시가 하나의 주를 이루는 곳으로 베를린에 이어 두 번째로 인구가 많은 도시이다. 수 세기 동안 무역과 조선의 중심지였던 함부르크는 중남미, 아프리카, 동아시아와 북유럽 등 전 세계 약 1,100개 항구와 260개 항로의 정기항로가 연결되어 있는 독일에서 가장 큰 항구가 있다. 유럽에서 가장 국제교류가 많은 항구도시로 뉴욕 다음으로 104개의 많은 영사관이 있다. 슈피겔(Der Spiegel), 차이트(Die Zeit)와 같은 주요 언론사의 본사가 모여 있는 독일 언론의 1번지로 꼽히고 있다. 함부르크는 '숲 속의 도시'로 불리는데, 도시 면적의 28%가 경관보호지역이며 독일에서 인구대비 공원이 가장 많은 도시다.

⚜ 바이에른

독일 남동부에 위치한 바이에른 주는 서쪽으로는 바덴뷔르템베르크 주와 헤센 주, 동쪽으로는 체코, 남쪽으로는 오스트리아와 접하고 있으며 독일에서 가장 면적이 큰 주로 꼽히고 있다. 독일 최초의 국립공원인 바이에른 숲과 알프스 산악지대, 도나우 강과 마인 강, 뷔르츠부르크에서 퓌센까지 이어진 '로만틱 가도'와 같이 아름다운 자연을 중심으로 한 관광지가 발달해있다. 바이에른 주에는 수백 개의 맥주 양조장이 있다. 바이에른 주에서 재배된 홉으로 양조된 바이에른 맥주는 '10월 축제'가 열릴 정도로 전 세계적으로 유명하다. 수도는 자동차, 항공기, 출판 산업으로 독일 문화와 경제의 중심지로 꼽히는 뮌헨이다. 주요 도시로는 바이에른의 옛 수도이자 기계제조와 섬유산업의 본고장인 아우크스부르크, 14세기 중세도시의 풍경을 그대로 간직하고 있는 레겐스부르크, 후작 주교가 거주하던 성과 교회가 세계문화유산으로 등재된 뷔르츠부르크가 있다.

✦ 베를린

| 1961년 동독 정부가 동베를린과 서방3개국의 분할점령 지역인 서베를린 경계에 쌓은 콘크리트 담장이 1989년까지 존재했던 흔적.

베를린은 독일의 수도인 동시에 16개 연방 주의 도시 주이다. 독일의 동과 서의 중심부에 위치해 있어 프로이센 왕국부터 통일된 독일까지 수도로서의 지리적 요건을 갖추고 있다. 제2차 세계대전 이후 1989년 통일 전까지 베를린은 동독과 서독으로 분리된 분단의 상징이자 서방 연합국과 소련 냉전의 중심지였다. 특히 1961년에 세워진 베를린장벽은 냉전의 상징으로 떠올랐다. 1989년 동독 공산주의 정권의 몰락과 함께 베를린장벽이 붕괴하면서 베를린은 다시 독일의 수도가 될 수 있었다.

CHAPTER 3

독일을 대표하는 관광지

독일은 비자 면제 협정으로 3개월까지 비자가 따로 필요 없고 특별한 입
국 절차도 없다. 독일 전역에는 관광객을 위한 여행 안내소가 있어 여행 관련
정보도 쉽게 얻을 수 있다. 특히 대도시의 경우, 중앙역의 안내소를 이용하면
호텔, 식당 등의 정보를 얻을 수 있다. 택시를 제외한 대중 교통수단은 단일
승차권으로 이용할 수 있다. 숙박은 자연에 인접한 야영장에서부터 고급스러
운 5성급 호텔에 이르기까지 다양한 편이다. 또한 유스호스텔이 탄생한 나라
답게 독일 전역에 유스호스텔이 잘 발달하여 있다. 독일의 상점들은 우리나
라에 비해 일찍 문을 닫는다. 유명관광지를 제외하고 평일에는 오후 6시, 토
요일에는 오후 2시가 되면 문을 닫으며 공휴일에는 일부 상점을 제외하면 아
예 문을 열지 않기도 한다. 여행하기 좋은 계절은 4월부터 10월까지이다. 여
름에는 습도가 낮아 한낮에도 무덥지 않고, 밤이 늦어서야 해가 지기 시작한
다. 겨울에는 우리나라처럼 춥지는 않지만 오후 4시쯤부터 어두워져 일조 시
간이 짧다. 다만 독일의 유명 모터쇼, 맥주 축제, 북 페어 등 산업 박람회가

열리는 시즌은 피하는 것이 좋다. 숙박료가 오르고 방을 구하는 것도 쉽지 않기 때문이다. 독일 전역에서 사용되는 전압은 230V, 50Hz로 우리나라 전자제품을 그대로 사용할 수 있다. 독일의 수돗물은 석회 성분이 많아서 갑자기 많은 양을 마시면 탈이 날 수 있기에 주의해야 한다.

베를린

베를린 관광은 분단 시절 동, 서베를린의 관문이자 베를린의 중심으로 꼽히는 브란덴브루크 문에서 시작된다. 브란덴브루크 문 정면에서 티어가르텐을 가로질러 가면 프로이센 통일을 기념하는 전승기념탑이 보인다. 동쪽으로 뻗어있는 운터덴린덴 길을 따라 걷다 보면 훔볼트 대학과 베를린 대성당 뒤로 유네스코 세계유산으로 지정된 박물관 섬—보데 박물관, 페르가몬 박물관, 베를린 구 국립미술관, 베를린 신·구 박물관 총 5개의 박물관으로 이루어진 섬—이 나온다. 박물관 섬에 있는 5개의 박물관을 비롯해 베를린에는 유대인, 악기, 초콜릿, 예술 등 170여 개의 다양한 박물관이 있으니 관심 분야를 찾아 골라 보는 것도 좋다. 분단의 상징인 베를린 장벽은 놓치지 말아야 할 관광지다. 베를린 장벽을 따라가면 장벽의 국경검문소였던 '체크포인트 찰리'와 베를린 장벽에 전 세계 120여 명의 작가들이 통일과 평화를 상징하는 벽화를 작업한 '이스트사이드 갤러리'를 만날 수 있다. 베를린은 독일에서도 가장 많은 오케스트라를 보유하고 있는 도시이다. 널리 알려진 베를린 필하모니를 비롯해 오케스트라와 슈타츠오퍼와 같은 오페라극단에서는 상시 공연을 열고 있어 예약만 한다면 누구나 관람할 수 있다. 그 밖에 한때 이주민들의 주거지역으로 미국 할렘가처럼 위험지역이었지만 카페와 갤러리가 생기면서 문화지역으로 탈바꿈한 노이쾰른, 매주 일요일 베를린에서 가장 크

게 열리는 마우어파크 벼룩시장, 수많은 공연과 독특한 레스토랑이 들어서
있는 프렌츠라우어 베르크 등 통일 이후 유럽 문화 중심지로 급부상 중인 도
시답게 즐길 거리가 많다.

프랑크푸르트

독일의 중심에 위치한 프랑크푸르트는 교통의 요충지로 철도, 항공, 도
로를 통해 다른 도시나 나라로 이동하기 편리한 도시이다. 동시에 괴테생가,
뢰머시청사, 프랑크푸르트 대성당, 마인타워 등 볼거리가 많다. 괴테가 태어
난 도시답게 시내 중심에 괴테의 생가와 그를 기리는 박물관이 있다. 이곳에
서 괴테는 그의 대표작 〈파우스트〉와 〈젊은 베르테르의 슬픔〉을 집필했다.
구시가지에 위치한 뢰머 광장은 프랑크푸르트의 중세시대를 떠올릴 수 있는
관광지다. '로마인 광장'이란 의미의 뢰머 광장은 15~18세기 건물들로 이루
어져 있는데 그 가운데 계단식 지붕의 목조건물인 뢰머 시청사는 1405년 시
의회가 한 귀족의 저택을 사들여 시청사로 개조하면서 지금까지 이어져 오
고 있다. 뢰머 광장 한쪽에 위치한 프랑크푸르트 대성당은 13세기에 세워
진 성당으로 신성로마제국 황제의 대관식이 거행되어 카이저 돔으로 불리기
도 한다. 프랑크푸르트 신시가지에서 가장 높은 건물-안테나까지 포함하여
204m-인 마인 타워에 올라가면 프랑크푸르트 전역을 한눈에 볼 수 있다.
특히 오후에 가면 붉게 물든 마인 강의 해 질 녘 풍경을 감상할 수 있다.

함부르크

함부르크 관광은 알스터 호수를 중심으로 시작된다. 알스터 호수 주변으
로 함부르크의 주요 도로와 유서 깊은 건물들이 고루 분포되어 있다. 알스터

| 뢰머 광장의 여신상. 법과 정의를 수호하는 여신은 독일뿐만 아니라 유럽 문화의 중요한 상징이다.

호수를 끼고 있는 시청 광장 정면에 위치한 함부르크 시청사는 탑의 높이가 112m로 네오르네상스식 건축물이다. 성 미카엘 교회는 18세기 중반 세워진 바로크 양식의 건축물로 함부르크의 상징인 132m의 첨탑이 있다. 함부르크는 멘델스존과 브람스의 탄생지로 세계적인 음악의 도시로 알려져 있다. 특히 영국 웨스트엔드, 미국 브로드웨이에 이어 세계 3대 뮤지컬 도시로 급부상했다. 현재 300여 개의 극장에서 오페라의 유령, 캣츠 등 유명 뮤지컬부터 창작뮤지컬까지 상시공연 중이다. 함부르크의 주요 축제로는 매년 봄, 여름, 겨울에 한 달씩 열리는 민속축제인 함부르크 돔, 5월에 열리는 체리축제, 8월 알스터베르크뉘겐 축제가 있다. 또한 매주 일요일 새벽 5시에서 10시 사이 항구에서 열리는 피시마켓도 볼만하다.

뮌헨

뮌헨은 마리엔 광장을 중심으로 구시가지와 신시가지로 나뉜다. 마리엔 광장에 있는 신시청사에는 금빛 성모상과 오전 11시 시계탑에서 나오는 인형들의 춤이 유명하다. 신시청사 동쪽에는 1874년까지 뮌헨의 시청사로 쓰였던 구시청사건물이 있다. 현재는 뮌헨 시의회 건물로 사용되고 있으며 바로 옆에는 장난감박물관이 있다. 뮌헨의 대표적인 고딕양식 건물로는 1488년에 지어진 프라우엔 교회를 꼽을 수 있다, 높이가 99m인 2개의 붉은 탑은 교회의 상징으로 이곳에 오르면 뮌헨의 전경을 한눈에 볼 수 있다.

뮌헨 도심 외곽에 위치한 님펜부르크 성은 바이에른 왕국 통치자의 여름 별장으로 사용되었다. 베르사유 궁전을 본떠서 지은 이 궁전에는 루드비히1세가 만들게 한 미인갤러리*(바이에른시대 가장 아름다운 여성 36명의 초상화가 전시)*를 비롯해 동굴예배당과 기도실 등 총 6개의 방으로 이루어진 기도건물 막달

레넨클라우제, 목욕탕 건물로 지어진 바덴부르크 등이 남아있다.

뮌헨은 30여 개의 박물관과 미술관이 있다. 그 가운데 루드비히 1세가 만든 알테 피나코테크 미술관은 14~18세기 유럽과 독일의 회화작품 7,000여 점이 전시되고 있다. 특히 세계적인 유명화가 레오나르도 다빈치, 렘브란트, 라파엘로, 보티첼리 등의 작품들을 관람할 수 있다. 세계적인 명차들이 전시된 BMW 자동차 박물관 역시 뮌헨 박물관 투어에서 빼놓을 수 없다.

뮌헨은 세계적인 맥주의 도시로 그 명성이 높다. 9월 말부터 2주간 열리는 맥주 페스티벌(옥토버페스트)은 독일 최대의 전통 맥주 축제이다. 해마다 전 세계 수백만 명의 사람들이 몰려와 맥주를 마시며 축제를 즐기는데 특히 개막일과 마지막 날은 걸음을 떼지 못할 만큼 인파가 몰려든다. 히틀러가 찾았던 술집으로 유명한 시청 부근의 궁중 맥주 주조창은 1,000명 이상 동시에 입장할 수 있어 맥주 페스티벌 기간 동안 가장 많은 관광객이 몰리는 술집으로 알려져 있다.

하이델베르크

독일의 도시들 가운데 제2차 세계대전의 피해가 가장 적었던 도시 중 하

| 하이델베르크 고성(固城) 내에 있는 세계에서 가장 큰 와인통

나로 아름다운 중세 건물과 고성이 잘 보존되어 있다. 하이델베르크의 대표 관광지인 하이델베르크 성은 13세기에 처음 축조된 후 숱한 전쟁으로 파괴되고 복구되어 고딕 양식부터 바로크 양식까지 다양한 건물 양식이 복합된 특징을 갖게 되었다.

| 고성(固城)에서 내려다 본 하이델베르크 구시가 풍경

　성의 지하실에는 규모가 큰 술 창고가 있는데 22만ℓ의 술을 저장할 수 있는 거대한 술통이 있다. 하이델베르크는 학문의 도시로도 알려져 있다. 독일에서 최초로 대학이 세워진 곳이며, 가장 역사가 오래된 하이델베르크 대학이 있다. 하이델베르크에서 법학 공부를 하다 작곡가가 된 로베르트 슈만을 기리기 위해 그의 첫 작품 〈대학생 황태자〉는 매해 여름이 되면 하이델베르크성 정원에서 연주되고 있다.

로텐부르크

　로텐부르크의 정식명칭은 로텐부르크오프데어타우버로 '타우버 강 위쪽에 있는 로텐부르크'라는 뜻이다. 중세의 모습이 많이 남아 있는 도시로 시간이 멈춘 도시로도 불린다. 도시를 상징하는 로텐부르크 성 야곱교회는 고딕

양식의 교회로 독일 최고의 조각가인 틸만 리멘슈나이더의 〈최후의 만찬〉 나무조각이 유명하다. 프란체스코 제단 등 15세기의 여러 제단과 5,500개의 파이프 오르간 등도 눈길을 끈다.

　로텐부르크는 크리스마스 마켓으로도 명성이 자자하다. 캐테 볼파르트는 1년 내내 크리스마스에 관련된 다양한 상품을 파는 세계적인 매장으로 이곳에서는 크리스마스의 역사를 살펴볼 수 있는 박물관이 있다. 최근 우리나라에서 망치로 부수어서 먹는 독일식 과자 슈니발렌이 유명한데 이 과자는 로텐부르크의 전통 과자인 슈니발을 변형해 만든 것이다.

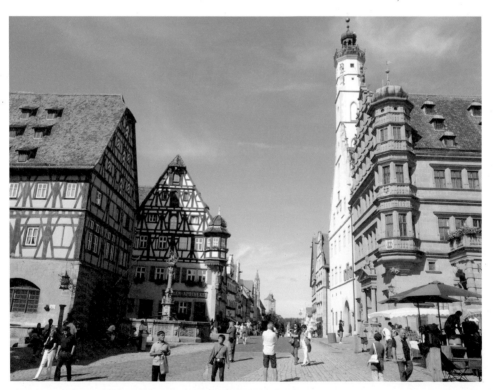

| 로만틱가도의 중심 도시인 로텐부르크 시내 풍경. 동화 속 나라를 연상케 하는 도시다.

✤ 퓌센

독일과 오스트리아 국경 지역인 퓌센은 기원전 7세기 베네딕스회 성 마그누스 수도원을 중심으로 형성된 도시다. 현재 퓌센에 남아있는 성 마그누스 수도원은 1701년부터 약 200년에 걸쳐 지어진 건물이다. 도심 외곽 슈반가우 숲에 위치한 노이슈반슈타인 성은 세계에서 가장 유명한 성 중 하나이다. 우리에게 익숙한 애니메이션인 〈잠자는 숲 속의 미녀〉에 등장하는 성의 모델로도 널리 알려져 있다. 노이슈반슈타인 성은 '백조의 성'이라고도 불리는데 바이에른의 국왕이었던 루드비히 2세가 바그너의 오페라 〈로엔그린〉중 백조의 전설에 영감을 받아 세웠기 때문에 붙여진 별명이다. 예술을 사랑했던 루드비히 2세는 환상적인 중세의 성을 짓기 위해 자신의 생을 바쳤다. 숨을 거둘 때까지 완성되지 못했지만, 오늘날 세계적인 건축물로 칭송받고 있다. 성을 둘러싼 바이에른 알프스와 호수가 운치를 더해준다.

✤ 쾰른

쾰른의 랜드마크로는 쾰른 대성당을 꼽을 수 있다. 1248년에 착공되어 약 600년에 걸쳐 건축된 쾰른 대성당은 전 세계의 고딕양식 교회 건축물 중 세 번째 규모를 자랑한다. 특히 이 성당에는 14세기에 만들어진 스테인드글라스와 아기 예수의 탄생을 축하하기 위해 찾아갔던 동방박사의 유해가 보존되어 있으며 이 밖에 13세기 중세의 설계를 충실하게 따라 지었다는 역사적인 가치를 인정받아 유네스코 지정 세계 문화유산으로 등록되었다.

쾰른에는 독일에서 하이델베르크대학교 다음으로 오래된 대학인 쾰른대학교가 있다. 노벨 화학상 수상자 쿠르트 알더, 노벨 문학상 수상자 하인리히 뵐, 노벨 물리학상 수상자 페터 그륀베르크 등을 배출한 학교이다. 쾰른 초콜릿박물관에서는 초콜릿의 역사와 함께 생산 과정을 직접 볼 수 있다. 이곳에서 가장 눈길을 끄는 곳은 초콜릿 분수이다. 3m 높이의 초콜릿 분수에 액체 상태의 초콜릿이 담겨 있다. 독일의 10대 박물관 중 하나로 해마다 65만 명 이상의 관광객이 찾고 있다.

드레스덴

드레스덴은 슬라브어로 '숲 속의 사람'이라는 뜻으로 독일의 피렌체라 불릴 만큼 아름다운 도시로 알려져 있다. 1200년 이전부터 도시로 형성된 드레스덴은 작센 왕국의 수도로 19세기 독일의 교통, 공업의 중심지로 부상하다가 제2차 세계대전으로 시가지가 거의 모두 파괴되었다. 다행히 전쟁 이후 복원사업을 통해 유서 깊은 옛 건축물들이 모두 복구되었다. 포스트 광장에 있는 츠빙거 궁전은 바로크 양식의 대표적인 궁전이다. 십자형의 넓은 뜰에는 '요정의 샘'이라는 연못이 유명하다. 궁전을 나와 극장광장으로 나가면 아우구스트 2세가 작센을 가톨릭으로 개종하기 위해 만든 가톨릭궁정 교회와 12세기 말부터 작센 군주가 살았던 드레스덴 성, 작곡가 바그너의 친구로 알려진 건축가 고트프리트 젬퍼가 설계한 젬퍼오페라하우스로 이어진다. 또한 드레스미술관은 이탈리아 르네상스 시대의 대표적 화가 루벤스, 렘브란트 등의 작품을 수집한 곳으로 명성이 높다.

슈투트가르트

슈투트가르트는 슈바벤 지방의 포도밭과 과수원 지대에 위치해 있다. 독일 최대의 포도주 생산지 중 하나로 포도주와 과일의 거래가 많이 이루어지고 있으며, 에슬링엔 암 네카어와 같은 포도농장으로 이루어진 마을을 중심으로 크고 작은 와인 관광 상품이 발달했다. 슈투트가르트의 대표 관광명소는 슐로스 광장을 시작으로 메르세데스-벤츠 박물관, 국립갤러리, 신궁전과 구궁전(현재 주립박물관), 헤겔하우스 등이 있다.

메르세데스-벤츠 박물관은 메르세데스 벤츠사의 설립 50주년을 기념하기 위하여 설립된 곳이다. 12개의 전시관은 벤츠의 역사를 한눈에 볼 수 있게 만들어 놓았다. 1886년 특허를 얻었던 전동차부터 특수 용도의 자동차, 경기용 스포츠카 등 자동차의 모든 것을 볼 수 있다. 국립갤러리에는 램브란트, 샤갈, 피카소의 명작들과 40만 점 이상의 회화와 조각들이 전시되어 있다. 1807년에 지어진 바로크 양식의 신궁전은 현재 주 정부청사로 사용되고 있다. 구궁전은 뷔르템베르크 공국의 영주가 머물던 궁전으로 신궁전이 지어지기 전까지 이곳을 이용했다고 한다. 현재는 주립박물관으로 선사시대의 유적부터 왕가의 보물이 전시되어 있다. 독일의 대표철학자 헤겔의 생가는 현재 헤겔하우스(헤겔박물관)으로 운영되어 일요일을 제외하고 관람이 가능하다.

슈투트가르트의 대표 축제로는 매년 가을에 열리는 칸슈탄트 축제가 있다. 세계에서 가장 규모가 큰 민속축제로 꼽히며 독일에서는 옥토버페스트(Octoberfest)에 이어 두 번째로 큰 맥주 축제이기도 하다. 옥토버페스트보다 일주일 정도 늦게 시작하는데 19세기경 수확을 축하하면서 시작됐다.

✤ 바덴바덴

바덴은 우리말로 '온천'이라는 뜻이다. 바덴바덴은 서유럽에서도 손꼽히는 온천 휴양지 중 하나이다. 광물이 함유된 바덴바덴의 온천수는 고대 로마인들이 찾아와 즐기면서 알려지기 시작했는데 본격적으로 유명해진 것은 나폴레옹 3세 시대에 유럽의 부호와 귀족들, 심지어 러시아 황제까지 온천을

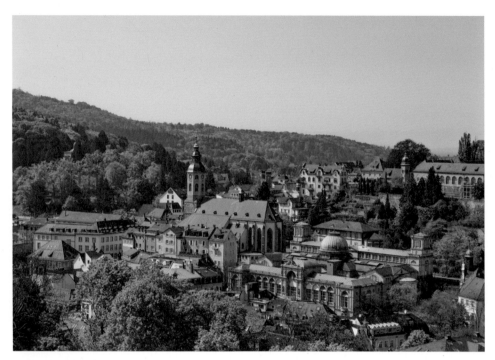

| 독일의 유명한 휴양 도시인 바덴바덴은 우리에게는 1988년 올림픽의 서울 개최를 결정한 제84차 IOC(국제 올림픽 위원회) 총회로 더 알려져 있다.

즐기기 위해 찾아오면서부터다. 오늘날에는 산림지대 온천을 중심으로 질병의 예방과 치유 프로그램을 개발해 운영하고 있다. 바덴바덴의 대표적인 온천으로는 카이저 프리드리히 온천과 카라칼라 온천이 있다. 카이저 프리드리히 온천은 2,000년 역사의 로마 시대 온천 유적지에 위치한 온천으로 남녀 혼욕을 한다. 카라칼라 온천은 1985년 로마 황제 카라칼라가 즐겨 찾았던 곳에 세운 현대식 대형 온천이다.

CHAPTER 4 독일의 역사

게르만족의 대이동

370년경 아시아의 훈족이 밀려오면서 게르만족은 서로마제국의 영토로 대거 이동하게 되었다. 초기에는 게르만족의 일부 분파가 조금씩 산발적으로 이동했으나 382년 게르만족의 서고트족이 로마 영토로 진입하면서 서로마제국을 점령한 후 서쪽으로 이동해 에스파냐에 고트 왕국을 세우면서 본격적인 게르만족의 대이동이 시작되었다. 이 시기에 게르만족의 분파인 프랑크족과 부르군드족, 반달족도 라인 강 서쪽 지역과 에스파냐 일부 지역에 각각 왕국을 건설하였다. 이로써 유럽을 지배하던 서로마제국이 쇠퇴하고 게르만족의 시대가 열린 것이다. 그러나 게르만족이 세운 새로운 왕국들은 오래 버티지 못했다. 로마 시대보다 상대적으로 낮은 문화 및 생활 수준과 종교적인 갈등으로 뿌리내리지 못하고 혼란을 거듭했기 때문이다. 이러한 혼란을 틈타 동로마제국의 유스티니아누스 1세가 동고트족과 서고트족, 반달족을 무찔러 로마의 본토 회복을 꾀하면서 비잔틴제국으로 그 명맥을 이어감에 따라 게르만족 왕국의 붕괴는 더욱 심해졌다. 하지만 이런 가운데 서게르만계의 프랑크족이 세운 프랑크 왕국만큼은 살아남아 오늘날의 프랑스, 독일 등 서유럽 지역으로 영토를 확장하며 게르만족의 명맥을 이어갔다.

프랑크 왕국의 시작

다른 게르만족의 왕국과 달리 프랑크 왕국이 살아남을 수 있었던 이유는 게르만족 가운데 가장 먼저 로마의 기독교적 문화를 받아들여 잔존하는 서로마제국 세력들의 지원 속에 게르만족 대이동 후 정치, 사회, 문화적인 발전을 꾀하여 게르만 통일 국가로서의 기틀을 마련했기 때문이다. 이 같은 작업은 프랑크족의 한 분파인 살리족의 지도자 클로비스에 의해 이룩된 것이다. 서로마제국의 성직자들까지 포용한 클로비스는 프랑크족을 비롯한 게르만족을 통합하고 유럽에서 최초로 세습왕조를 세우게 되는데 바로 자신의 할아버지 메로비치의 이름을 딴 메로빙거왕조이다. 로마의 선진 정치제도를 바탕으로 강력한 왕권을 가진 게르만족의 통일국가를 세운 것이다.

그러나 클로비스가 죽은 후 메로빙거 왕조는 분열하기 시작했다. 왕권을 놓고 네 명의 아들이 싸우기 시작하면서 메로빙거는 여러 개의 작은 나라들이 생기기 시작하였고 왕권의 힘은 점점 약화되어 정치적인 실권은 왕실의 집사 역할을 맡아온 궁재(유럽 중세시대 궁 행정의 장(長))가 맡게 되었다. 그러던 중 카롤링거가의 궁재 카를마르텔이 이슬람 군대와 맞서 싸우기 위해 호족들에게 군제개혁(토지를 봉토로 주는 대신 병역의 의무를 요구)을 하면서 사실상 왕조의 실권을 장악하게 되었고 이에 힘입어 그의 아들 피핀이 당시 메로빙거 왕이었던 힐데리히 3세를 폐위시키고 프랑크 왕국의 군주가 되었다. 이렇게 메로빙거 왕조는 사라지고 카롤링거 왕조가 탄생한 것이다.

이후 피핀의 아들 샤를마뉴가 서유럽을 통합하면서 로마 교구장으로부터 황제의 관을 받았으며 그의 아들 카롤루스 대제는 남아있던 게르만족을 정벌하여 흡수하고 멀리 서아시아의 이슬람 세력인 사라센까지 점령하는 등 프랑크 왕국의 전성기를 이끌어 교황 레오 3세로부터 서로마제국의 황제로 대관 받게 되었다. 그러나 프랑크 왕국은 카롤루스 대제의 손자 이후부터 왕권이 급격히 약화되었다. 메로빙거 왕조를 망하게 한 영토상속 분쟁이 대를 거듭할수록 카롤링거 왕조에도 예외는 아니었기 때문이다. 843년 루드비히 1세의 세 명의 아들이 프랑크 왕국을 세 지역으로 나눠 상속받겠다는 베르됭 조약이 체결되면서 분열은 공식화되었다. 첫째 아들 로타르는 중부 프랑크 (오늘날 이탈리아 지역), 둘째 아들 카롤루스 2세는 서프랑크(오늘날 프랑스지역), 셋째 아들 루드비히 2세는 동프랑크(오늘날 독일지역)를 상속받았다. 그러나 870년 첫째 아들 로타르가 죽자 그의 영토를 두고 카룰루스 2세와 루드비히 2세, 그리고 로타르의 아들인 루이 2세 사이에 또 한 번의 조약이 체결된다. 바로 메르센 조약이다. 이 조약을 통해 프랑크 왕국은 동프랑크와 서프랑크로 나뉘게 되었으며 오늘날의 독일과 프랑스의 기초가 되었다.

　　이후 서프랑크의 왕 루이 5세가 자식 없이 죽게 되자 귀족들은 카롤링거 귀족 가문 출신의 위그 카페를 왕으로 추대하면서 카롤링거 왕조가 끝나고 카페 왕조가 시작되었다. 동프랑크의 경우 루드비히 2세가 재위할 때까지만 해도 카롤링거 왕조의 혈통이 이어졌으나, 작센과 바이에른 등 각 지역 귀족들의 세력이 점차 커졌고 9세기 말 바이킹과 마자르족이 침입하면서 왕조의 입지가 흔들리기 시작했다. 결국 911년 프랑크 왕국의 루드비히 4세가 사망하면서 카롤링거 왕조의 혈통은 단절되었고 이후 콘라드 1세가 왕으로 추대되었으나 작센과 바이에른 귀족들과의 싸움으로 왕권은 더욱 약화되었다.

918년 콘라드 1세가 죽자 작센의 귀족대표인 하인리히 1세가 왕으로 추대되면서 동프랑크의 카롤링거 왕조는 완전히 단절되었다.

신성로마제국

작센 귀족이었던 하인리히 1세가 동프랑크 왕국의 새로운 왕이 되면서 작센왕조 시대가 시작되었다. 이후 하인리히 1세의 아들 오토 1세는 자신의 자리를 위협하는 귀족들을 제압하는 한편, 그동안 귀족들에게 억눌렸던 교회와 결탁하여 왕권을 강화하기 시작했다. 귀족들에게 빼앗겼던 교회의 토지를 돌려주고 수도원이나 교회에 각종 혜택을 주었고, 교황이 요청할 경우 군대도 파견하였다. 그뿐만 아니라 왕족을 성직 자리에 앉혀 교회의 힘을 왕권에 결합했다. 이에 교황은 오토 1세를 황제로 칭하고 그의 나라를 로마제국 이후 고대 로마를 잇는 교회와 일체의 나라라는 의미로 신성로마제국이라고 불렀다. 이때부터 독일의 왕은 곧 신성로마제국의 왕이 되었다.

이후 신성로마제국의 황제들은 오토 1세의 방식대로 교회의 힘을 통해 귀족들을 억압하면서 제국을 확장했다. 그러던 중 하인리히 3세의 시대에는 황제가 직접 부패한 성직자를 파면하고 새로운 교황을 임명하는 등 교회까지 통제하고 나서면서 신성로마제국은 안으로 독립을 꾀하는 귀족들과의 싸움을, 밖으로는 로마교회와도 성직서임권(성직자를 정하는 권리)을 놓고 분쟁하게 되었다. 하인리히 4세 때 성직서임권을 둘러싼 문제는 최고조에 달했다. 황제는 교황의 만류에도 불구하고 밀라노 주교를 마음대로 임명하였고, 이에 당시 교황 그레고리우스 7세는 황제를 교회로부터 추방하고 모든 기독교인에게 황제에게 복종하지 말 것을 명령하면서 갈등은 더욱더 깊어졌다.

결국 하인리히 4세는 교황이 있는 카노사까지 찾아가 무릎을 꿇고 사흘 동안 비는 굴욕적인 사건이 벌어졌다. 이것이 유명한 '카노사의 굴욕'이다. 그만큼 왕권을 지키기 위해 황제는 교회의 힘이 절대적으로 필요했다. 황제와 로마교회의 성직서임권 분쟁은 하인리히 5세에 이르러 서로 타협을 통해 극적으로 일단락되었다. 그러나 교황과 황제 사이의 힘겨루기는 이후에도 계속되었다. 콘라드 3세가 교황에게 엎드려 충성을 맹세하고 나서야 신성로마제국의 황제로 즉위할 수 있었던 것처럼 황제 입장에서 교황의 견제는 불편한 힘이었다.

1152년에 즉위한 프리드리히 1세는 교황이 허락한 황제가 아닌 실질적으로 신성로마제국을 통치하는 강력한 왕권을 가진 군주가 되기 위해 교황에 맞서 여섯 번에 걸친 이탈리아 원정전쟁을 치렀다. 그러나 이 전쟁은 1176년 교황에게 유리한 평화협정을 맺으며 끝을 맺고 말았다. 하지만 프리드리히 1세는 프랑스와 연대를 꾀하고 자신의 아들을 시칠리아 왕국과 혼인시키며 남부 이탈리아와 손을 잡는 등 제국확장의 기틀을 이루었다.

신성로마제국의 황제들이 여러 대에 걸쳐 나라 밖 교황과의 분쟁과 제국확장에 몰두하는 사이 내부 귀족들의 반발과 저항은 더욱 거세졌고 점차 왕권을 위협하는 수준에 달했다. 1256년 콘라트 6세가 죽자 다음 황제를 선출하는 과정에서 귀족들 간의 전쟁이 일어나면서 약 17년간 황제의 자리가 비어있는 이른바 '대공위시대'가 지속되었고 신성로마제국은 혼란에 빠졌다. 황제의 권한을 귀족들이 돌아가며 행사하던 중 1438년 프랑크푸르트 선제회의를 통해 오스트리아 합스부르크 왕가의 루돌프 1세가 황제로 뽑히면서 대공위 시대는 끝이 난다. 하지만 귀족들은 자신의 영지에 대한 권한을 계속 유지하면서 세력을 지켜나갔다. 그러던 중 프랑스에서 나폴레옹이 황제에 즉위한 후 1806년 나폴레옹의 보호 아래 신성로마제국의 귀족 16명이 라인동맹을 맺어 독립하면서 사실상 신성로마제국에서 분리되었고, 이후 1815년 빈회의에서 신성로마제국의 마지막 왕 프란츠 2세는 신성로마제국의 종식을 선언하면서 신성로마제국은 독일연방으로 바뀌게 된다. 독일 연방은 오스트리아, 바이에른, 작센, 프로이센 등 35개의 군주국으로 조직된 연방으로 각국의 독립성을 보장받게 되었으며 의장국 오스트리아를 중심으로 프로이센이 독일연방의 주요국가로 떠오르게 되었다.

❧ 프로이센 왕국과 독일의 통일

발트 해 연안에 위치해 있던 프로이센 공국(브란덴브루크와 프로이센이 합쳐져 만든 국가)은 신성로마제국의 동부지역을 놓고 수백 년 동안 영토전쟁을 벌였다. 그러던 중 1701년 프리드리히 1세가 공국의 왕으로 즉위하면서 프로이센 공국은 왕국으로 불리게 되었으며 프리드리히 빌헬름 1세 시대에는 절대왕권을 위한 국가체제를 확립했다. 왕을 위한 상비군을 강화하여 군사력을 키우는 한편 징세에 관련된 관료기구를 모두 왕의 직속기관으로 두고 재정을 채우며 강력한 왕권을 바탕으로 대외적으로 세를 펼쳐가기 시작했다. 그러나 1848년 프랑스 파리 2월 혁명으로 시작된 자유주의 물결은 같은 해 3월 독일연방의 핵심국가인 오스트리아와 프로이센까지 퍼져 자유주의적인 통일운동이 일어나게 된 계기가 되었다. 결국 1848년 프랑크푸르트 성 바울 교회에서 열린 독일 국민입법회의에서 국민회의가 열렸고, 이때부터 본격적으로 독일통일의 형태를 놓고 '대독일주의'와 '소독일주의' 논쟁이 시작되었다. 대독일주의란 신성로마제국의 황제를 배출하고 독일연방의 주축인 오스트리아를 중심으로 과거 신성로마제국에 포함되었던 모든 영토를 통일의 범위로 삼자는 입장이다. 반면 소독일주의는 순수 게르만족, 즉 오스트리아를 제외한 프로이센왕국을 위주로 독일 통일을 구상해야 한다는 주장이었다. 1861년 빌헬름 1세가 프로이센 왕으로 즉위한 다음 해 프로이센의 총리로 임명된 비스마르크는 소독일주의 통일관을 강하게 밀어붙였으며 결국 1866년 프로이센과 오스트리아는 통일방식을 두고 전쟁을 치르게 된다. 이 전쟁에서 승리한 프로이센은 오스트리아 중심의 독일연방은 해체하고 게르만족의 혈통을 이은 북부 독일연방을 결성하여 주도권을 행사하게 된다.

이후 1870년 에스파냐 국왕의 선출 문제를 놓고 프로이센은 프랑스 나폴레옹 3세와 전쟁을 했고 7주 만에 승리하였고, 이를 통해 막강한 힘을 키워 마침내 1871년 프랑스의 상징 베르사유궁전의 거울의 방 안에서 빌헬름 1세를 독일제국의 황제로 추대하고, 비스마르크를 독일제국의 총리로 임명하면서 25개 연방 국가를 통합한 통일된 독일제국을 수립하였다.

제1, 2차 세계대전

1888년 즉위한 빌헬름 2세는 총리인 비스마르크를 물러나게 하였다. 유럽 안에서 먼저 독일제국의 위치를 강화해야 한다는 비스마르크의 생각과 달리 젊은 황제 빌헬름 2세는 유럽은 물론 아시아와 아프리카까지 진출해야 한다는 식민지 확장노선을 주장했기 때문이다. 1890년 비스마르크가 물러난 후 빌헬름 2세는 신항로 정책과 해군의 건설 등 세계화 전략에 몰입했고 이는 프랑스, 영국, 러시아 등 주변 국가에 긴장을 몰고 왔다.

프랑스와 러시아의 연합을 우려한 비스마르크가 1887년 러시아와 맺은 재보장조약(독일과 러시아 중 한 국가가 다른 국가와 전쟁을 할 경우 중립을 지키는 내용을 골자로 한 조약)에 대한 갱신을 빌헬름 2세가 거부하면서 바로 프랑스와 러시아는 동맹을 맺게 된다. 여기에 1902년 영국과의 동맹교섭까지 실패하면서 독일은 국제적으로 고립상태가 되었다.

그러던 중 1914년 사라예보 사건이 일어났다. 오스트리아에 적개심을 품고 있던 세르비아인이 오스트리아 황태자를 암살하자 오스트리아는 세르비아에 선전 포고를 하고 전쟁을 일으켰다. 이를 두고 같은 슬라브족인 러시아는 세르비아 편에 섰고 여기에 프랑스와 영국도 합세하면서 프랑스, 영국, 러시아는 3국 협상을 맺으며 전쟁에 참가했다. 동시에 프랑스를 고립시키고자 했던 독일은 오스트리아와 손을 잡고 이탈리아까지 합세시켜 3국 동맹을 맺으며 제1차 세계대전은 확장되었다. 전쟁 초기에 우세했던 독일은 4년만인 1918년도에 패배했고 군주제였던 독일제국은 붕괴하였다.

1919년 독일은 국민의 기본권 보호를 골자로 한 바이마르 헌법을 제정하고 18개의 공화국으로 이뤄진 바이마르 연방공화국을 세웠다. 바이마르 공화국은 1925년 중부 유럽의 안전보장을 위한 로카르노 조약을 체결하고 1926년 국제연맹에 가입하는 등 전쟁 후 복구정책을 펼치며 독일의 재건과 안정을 위해 노력했다. 그러나 게르만민족주의와 반유대주의, 반사회주의를 공식이념으로 삼은 히틀러의 독일 노동자당(나치스)이 정치적으로 급부상하면서 안정화 정책을 추진하던 바이마르공화국은 위기를 맞게 되었다. 힌덴부르크 대통령은 혼란스러운 국가의 상황을 수습하기 위해 당시 제1당으로 우뚝 선 독일 노동자당의 총수 히틀러를 수상으로 임명하였으나, 1934년 힌덴부르크 대통령이 죽자 히틀러가 총통이 되면서 결국 바이마르공화국은 해체되었다.

게르만족의 순수 혈통 민족주의를 내세워 국민들의 절대적인 지지를 얻은 히틀러는 바이마르공화국이 국가재건을 위해 마련한 재정을 바탕으로 군비를 축적하여 곧바로 오스트리아와 체코 등 인근 국가들을 합병하거나 침략하면서 유럽 제패에 나섰다. 그리고 1938년 8월 소련과 독, 소 불가침 조약을 체결한 후 폴란드까지 침공하자 이듬해인 1939년 8월 프랑스와 영국은 독일에 선전포고를 하면서 제2차 세계대전이 일어났다. 프랑스와 영국은 미국, 소련, 중국 등과 함께 연합국을 이뤘으며 이에 독일은 이탈리아, 일본과 함께 연합해 맞섰다. 약 5천만 명의 희생자를 낸 제2차 세계대전은 1945년 전세의 열세 속에서 히틀러가 자살하면서 끝난다. 연합국에 항복한 독일은 이후 미국과 영국, 소련에 독일과 베를린을 각각 3개 지역으로 나눠 점령당하게 되었다.

동, 서독 분단부터 통일까지

연합국에 의해 점령된 독일은 1949년 동과 서로 나뉘게 되었다. 미국을 중심으로 한 연합국이 점령한 서쪽 지역에는 독일연방공화국(서독)이, 소련이 점령한 동쪽 지역에는 독일민주공화국(동독)이 세워졌다. 이후 1961년 동베를린과 서베를린 사이에 베를린 장벽이 설치되면서 독일은 한 민족 두 국가로 분단되었고 공산주의와 자본주의, 동·서 냉전시대의 산물이 되었다. 그러나 1970년대 서독의 빌리 브란트 총리가 동방정책(소련을 비롯한 동유럽 국가들과 관계를 회복하기 위한 정책)을 통해 동독과의 교류를 점차 추진하였고, 여기에 소련의 사회주의 체제가 점차 와해하기 시작하면서 1989년 베를린 장벽이 무너졌고 1990년 10월 3일 마침내 독일은 통일을 맞이했다.

CHAPTER 5   독일의 문학과 예술

독일은 16개의 주가 각 지방의 전통과 고유문화를 지켜왔다. 정치, 경제, 사회, 문화 분야도 자주적으로 운영하며 발달해 왔다. 독일의 문화는 각 지방마다 독특한 지방색을 가지고 있다. 독일은 연방국가로서 문화 정책 또한 연방주의를 따르고 있다. 독일의 기본법에서도 문화정책을 통해 예술과 문화가 주의 소관이라고 명시하고 있다.

문학

독일 문학의 기원은 고트어가 사용되기 시작한 게르만족의 대이동 시기로 거슬러 올라간다. 신화나 영웅담을 중심으로 구전으로 전해왔으며 로마의 역사가 타키투스가 지은 역사서 〈게르마니아〉에 게르만족의 기원과 더불어 그 내용이 일부 남아있다. 이후 왕국이 세워지고 중세시대에 들어오면서 왕조의 활약과 문화를 담은 궁정문학이 탄생하였다. 한편 민간 중심의 문학도 나오기 시작했는데 1200년경 게르만 영웅들의 활약을 담은 대서사시 〈니벨

룽겐의 노래〉등은 오늘날까지 읽히고 있다.

르네상스를 거쳐 16세기 종교개혁을 통해 독일 문학은 큰 변화를 가져왔다. 기독교적 신앙을 문학에 담기 시작했으며 문학의 수준이 한층 더 높아지고 다양해졌다. 극작가 H.작스는 유럽 등지에서 즉흥적으로 공연되었던 카니발(사육제)을 극작품의 수준으로 끌어올렸으며 르네상스 이후 대중문화가 발달한 이탈리아의 문학작품들이 독일어로 번역되면서 시민들에게 널리 퍼질 수 있었다. 1613년 신성로마제국 시기 종교전쟁으로 시작된 30년 전쟁으로 피폐해진 바로크 시대에는 형식을 강조하며 라틴어로 기록된 문학이 주류를 이루며 문학적 침체기에 접어들었다. 이 시기 주요작가로는 30년 전쟁의 참상을 담은 〈바보 이야기〉의 저자 그리멜스하우젠, 라틴어로 작품을 쓴 M.오피츠, 희곡작가 A.그리피우스 등이 있다.

독일 문학은 고전주의 시대에 접어들면서 꽃피우기 시작했다. 중세 봉건주의체제를 비판하고 현실주의를 전면에 내세운 작품들이 쏟아져 나왔다. 고전주의를 대표하는 작가로는 괴테와 프리드리히 실러가 있다. 괴테의 대표작으로는 〈젊은 베르테르의 슬픔〉, 〈파우스트〉, 〈빌헬름마이스터〉 등이 있고, 실러의 대표작으로는 〈빌헬름 텔〉, 〈발렌슈타인〉등이 있다.

고전주의 뒤에 나타난 낭만주의 시기에는 현실적인 문제를 회피하고 주관적이면서도 감성적인 사고가 유행하는 동시에 봉건적인 중세시대를 찬양하는 문학이 등장했다. 대표작가로는 〈밤의 찬가〉, 〈푸른 꽃〉의 노발리스, 셰익스피어의 작품을 번역한 A.W.슐레겔 등이 있다. 후기 낭만파로는 〈호두까기 인형〉의 호프만, 〈그림동화〉로 잘 알려진 그림 형제(야콥 그림과 빌헬름 그림) 등이 있다. 20세기에 들어와 독일은 제1, 2차 세계대전을 치르며 역사적으로는 암흑기였으나 문학계에는 개성 있는 작가들이 대거 등장하면서 발전을 이루게 된다. 제1차 세계대전 전후 시인인 라이너 마리아 릴케, 시인이 자 소설가인 헤르만 헤세 등이 나오기 시작했으며 2차 세계대전의 종전과 더불어 개성 넘치는 작가들이 다시 조명되었고 무명작가였던 프란츠 카프카, H. 카로사 등이 세계적인 작가로 떠오르게 되었다.

✤ 미술

독일 미술사의 시작은 게르만족이 왕국을 세운 후부터 볼 수 있다. 특히 카롤링거 왕조 때 세워진 수도원과 교회에 남아있는 벽화나 조각 장식을 통해 로마네스크 양식의 회화 풍을 짐작할 수 있다. 시간이 흘러 14세기 말 당시 독일에서 가장 상공업이 발달한 도시 쾰른에는 화가와 건축가들이 모여들면서 쾰른화파가 탄생, 활약하기 시작했다. 고딕양식의 부드러움을 강조한 쾰른화파는 스테판 로흐너에 이어져 가장 발달했다. 이와 같은 고딕미술은 16세기에 이르러 융성기를 맞이하게 된다. 고딕양식과 이탈리아 르네상스 미술이 혼합하여 독일만의 환상과 비유의 세계를 표현한 화풍이 유행하였는데 대표적인 화가로 알브레히트 뒤러, 홀바인, H. 부르크마이르 등이 있다. 17세기 바로크시대로 넘어오면서 빛의 움직임을 표현한 풍경화가 엘스하이머는 렘브란트와 루벤스 등 바로크 시대 대표적인 화가들에게 큰 영향을 끼쳤다.

근대로 접어들면서 유럽미술계에는 표현파, 야수파, 입체파, 다다(dada) 등 순수미술운동이 본격화되었다. 독일미술의 경우 표현주의가 발달했는데 드레스덴과 뮌헨을 중심으로 나뉘게 된다. 1905년 드레스덴에서 시작된 브뤼케파는 야수파의 영향을 받아 강렬한 색채를 강조하는 화풍을 발달시켰다. 대표 화가로는 칼 슈미트 로틀루프, 에리히 헤켈 등이 있다. 1910년 뮌헨에서 결성된 청기사파는 브뤼케파와 달리 전위예술(avantgarde)을 지향했다. 당시 독일로 온 러시아화가 바실리 칸딘스키와 F.마르크 등에 의해 시작된 청기사파는 입체파 화가들과 긴밀한 연대를 통해 전위미술 운동으로 발전시켰다.

1990년대 이후 독일의 현대 미술과 사진 작품은 세계적으로도 인정받고 있다. 특히 동독 드레스덴 출신의 게르하르트 리히터는 세계적인 현대 회화의 거장으로 꼽히고 있다. 사진과 그림의 경계를 허물고 미국의 팝아트를 독일식으로 새롭게 해석한 그의 작품은 세계미술 시장에서 가장 비싸게 팔리는 그림 중 하나이다.

건축

독일 건축의 시초는 프랑크왕국의 제2 왕조인 카롤링거 왕조 시대로 거슬러 올라간다. 카롤링거 왕조는 고대 로마교회를 바탕으로 한 비잔틴 제국의 문화를 부활시키고자 하였다. 대표적인 건축물은 아헨 대성당, 제르미니 데 프레 대성당, 고대 로마 바실리카 양식의 풀다 수도원 등이 있다. 신성로마제국 시대에 들어와 로마네스크 양식의 건축물이 발달하기 시작했는데 최초의 로마네스크 양식 건물로 알려진 슈파이어 대성당에는 신성로마제국 황제 콘라트 2세의 묘소가 있다. 13세기, 프랑스의 고딕양식이 들어오면서 독일만의 독특한 고딕양식 건축이 전성기를 맞이했다. 고딕양식의 대표건축물인 쾰른 대성당과 울름 대성당, 프라이부르크 대성당 등이 이 시기에 완공되었다. 쾰른 성당의 경우 카롤링거 왕조 때 짓기 시작했으나 이후 프랑스 고딕양식이 들어오면서 대규모 증축이 이루어진 고딕양식의 대표 건물로 세계에서 세 번째로 규모가 큰 성당으로 꼽힌다. 16세기에는 이탈리아의 영향을 받아 르네상스 양식이 유행했다. 하이델베르크성에 있는 오토하인리히관은 독

| 뷔르츠부르크 마리엔베르크 요새 가는 길. 마인 강변의 고풍스러운 정취가 고스란히 간직된 성당의 도시이다.

일 최초 르네상스식 건축물로 꼽히며 독일의 옛 수도에 지어진 드레스덴 성은 네오르네상스 양식을 잘 보여주는 건축물이다. 17세기 이후 남부 독일에 가톨릭교회 문화가 퍼지면서 바로크 양식의 교회가 확산되었다. 대표 건축물로는 건축가 요한 발타자르 노이만이 만든 뷔르츠부르크 궁전이 있다.

또한 남부 독일의 대표적인 예술가 형제였던 코스마스 다미안 아잠과 에기트 퀴린 아잠은 바로크 양식에 프랑스에서 건너온 로코코 스타일을 접목시킨 슈타인하우젠 순례교회를 지었으며, 뮌헨의 궁정건축가였던 미하엘 피셔(Johann Michael Fischer)는 그의 대표작인 츠비파르텐 수도원 성당과 로토 암인 수도원 성당 등을 통해 바로크 건축양식을 담았다.

1720년대 이후 약 50년간 프랑스식의 화려한 분위기가 담긴 로코코 양식이 유행했는데 이 시기에 지어진 대표적인 건축물로는 베를린 왕궁과 프리드리히 3세의 여름별궁인 상수시 궁 등이 있다. 18세기에서 19세기 사이 독일의 건축문화는 고전주의를 거쳐 절충주의가 성행하는 시기에 발맞춰 근대건축으로 도약하게 된다. 독일 절충주의 건축의 거장으로 꼽히는 고드프리드 젬퍼(Gottfried Semper)는 프리드리히 폰 가르트너 국립도서관, 드레스덴 국립가극장 등 당시 도시계획 발전에 어울리는 위대한 건축물을 남겼다. 20세기에는 바우하우스 운동을 통해 오늘날 독일 특유의 건축문화가 확립되었다. 바우하우스는 1919년 바이마르에 세워진 조형학교로 예술에 기술을 접목해 일상생활에 실용적인 예술문화를 만드는 작가들을 배출하던 교육기관으로, 이곳에서 일어난 문화운동을 통해 기술적이면서도 예술미를 담은 독일의 현대건축문화가 탄생하게 되었다.

철학

독일의 철학은 중세시대 기독교적 사상을 바탕으로 시작된 동시에 역사적으로 수많은 전쟁에도 불구하고 영국, 프랑스, 이탈리아 등 주변국의 문화를 적극적으로 받아들이면서 오늘날 세계 문화에 엄청난 영향을 끼친 독일 특유의 관념적이면서도 이상을 추구하는 철학으로 발전하게 되었다.

독일 철학의 기원은 14세기 초반 조이제, 에크하르트 같은 그리스도교를 바탕으로 신과 인간의 합일을 추구하는 독일의 신비주의자들부터 시작되었다고 볼 수 있다. 그러나 마틴 루터의 종교개혁 이후 츠빙글리, 칼뱅까지 이어진 프로테스탄티즘을 통해 신앙 속에서 인간은 누구나 자율적인 존재라는 사고의 시작은 독일 철학의 근간이 되었다. 이후 18세기 관념론을 완성한 헤겔과 비판 철학을 만든 칸트 등을 통해 독일철학은 유럽사회에서 독보적인 위치를 차지하게 된다.

| 1974년 독일의 우표에 인쇄된 임마누엘 칸트 (1724-1804)의 모습.

19세기에 활동한 니체는 관념론을 부정하는 무신론적 실존주의의 대표 철학자로 불린다. 니체는 신앙을 바탕으로 한 기존의 철학과 윤리, 부르주아적인 자유주의의 이데올로기를 부정하고 모든 생의 무가치와 인류의 지배자에 의한 현실의 생을 주장하며 지배계급의 독재지배를 군주의 도덕이라 여겼다. 그의 사상은 파시즘을 비롯한 제국주의 사상의 모체가 되었다.

1930년대 프로이트의 정신분석학과 마르크스의 체제분석을 연관시켜 자본주의 사회의 퇴행성을 비판하는 프랑크푸르트학파의 비판이론이 유행하기 시작했으며 이는 전후 세대 독일 학생들이 일으킨 '1968혁명'에 영향을 끼쳤다. 1970년대 영국과 미국의 철학을 받아들인 독일 철학은 오늘날 더욱 심화된 사상을 발전시키고 있다. 대표적으로 칼 오토 아펠은 영국의 기호론과 언어분석철학을 통해 담론 윤리학을 발전시켰다. 또한 현대 철학자의 대표자로 꼽히는 위르겐 하버마스는 영미 언어분석 철학을 폭넓게 수용하여 독일의 해석학에 접목시켜 자신의 철학을 발전시키기도 했다.

과학

역사적으로 유명한 독일의 과학자로는 활판인쇄술을 발명한 구텐베르크, 전류와 전압의 일정한 관계법칙(옴의 법칙)을 만든 물리학자 옴, 대륙이동설을 주장한 알프레드 로타어 베게너, 양자역학을 만든 베르너 하이젠베르크, 원적외선을 발견한 허셀, 그리고 일반 상대성이론을 만든 알베르토 아인슈타인 등을 들 수 있다. 제2차 세계대전 이후 독일의 과학자들이 대거 미국과 소련으로 옮겨가면서 두 나라의 우주산업 등 과학기술이 월등히 발전하기도 했다. 그만큼 독일의 과학기술은 세계적인 수준이었다는 점이 증명되었다. 전쟁 이후 다른 국가로 이탈되는 과학자들을 막고 국가 원동력이 될 과학기술분야를 키우기 위해 독일 정부는 적극적인 정책을 펼쳤다. 과학 연구의 출발이라 할 수 있는 대학과 연구기관에 각종 인재육성정책을 펼쳐 경제적 지원해왔으며, 그 결과 현재 연구와 개발, 교육에 대한 투자 정부예산은 전 세계에서 가장 높다.

독일에는 약 50만 명이 과학연구 분야에 종사하고 있으며 그 중 50%가 과학자나 엔지니어이다. 이러한 노력 덕분인지 노벨상 과학 분야의 수상자는 미국, 영국에 이어 세 번째로 많다.

음악

독일은 예로부터 '음악의 나라'라는 말이 있을 정도로 독일인들의 음악에 대한 사랑은 오래전부터 유명하다. 독일의 왕과 군주의 성에는 늘 작곡가들의 작품이 넘쳐났으며 16세기 종교개혁 이후에는 교회음악 중심으로 민중들에게도 널리 전해졌다. 17세기 바로크 시대 헨델과 바흐에 의해 정점에 이르렀으며 여세를 몰아 18세기 고전파 양식이 유행하던 시기에 등장한 베토벤은 고전파 음악의 대표 작곡가로 이름을 남기게 되었다. 이후 낭만파인 슈만과 바그너, 신고전파인 브람스와 힌데미트 등 세계적인 클래식 음악가들이 탄생하게 되면서 전 세계적으로 근현대 음악에 큰 영향을 미쳤다. 20세기에

| 베토벤의 생가가 있는 본(bonn)의 공공건물인 중앙우체국 앞에 서 있는 베토벤 동상.

들어와서 빌헬름 푸르트벵글러, 헤르베르트 폰 카라얀과 같은 세계적인 지휘자도 등장했다.

음악의 도시답게 주마다 음악제가 열리는 곳이 많다. 주요 음악제로는 베토벤이 태어난 도시 본에서 매년 9월에 열리는 베토벤 축제, 7월 바이로이트에서 열리는 바그너 음악축제, 2월 라이프치히에서 열리는 바흐 음악제, 10월 현대 음악축제인 도나우에싱어 음악제 등이 있다.

ꙮ 연극과 뮤지컬

프랑스, 영국, 이탈리아 등 유럽의 연극은 대개 중세시대 교회의 의식 중 하나였던 종교극으로부터 출발했다. 그러나 독일은 달랐다. 독일 연극의 시작은 16세기 초 사순절 직전 약 일주일간 열리는 사육제(카니발)에서 주로 가볍게 웃고 떠들 수 있는 소재(때로는 폭력적이면서도 음란한 소재까지)를 가지고 대중(시민)들을 상대로 열린 사육제극에서 유래되었다. 축제 기간 동안 전문 배우가 아닌 시장의 상인들이 즉흥적으로 이야기를 지어내 공연을 하거나 이웃 국가에서 원정 온 순회공연단이 정해진 무대나 형식이 공연한 것이다. 18세기 초까지 독일연극은 외국 배우들의 공연(오페라나 순회공연)이나 민중들 사이에 우후죽순 열리는 외설적인 사육제극에 머물렀다. 그러던 중 1720년대 라이프치히 대학 교수였던 요한 고트셰트는 독일연극의 수준을 높이기 위해 프

랑스 연극을 모방하고, 이제까지 사육제극의 주요 소재였던 황당무계한 이야
기와 어릿광대 수준의 배우를 추방하며, 전문적인 배우를 무대에 올리자는
운동을 펼쳤다.

이 같은 운동은 18세기말 산업혁명과 함께 독일 연극의 근대화를 여는
동력이 되었다. 괴테의 〈파우스트〉, 쉴러의 〈발렌슈타인〉등이 연극무대에
오르고 국립극장이 생겨나는 등 역사상 최전성기를 맞이하게 된 독일연극은
19세기 후반 극작가인 카를 게오로크 뷔흐너의 〈당통의 죽음〉과 크리스티안
그라베의 〈돈 후안과 파우스트〉 같은 자연스러운 내용과 형식을 중심으로 한
연극을 통해 독일 특유의 사실주의 연극문화를 만들게 되었다. 그러나 제1차
세계대전 이후에는 사실주의와 정 반대의 개념으로 미술계에서 먼저 시작된
표현주의가 연극계에 영향을 끼치면서 개성 넘치는 젊은 극작가를 중심으로
빠르게 퍼져나갔고, 이후 최초의 서사극(이야기가 아닌 상황을 제시하여 관객 스스
로 극적 진실을 파악하도록 유도하는 연극, 일명 브레이트의 연극)을 만든 베르톨트 브
레이트의 연극이론을 기반으로 독일 현대연극에 새로운 형식을 가져왔다.

독일의 뮤지컬 역사는 약 40여 년 정도이다. 주로 사회문제를 담은 뮤지
컬이 유명하다. 대표 뮤지컬로 〈지하철 1호선〉을 꼽을 수 있다. 1986년 베
를린에서 초연 이후 런던과 파리, 뉴욕 등 전 세계 50여 개 국가에서 초청되
거나 번안되어 공연하였다. 사회 문제를 풍자하기로 유명한 독일 그리프스
극단이 연출을 맡았다. 통일 전 독일의 보통 시민들의 삶을 적나라하게 보여
주며 많은 이들의 사랑을 받았으며 우리나라에서도 〈록 뮤지컬 지하철 1호
선〉으로 번안되어 인기를 끌었다.

✲ 영화

1895년 12월 프랑스의 한 카페에서 뤼미에르 형제가 최초의 영화인 〈열차의 도착〉을 관객들에게 선보였다. 그러나 약 두 달 전 독일 베를린에서 스클라다노프스키 형제가 만든 영사기 비오스코프가 먼저 공개되었다. 하지만 최초의 영사기인 비오스코프는 세간의 주목을 받지 못했고 '세계 최초의 영화'라는 타이틀은 뤼미에르 형제에게 넘겨야만 했다.

독일 영화가 활발한 제작을 시작한 건 공교롭게도 제1차 세계대전 때 무수히 많은 선전홍보영화가 쏟아져 나오면서부터다. 패전 후 독일 영화에도 표현주의 열풍이 불기 시작했는데 로베르트 바네 감독의 〈칼리가리 박사의 밀실〉은 독일 표현주의 영화의 모태로 꼽힌다. 제2차 세계대전 이후 독일 표현주의 영화가 쇠퇴하고 할리우드 영화가 들어오면서 독일영화는 침체기를 맞는다.

그러나 1962년 젊은 영화인들이 모여 발표한 오버하우젠 선언(낡은 독일 영화산업의 종식을 고하는 선언)을 시작으로 독일영화 부흥운동인 뉴저먼시네마를 통해 독일영화는 황금기를 맞이한다. 젊은 영화인들에게 자금을 융자해주는 청년독일영화 관리국이 설립되었으며 정부에서 운영하는 텔레비전 방송사가 영화제작에 나서는 등 경제적 여건을 조성하여 젊은 영화인들이 활발한 영화제작을 할 수 있는 구조를 마련한 것이다. 이 시기에 대표적인 감독으로는 빔 벤더스, 알렉산더 크루게, 파스빈더 등이 있다. 이후 세계 3대 영화제로 꼽히는 베를린영화제를 중심으로 정부 기관인 연방영화진흥청(FFA)을 통해 독일영화의 제작 및 홍보를 적극 지원하고 있다.

CHAPTER 6 독일의 문화와 생활

🌿 국경일과 공휴일

독일의 국경일로는 1월 1일 새해 첫날을 기념하는 신년, 동독과 서독이 통일된 10월 3일 '통일 기념일'이 있다. 독일의 공휴일은 4월 13일 부활절, 5월 1일 노동절, 5월 21일 예수승천 대축일, 6월 1일 성령강림절, 11월 1일 성인들을 기리는 만성절, 11월 18일 속죄일, 12월 25일~26일 크리스마스 휴일이 있다. 독일인들은 공휴일이면 집에서 가족들과 시간을 보내는 것을 선호한다. 상점이나 관공서는 국경일과 공휴일에 문을 열지 않는다.

🌿 예절

길을 가다가 부주의로 타인과 부딪혔다면 반드시 사과해야 한다. 만일 아무 말 없이 간다면 굉장히 예의 없다고 여긴다. 쇼핑할 때도 점원의 인사를 받지 않으면 무례하다고 여긴다. 악수할 때 먼저 여성에게 청한다. 악수를 할 때에는 손을 위에서 아래로 내리지 않는다. 처음 만나는 사람에게 신상(나이,

가족관계, 직업 등)을 물어보는 것은 예의에 어긋난다. 공공장소에 출입할 때는 뒷사람을 위해 문을 잡아주는 것도 예의라 생각한다.

외식할 때는 일반적으로 음료부터 주문한다. 음료를 가져오는 동안 음식을 고르고 음료를 가져왔을 때 음식을 주문하는 것이 순서이다. 종업원을 수시로 부르거나 음식을 재촉하는 것은 예의에 어긋난다. 종업원을 부르고 싶다면 손짓이나 눈짓으로 신호를 보낸다. 식사할 때에는 음식을 먹을 때 쩝쩝거리는 소리를 내지 않는다. 또한 식사 중에 콧물이 나오면 훌쩍이지 말고 그자리에서 풀도록 한다. 식당에서 아이가 소란을 피우면 식사를 멈추고 아이를 데리고 밖으로 나간다.

| 마인 강변 카페 테라스에서 와인을 즐기는 사람들. 햇볕을 즐기며 와인을 마시는 것은 독일 사람들에게 큰 즐거움 가운데 하나다.

독일인은 외국인이 나치나 히틀러에 대해 이야기하는 것을 굉장히 민감하게 받아들인다. 외국인이 나치의 문양인 하켄크로이츠가 그려진 옷을 입거나 장식물을 부착하는 것도 도발적으로 보일 수 있다.

습관

제 1, 2차 세계대전을 겪은 독일인은 지독할 정도로 아껴 쓰는 습관이 몸에 배어 있다. 독일에는 오래된 건물이 많고, 가구나 옷가지도 조상 대대로 물려받아 낡은 것을 그대로 사용하는 것을 자랑스럽게 여긴다. 생필품 등도 되도록 아껴 쓰고 버리지 않으며 지역마다 벼룩시장이 활성화되어 있다. 다른 나라보다 하수처리 비용과 쓰레기 수거 비용이 비싼 독일에서는 분리수거를 철저히 하고 되도록 쓰레기가 발생하지 않도록 한다. 또한 거리의 가로수나 도로의 풀 한 포기도 허가 없이 꺾거나 뜯지 않는다.

독일인은 약속을 매우 중요하게 여기며 특히 공공 규정을 철저히 준수한다. 일상생활에서도 시간을 잘 지키며 약속을 어기면 굉장히 예의 없는 사람으로 낙인찍힌다. 독일에서는 예약문화가 발달해 있다. 교통부터 숙박, 식당, 공연 등 미리 예약을 하고 제시간에 맞춰 입장하는 것이 일상화 되어 있다.

독일인의 독서 습관 또한 잘 알려져 있다. 지하철역 자판기에선 일회용 책도 뽑을 수 있을 정도로 어디서나 책을 접할 수 있다. 독일 국민은 휴가를 위해 일을 한다고 할 정도로 휴가를 꼬박꼬박 챙긴다.

속담

독일의 속담에는 '담대하게 모험한 것은 절반은 이긴 것이다', '행운과 불행은 이웃이다', '정직함이 가장 오래간다', '인내는 악마도 먹어 치운다', '성격은 오래 계속된 습관이다', '소인은 큰 말을 타고 으스댄다', '썰물과 밀물은 사람을 기다리지 않는다', '질투가 없는 곳엔 사랑도 없다', '가시 없는 장미는 없다', '여인숙에 가까울수록 갈 길은 멀다', '모든 말은 제 짐이 무겁다고 생각한다', '청하지 않는 자에게 충고하지 마라', '말이 적을수록 더 좋은 기도이다', '상처는 모욕보다 훨씬 빨리 잊힌다', '심판자는 똑같은 귀를 두 개 가져야 한다', '꿈은 사람이 깨어 있을 때 원하던 것을 준다', '사람은 많은 것을 하지만 돈은 모든 것을 한다', '꾸준하게 일을 하는 것은 유혹을 막는다', '행운은 때때로 바보를 찾아오지만, 결코 옆에 앉지 않는다' 등이 있다.

축제와 문화행사

16개의 주가 독립된 역사와 문화를 가지고 있는 독일은 각 지역의 아름다운 자연을 바탕으로 다양한 축제와 문화행사가 이루어진다. 매년 9월 셋째 주 토요일부터 16일간 열리는 옥토버페스트는 바이에른의 주도, 뮌헨에서 열리는 맥주 축제이다. 세계 최대의 맥주 축제인 옥토버페스트는 1810년 프로이센왕 빌헬름 1세의 축하연자리부터 시작되어 오늘날에는 뮌헨의 대표 맥주 회사들이 축제를 후원하며 세계적인 축제로 발전했다. 축제 기간에 제공되거나 판매되는 맥주는 일반 맥주보다 알코올 함량이 높은 것이 특징이다.

매년 11월 11일 11시 11분 독일 쾰른을 비롯해 각 지역에서는 사육제가 시작된다. 부활절부터 40일 전까지를 금식과 금욕기간으로 정하고 이 기간을 사순절이라 하는데 사순절이 시작되기 직전 금식을 대비하여 신나게 먹고 마시며 즐기던 축제가 바로 사육제다. 사육제의 하이라이트는 가장행렬이다. 중세시대 사육제 기간에 마을의 어려운 백성들이 가면을 쓰고 축제에 합류하여 귀족을 비판하고 조롱하면서 시작된 가면 놀이가 오늘날 흥겨운 가장행렬

| 매년 10월에 열리는 프랑크푸르트 북 메세는 세계 최대의 책 잔치다.

로 바뀐 것이다. 매년 6월 말에 개최되는 뮌헨 오페라 페스티벌은 독일에서 가장 큰 오페라 행사로서 30여 편 이상의 오페라 공연이 한 곳에서 펼쳐진다. 매년 10월 프랑크푸르트 암마인에서 열리는

| 북 메세에서는 현존하는 세계의 모든 책 정보를 접할 수 있다.

프랑크푸르트 도서전은 세계에서 가장 크게 열리는 국제 도서전이다. 세계 각국의 출판사들이 모여 신간을 소개하고 교류가 이루어지는 책 축제다. 베를린페스티벌은 특이하게도 1년 내내 열리는 국제 문화축제다. 미술, 음악, 공연 등 베를린 전역에서 보고 듣고 즐길 수 있다. 행사 일자는 공식홈페이지

를 통해 공지한다.

✿ 음식과 식문화

독일의 음식은 다른 유럽 국가에 비해 조리법이 간단하다. 음식도 필요한 만큼 만들어 먹기 때문에 독일의 집에서 주방이 차지하는 공간이 작은 편이다. 그러나 16개 주 고유의 역사가 깊은 만큼 요리법 역시 각각 다르기 때문에 다양한 종류의 음식이 있다. 독일의 대표 전통음식으로는 학센, 브라트부르스트, 슈니첼 등이 있다. 학센은 동물의 발목 부분(우리나라의 족발에 해당)

| 독일의 축제나 비어하우스에서 빠지지 않는 메뉴, 독일식 족발요리인 학센.

을 맥주를 발라 뼈와 함께 찐 다음 다시 구워낸 요리로 사우어크라우트(우리나라의 김치와 유사한 음식)나 으깬 감자를 곁들여 먹는다. 돼지다리로 요리한 것은 '슈바이네 학센', 멧돼지 다리로 요리한 것은 '빌트슈바인스 학센', 송아지 다리로 요리한 것은 '칼프스 학센'라고 한다. 학센과 비슷한 요리로 아이스바인이 있다. 아인스바인은 돼지의 정강이 부분을 삶는 요리다. 조리 방법만 놓고 보자면 아인스 바인은 삶기만 하고 학센은 삶은 다음 굽는 과정을 한 번 더 거친다.

브라트부르스트는 독일의 소시지 요리다. 브라트는 독일어로 튀긴다는 뜻이며, 부르스트는 소시지라는 뜻이다. 독일의 브루스트 종류는 고기의 부위와 조리방법에 따라 1,500여 가지가 넘는데 그중에서도 브라트부르스트는 조리를 하지 않은 상태, 즉 요리라기보다는 요리의 재료에 가깝다. 브라트부르스트는 지방에 따라 고유의 방법으로 요리하는데 프랑크푸르트 지역에서는 돼지고기를 브라트부르스트 상태로 만들어 훈제과정을 거쳐 프랑크푸르터 뷔르스트헨이란 요리로 즐겨 먹는다. 프랑크푸르트에서 나는 재료와 방식으로 만들어야만 프랑크푸르터 뷔르스트헨이라는 이름을 붙일 수 있다. 바이에른 주에서는 바이스부르스트를 즐겨 먹는다. 특유의 양념을 한 송아지 고기와 돼지고기를 섞어 만든 흰 소시지로 뮌헨에서 처음 만들어 먹기 시작했다. 옥토버페스트에서 맥주 다음으로 가장 인기 있는 음식으로 꼽힌다. 튀링거브라트부르스트는 튀링겐 지역에서 즐겨 먹는 부르스트이다. 고기에 매운 양념을 넣고 갈아 만든 소시지로 주로 구워 먹는다.

슈니첼은 고기를 곱게 다져 빵가루를 묻혀 튀긴 요리로 우리나라의 돈가스와 흡사하다. 독일을 비롯해 오스트리아에서도 즐겨 먹는 요리로 독일의 슈니첼은 예거슈니첼, 오스트리아의 슈니첼은 비너슈니첼이라고 부른다. 고기는 돼지고기나 닭고기를 사용할 수 있지만, 독일 동부지방에서는 송아지고기로 만든 요리에만 슈니첼이라는 이름을 붙인다.

독일은 맥주의 종류가 약 6,000여 종이 넘으며 독일의 16개 주 어디나 맥주 양조장이 있을 정도다. 지역마다 온도, 수질, 생활 방식에 따라 다양한 방법으로 양조되고 있는데 그럼에도 독일 맥주하면 세계 최고로 꼽히는 이유는 바로 16세기 빌헬름 4세 때부터 엄격하게 지켜온 〈맥주순수령〉 덕분이다. 맥주순수령이란 맥주를 양조할 때 물, 이스트, 효모만 넣을 수 있으며 만일 이 세 가지 재료 외에 다른 재료가 들어갈 경우 독일 맥주로 불리지 못하도록 하는 규정이다. 19세기 초부터는 홉이 추가되었다. 독일에서는 맥주양

조기술자(브라우마이스터)를 좋은 직업군으로 꼽을 정도로 맥주에 대한 애정이 각별하다.

독일의 아침은 주로 빵과 튀링거 레버부르스트에 커피나 우유를 마신다. 빵은 지역에 따라 다르지만 주로 폴콘브로트(홉으로 만든 빵)를 먹는다. 레버부르스트는 동물의 간으로 만든 소시지로 잼처럼 발라 먹을 수 있다. 점심은 스프나 감자요리 혹은 가볍게 터키인들의 주식이었던 되너케밥이나 카레부르스트(카레 맛 소시지)를 먹는다. 점심은 되도록 따뜻한 음식을 먹는 걸 좋아한다. 저녁 식사는 집에서 가족들이 모여서 함께 한다. 독일은 외식문화가 발달하지 않아서 상대적으로 가정식 요리가 발달했다. 저녁 식사 할 때는 물보다 맥주를 많이 마시는데 14세가 되면 부모가 동의할 경우 자녀들도 맥주를 마실 수 있다.

스포츠

독일이 스포츠 강국으로 떠오른 이유는 아마도 전 국민의 스포츠 생활화 덕분이 아닐까 싶다. 독일 전역에 스포츠클럽이 운영된다. 스포츠클럽은 국민 3명 중 1명꼴로 가입할 정도로 엄청난 회원 수를 자랑한다. 남녀노소 누구나 가입할 수 있으며 대개 가족 모두 가입하는 경우가 많다. 취향에 맞게 종목을 선택할 수 있으며 단순한 운동 목적을 넘어 스포츠클럽을 중심으로 마을단위의 친목이 가능하다. 스포츠클럽에 가입하지 않았다고 해도 지역에는 동네마다 운동시설(축구장, 테니스장, 수영장 등)이 개방되어 있어 예약만 하면 누구든 이용할 수 있다. 게다가 일정크기 이상의 공원 옆에는 체육시설이 마련되어 있어 전국 어디서나 집에서 10분 이내에 스포츠를 즐길 수 있게 되어 있다.

스포츠의 생활화는 자연스럽게 스포츠에 열광하는 문화를 이끌었다. 특히 축구는 독일에서 가장 인기 있는 종목이다. 독일 축구클럽에 등록된 선수 회원만도 530만 명이 넘는다. 독일의 축구 대표 팀은 '전차 군단'이라는 별명답게 월드컵을 비롯해 세계 대회에서 뛰어난 실력을 입증해 냈다. 독일 축구는 뛰어난 조직력과 팀워크, 빈틈없는 수비력 등이 가장 큰 특징이다. 역대 월드컵에서 총 4회 우승으로, 5회 우승한 1위 브라질과 박빙이다. 독일의 프로축구 리그인 분데스리가는 1부와 2부로 구성된 리그로 각각 18개 팀이 소속되어 있다. 분데스리가란 'Bundes(연방)'와 'Liga(리그)'가 합해진 말로 5개 지역의 리그로 나뉜다. 최강의 팀은 FC바이에른 뮌헨으로 분데스리가 우승 24회에 독일컵 우승 17회의 저력을 자랑하고 있다.

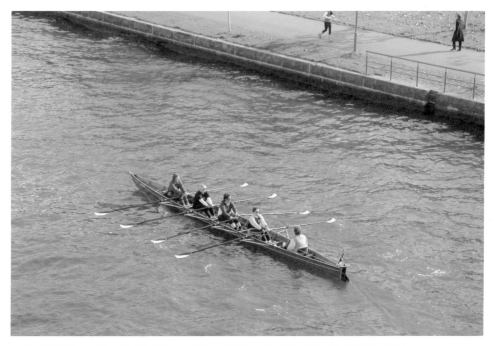

| 독일 사람들에게 스포츠는 일상이다. 공원이나 강변에서 운동을 즐기는 사람을 보는 것은 아주 흔한 일이다.

A U S T R I A

비너슈니첼

모차르트

멜크 수도원

슈테판 대성당

사운드오브뮤직

비트겐슈타인

오스트리아

Austria

체코

독일

슬로
바키아

리히텐슈타인

오버외스터라이히   니더외스터라이히   빈

부르겐란트

포어아를
베르크   티롤   잘츠부르크   슈타이어마르크   헝가리

스위스

케른텐

슬로베니아

이탈리아   크로아티아

N
W   E
S

아드리아 해

오스트리아

18, 19세기 음악의 거장 모차르트, 베토벤, 슈베르트, 하이든의 공통점은 무엇일까? 그중 하나는 바로 그들이 오스트리아에 살았다는 것이다. 오스트리아는 음악가 모차르트와 요한 스트라우스의 고향이자, 독일 출신의 베토벤이 마지막에 숨을 거둔 곳이기도 하다. 때문에 오스트리아는 음악가라면 누구나 꿈꾸는 낭만의 도시이자 음악의 본고장으로 널리 알려져 있다. 또한 세계적으로 큰 영향을 미친 미술가 클림트, 제2차 세계대전의 주범인 히틀러의 고향으로도 유명하다.

오스트리아의 정식 명칭은 오스트리아공화국(Republic of Austria). 흔히 같은 독일어를 사용하고 독일계 주민이 많은 이유로 오스트리아를 독일과 같은 국가였다고 생각하는 경우가 많지만, 이는 사실과 다르다. 독일과 같은 신성로마제국이란 명칭으로 있었지만, 오스트리아는 신성로마제국이 해체되고 독일이 통일될 때 빠지면서 '동쪽 제국(eastern empire)'이라는 뜻의 오스트리아라는 이름으로 독자 노선을 걸어왔다. 또한 히틀러가 전쟁을 일으키던 당시 잠시 독일에 무력으로 강제 합병되긴 했지만, 2차 대전이 끝난 뒤 다시 독립을 이루는 등 본래부터 다른 나라라는 의식이 강하다.

오스트리아란 나라는 합스부르크 왕조로부터 이어지는 역사와 모차르트와 베토벤으로 대표되는 고전음악에 대한 자부심이 강하며, 탄탄한 중소기업을 바탕으로 한 첨단기술 강국, 수출 강국으로서 자국에 대한 긍지가 강한 편이다. 특히 철강, 자동차부품, 제약, IT 장비 등 부문에서 숙련된 노동력을 기반으로 경제를 발전시켜 총매출액 중 수출비율이 80%를 웃돌고 있기도 하다. 이러한 밑바탕 덕분에 최근 유럽 전체가 경제 위기를 겪는 과정에서도 오스트리아는 EU 국가중 가장 낮은 실업률을 기록하며 경제성장을 지속시켜올 수 있었다.

한편 오스트리아는 대한민국과 많이 닮아있다는 점에서 최근 주목받고 있기도 하다. 경제적으로 대외의존도가 매우 높은 국가로서 국가가 적극적인 수출 장려정책을 펴고 있는 점, 그리고 역사적으로 외세의 영향을 많이 받았던 점이 그것이다. 특히 역사적 관점에서 보면, 유럽지역 동서 교차로에 자리한 오스트리아는 2차 세계대전 이후 전승국들에 의해 분할 점령된바 있으며 공산화의 위협을 크게 받았던 점에서 우리와 크게 유사하다. 그런 만큼 오스트리아는 우리나라의 발전 모델로 비교되고 있기도 한 국가이다.

오스트리아는 이렇듯 외세에 휘둘리던 과거를 뒤로하고자 1955년 헌법을 통해 중립정책을 명시했고, 이후 다양한 국제기구들을 유치하는 등 이념적 자유를 택했다. 이에 따라 수도 빈(Wien, 영어명 Vienna)은 뉴욕, 제네바와 함께 세계 3대 국제기구 소재 도시가 되었는데, 국제원자력기구(IAEA), 유엔공업개발기구(UNIDO), 포괄적핵실험금지조약기구(CTBTO), 유엔상거래법위원회(UNCITRAL), 유엔외기권사무소(UNOOSA) 등을 포함하고 있는 유엔비엔나사무소(UNOV), 유엔마약범죄사무소(UNODC), 유럽안보협력기구(OSCE) 등 주요 국제기구가 소재하고 있으며 세계적으로 그 위상을 인정받고 있다. 그렇다면 오스트리아의 어떤 사회, 역사, 예술, 문화적 배경이 이러한 저력의 바탕이 되었을까.

자연환경

오스트리아는 국토의 약 2/3가 알프스 산지로 이뤄져 있다. 그만큼 평지가 적으며 알프스 산지는 다시 도나우 강과 그 지류인 인 강, 무르 강, 드라바 강 등이 흐르면서 생긴 골짜기에 의해 국토가 삼분(三分)된 모양을 하고 있다. 이는 각각 북알프스, 중앙알프스, 남알프스로 불리는데, 중앙알프스는 화강암, 편마암, 운모편암 등의 암석으로 이루어지며 남북의 산악지대는 주로 석회암 지대로 각각 북석회암 알프스, 남석회암 알프스라고 불리고 있다.

최고봉은 3,798m 높이의 그로스글로크너 산이며 알프스의 산은 빙하지

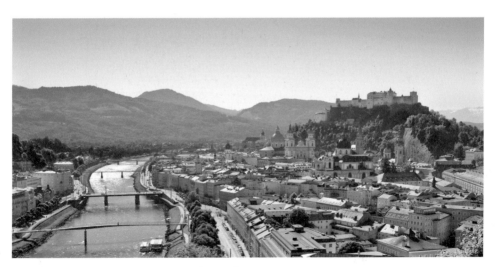

| 오스트리아의 서부에 있는 공업도시인 잘츠부르크(Salzburg).

형이 아직도 많이 남아 있다. 도나우 강의 북쪽 지대는 보헤미아 숲의 일부이며 빈 북동쪽의 200~400m 가량 되는 낮은 구릉지는 카르파티아 산맥과 연속해서 이어지고 있다. 잘츠부르크와 빈 사이의 구조선은 구릉지로 알프스 빙하가 이루어놓은 빙퇴석(빙하에 의해 운반되어 하류에 쌓인 돌무더기) 지대다.

한편 오스트리아의 날씨는 쾌적한 편이다. 여름에는 시원하고 겨울에는 따뜻한 편이며 7월 평균기온은 19℃, 1월 평균기온은 0.4℃ 정도로 쾌적한 온도를 유지한다. 특히 7월 한여름에도 한낮기온이 24℃ 정도를 유지해 우리나라에 비해 크게 높지는 않은 편이다. 연 강수량은 691mm 내외로 여름에 많이 내린다.

오스트리아의 국민성

국경을 맞대고 있는 스위스와 오스트리아는 국민성이 정반대라 할 수 있다. 스위스가 솔직함을 미덕으로 여기는 반면 20~30개국의 사람들이 모여 있는 오스트리아는 솔직하면 손해를 본다고 믿는다.

반면 스위스인들과 유사한 측면도 있다. 스위스와 마찬가지로 오스트리아는 질서 의식이 높은 나라로도 유명한데 어렸을 때부터 남에게 폐를 끼치거나 양심을 속이는 행동을 하지 않도록 교육하는 나라로도 잘 알려져 있다. 지나치다 싶을 만큼 예의와 관습, 전통을 중요시하는 편인데 일례로 오스트리아 사람들은 특별한 경우가 아니면 사람들을 집으로 초대해서 파티를 여는 일은 거의 없으며 밖에서 만나는 게 일반적이다.

오스트리아 사람들은 인생에 대해 매우 느긋하고 낙천적인 태도를 취하는 것으로 유명하다. 어렵고 힘들고 좌절하는 상황에서도 언제나 밝은 모습을 가지고 살아가는 편이다. 이것이 바로 오스트리아 사람들의 국민성을 단적으로 보여주는 표현이라 할 수 있다. 오스트리아 사람들은 인내심이 강해 어떤 일이든 참고 기다리는 일에 익숙하다. 건물이나 지하철 공사를 할 때도 서둘러 끝내기보다는 시간이 걸리더라도 완벽하게 일을 마무리 짓는 편이다. 오스트리아 사람들은 대체로 호기심이 많으며, 새로운 것을 배우는데 두려움 이 적은 편이다.

오스트리아의 언어

오스트리아의 공식 공용어는 독일어다. 하지만 국민 대다수는 영어를 구 사한다. 지역적으로 슬로베니아어, 헝가리어, 크로아티아어도 쓰이고 있다. 이 나라는 프랑스어사용국기구(프랑코포니)의 참관국이기도 하다. 역사적으로 오스트리아-헝가리 제국의 영토가 되기도 했던 발칸 반도에서 이주한 사람 들의 영향으로 알바니아어, 루마니아어, 세르비아어를 포함한 발칸 반도 쪽 의 언어도 많이 쓰이고 있다. 러시아어와 영어도 쓰이지만, 영어 쪽이 더 많 이 사용된다.

오스트리아 공립학교에서는 영어 교육도 철저히 하고 있는데 영어 과목 이외의 수업 시간에 '영어로 말하는 규칙'을 세운 게임을 진행하는 등 흥미를 유발할 수 있는 다양한 장치를 통해 교육하고 있다. 이때 아이들은 게임으로 영어를 배우기 때문에 즐겁게 수업에 임하는 편이다.

오스트리아의 종교

오스트리아는 여러 종교가 함께 공존하고 있는데 그중에 가장 주된 종교 는 로마가톨릭교(73.6%)이다. 이외에도 개신교(4.7%), 이슬람교(4.2%)를 믿는 사람들도 있다. 중세 유럽에서 종교개혁 물결이 크게 일어나고 있을 때 오스트리아 역시 그 영향을 크게 받은 바 있다. 즉, 로마의 성베드로 성당 건축비용을 조달하기 위해 교황이 면죄부를 팔아 돈을 모을 당시 마틴 루터는 1517년 95개 조 반박문을 내걸고 종교개혁을 부르짖었고, 때마침 구텐베르크의 금속 활판 인쇄술이 등장하며 더욱 큰 파장을 몰고 왔다. 성경이 독일어로 번역되면서 대중들은 성경을 직접 접하게 되었는데 이를 통해 교황의 위선이 널리 알려지는 계기가 됐다. 이후 독일의 일부 제후들은 종교개혁에 동조했으며 신교와 교황(가톨릭) 사이의 갈등도 커졌다.

이런 혼돈의 시기에도 불구하고 오스트리아의 가톨릭은 막강한 파워를 가지고 있었다. 종교개혁을 부르짖는 시끄러운 시기에 오스트리아 잘츠부르크에서는 1606년 볼프 디트리히 잘츠부르크 대주교가 사랑하는 살로메를 위해 거대한 규모의 미라벨 정원을 지을 정도로 대담했다. 심지어 오스트리아의 바로크 수도원 중 가장 큰 규모를 자랑하고 있는 멜크 수도원은 종교 갈등의 시기에 로마 가톨릭의 본거지이자 종교개혁에 대항하는 요새 역할을 하기도 했다. 결국 유럽의 종교 갈등은 30년 전쟁으로 터졌고 1618~1648년 사이에 벌어진 이 전쟁으로 독일과 오스트리아 땅은 전쟁터가 되기도 했다. 이는 당시 인구의 1/3이 사망하는 대참사였다. 이후 아우구스부르크화의(和議)가 맺어져 개신교의 신앙은 정식으로 인정받게 되었고, 오랜 갈등에 시달리던 오스트리아는 인권과 통합을 부르짖으며 영세중립국(永世中立國, permanently neutralized state)으로 발전하는 계기가 되기도 했다.

CHAPTER 2 오스트리아의 지리와 도시들

오스트리아는 지정학적으로 위도는 동경 13° 20′, 북위 47° 20′에 자리 잡고 있다. 면적은 8만 3,855 km², 인구는 850만(2015년 현재)명, 수도는 빈이다. 포어아를베르크, 티롤, 잘츠부르크, 케른텐, 니더외스터라이히, 슈타이어마르크, 오버외스터라이히, 빈, 부르겐란트 등 9개의 연방 자치주로 이루어져 있다. 동유럽과 서유럽을 잇는 지점에 위치한 만큼 여러 국가와 인접해 있는데, 동쪽으로는 헝가리와 슬로바키아, 서쪽으로는 스위스와 리히텐슈타인과 경계해 있으며, 북쪽으로는 독일·체코, 남쪽으로 슬로베니아·이탈리아와 경계를 접하고 있다.

오스트리아 9개 자치주 중에서도 가장 작은 주는 빈이다. 영어로는 비엔나라고도 불리는 이곳은 음악의 도시로

| 빈 국립 오페라 극장은 파리의 오페라 극장, 밀라노의 스칼라 극장과 함께 유럽 3대 오페라 극장이다.

서 국립 오페라 극장이 유명하며 각종 국제기구(국제 원자력 기구(IAEA), 유엔 산업 발전 기구(UNIDO) 등)가 위치해 있기도 하다.

그런가 하면 오스트리아에서도 가장 서쪽 끝에 위치해 있는 포어아를베르크 주는 농업과 공업이 고루 발달하여 있는 곳이다. 날씨가 따뜻한 편으로 인구밀도가 높은 곳이기도 하다. 스위스와 국경을 이루고 있는 이곳은 주민들 대다수가 스위스와 강한 연대성향을 보이고 있어서 1차 세계대전이후 오스트리아공화국이 출범할 당시 주민 대다수가 스위스 편입을 찬성한 역사도 있다.

반대로, 오스트리아의 가장 동쪽에 위치한 자치주는 부르겐란트 주다. 동쪽으로 헝가리와 인접해 있는데, 1차 세계대전이 끝나고 오스트리아-헝가리 제국이 해체되면서 오스트리아에 편입된 곳이다. 독일어를 주로 사용하는 오스트리아 중에서도 헝가리어, 크로아티아어 등 독일어 외의 언어를 사용하는 주민이 가장 많은 곳이기도 하다.

오스트리아 남부에 위치하며 드라바 강이 흐르는 케른텐 주는 오래전부터 유럽의 남부와 북부를 연결하는 교통로 역할을 해왔으며 아름다운 경치 덕분에 관광업도 발달해 있는 지역이다. 드라바 강 인근에서는 농업도 크게 발달해 있다.

이밖에 알프스 한가운데 자리 잡고 있으며 각종 스포츠가 발달해 동계올림픽이 열리기도 했던 티롤 주는 2,000~3,000m의 높은 봉우리에 둘러싸여 있어 이들 산을 이용한 스키장이 많이 발달해 있기도 하다. 잘츠부르크 주는 모차르트의 고향으로 관광객들이 특히 많은 곳이며 슈타이어마르크 주는 숲이 많기로 유명하다.

CHAPTER 3 오스트리아를 대표하는 관광지

세계적으로 여행을 즐기는 인구가 10억 명이 넘으며 관광산업은 전 세계적으로 약 7조 달러의 경제 가치를 차지하고 있다. 미래사회에서는 점점 더 삶의 질과 여유를 중시하기 때문에 이러한 관광산업이 더욱 중요시될 것으로 예상되는데, 그 가운데 오스트리아는 음악의 본고장으로서 풍부한 문화유산 덕분에 문화·관광산업에서 돋보이는 국가라고 할 수 있다. 특히 로마 시대의 각종 유적은 물론 시대를 대표하는 회화작품, 고딕·바로크 양식 등 시대를 대표하는 건축물은 오스트리아의 관광산업을 활성화시키는 큰 역할을 하고 있다. 때문에 오스트리아는 스위스 못지않게 관광 수입이 많은 국가로 꼽히는데 관광업이 국내총생산에서 차지하는 비중이 무려 8.7%(2006년 기준)로 유럽연합(EU)국가 중 제일 높을 정도다.

슈테판 대성당, 쇤브룬 궁전, 멜크 수도원 등은 이미 세계적인 유적지로 통하며 전 세계인을 감동시킨 뮤지컬 〈사운드 오브 뮤직〉의 배경이 된 잘츠부르크 등의 도시들은 해마다 수많은 관광객을 유혹하고 있다.

이렇게 관광 산업이 크게 발달할 수 있었던 데에는 편리한 교통도 한 몫했다. 시민들은 철도보다 주로 버스를 많이 타는 편인데, 특히 빈에서부터 잘츠부르크, 인스브루크에서 이탈리아까지 자동차 전용도로가 있어 편리하게 이용할 수 있다.

✤ 빈

오스트리아의 수도인 빈은 세계적으로 아름다운 음악 도시로 유명하다. 특히 부드러운 커피의 본고장으로서 커피 마니아층의 큰 지지와 명성을 얻고 있는 곳이기도 하다. 또한 도시의 절반 이상이 정원, 공원, 숲 등의 녹지대가 조성되어 있어 경관이 뛰어날 뿐만 아니라 시내에 넓은 포도밭과 와인 생산지가 위치해 있는 등 독특한 전원풍 분위기로 큰 인기를 얻고 있다.

수도 빈에서도 첫 번째로 꼽히는 관광지는 바로 합스부르크 왕가의 여름 궁전인 쉰브룬 궁전이다. 마리아 테레지아 여황제의 명으로 1744년~1749

| 마리아 테레지아 왕후의 숨결이 담긴 쉰브룬 궁전의 정원. 아름다운 바로크 정원으로 넵튠의 샘과 로마 유적 등이 있다. 유네스코 세계문화 유산으로 등재된 곳이다.

년에 건축된 이곳의 특징을 한마디로 요약하면, '아름다운 정원'과 '화려한 실내장식'으로 표현할 수 있다. 합스부르크 왕가의 여름 궁전은 현관 건물, 중앙 건물, 글로리에떼(대 프로이센 전쟁 승리 기념탑), 아름다운 정원과 숲(총 18㎢) 등으로 구성되어 있는데, 특히 궁전 안의 실내 장식은 로코코 양식이 돋보이는 무려 1,441개의 방이 들어서 있다. 이 중에서 실제 일반인들에게 공개된 곳은 41개에 불과하다. 유명한 방으로는 붉은 장미 목재로 장식된 '백만 금의 방', 국빈을 접대할 때 사용되던 '대무도 회장' 등이 있으며, '거울의 방'은 모차르트가 6세 때 마리아 테레지아 여황제 앞에서 연주했던 곳으로 당시 또래였던 마리 앙투아네트 공주에게 청혼했던 일화가 전해진다.

빈을 이야기할 때 빼놓을 수 없는 또 다른 명소는 바로 슈테판 성당이다. 슈테판 성당은 오스트리아 최고의 고딕 양식 건축물로 꼽히는데, 높은 예술성으로 '빈의 혼(魂)'이라 불리기도 한다. 특히 25만 개의 벽돌로 지어졌다는 모자이크 지붕과 세계에서 세 번째로 높은 137m의 첨탑이 특징적인데, 이곳은 모차르트의 결혼식(1782)과 장례식(1791)이 있었던 장소이기도 하다.

이 밖에 빈의 주요 명소로는 슈테판 성당을 중심으로한 약 4km의 링 도로(Ringstrasse)가 있다. 빈 중심부인 구시가를 둘러싸고 있는 5각형의 환상형 도로를 '링 도로'라고 하는데 국립 오페라극장, 아테네 여신상으로 유명한 국회의사당, 시청, 빈 대학 등 볼만한 건물들이 밀집해 있기 때문이다.

한편, 빈은 특히 세계적인 음악 도시로서 명성이 높다. 모차르트, 베토벤, 하이든, 브람스, 말러와 같은 유명한 작곡가들이 주로 활동한 무대가 빈이며, 빈에서 태어난 인물로는 요한 슈트라우스 부자, 슈베르트, 쇤베르크, 베르크 등이 있다. 이 밖에도 브루크너, 아이넴, 칼만, 안톤 카라스, 리스트, 프란츠 슈미트, 비발디 등 수많은 음악가의 흔적을 느낄 수 있기도 하다. 이

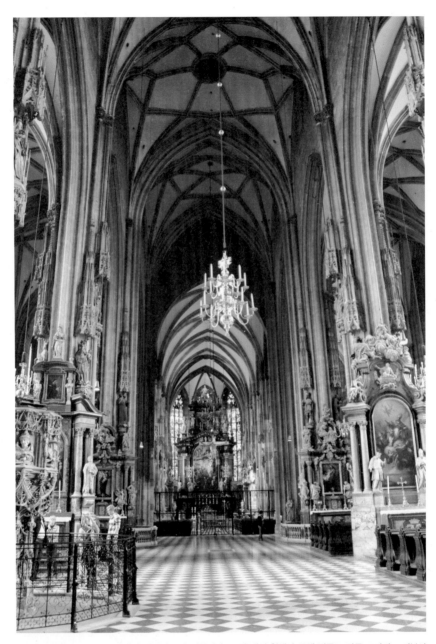

| 슈테판 성당의 내부. 오스트리아 최대의 고딕 건물이다. 25만 개의 청색과 금색 벽돌로 만든 모자이크 지붕이 특히 장관이다.

상식으로 꼭 알아야 할 **유럽**

| 빈 시가지 풍경. 빈은 도나우 강 상류에 위치한 유럽의 고도(古都)로서 베토벤과 모차르트 등의 유명 음악가를 배출한 음악의 고향이다.

처럼 수준 높은 음악 도시답게 국립 오페라극장도 큰 볼거리로 꼽힌다. 1869년 궁정 오페라극장으로 세워진 이곳은 파리, 밀라노 극장과 더불어 유럽 3대 오페라극장으로 꼽히고 있으며 르네상스 양식의 건축물이지만 내부는 로코코 양식으로 세워져 있어 그 매력을 더하고 있다. 빈에 위치한 50여 개의 극장 가운데 오페라하우스는 4곳이며, 나머지는 기타 무대 예술극장들이다.

빈은 유럽의 도시 중에서 가장 먼저 커피 문화를 받아들인 곳으로 커피 애호가들이 그 맛과 향을 즐기기 위해 찾고 있기도 하다. 도시 곳곳에 커피를 파는 카페들이 자리 잡고 있는데 19세기 말의 고풍스러운 문학 카페의 전통이 남아 있는 것이 특징이다.

✤ 할슈타트

수도 빈 외에 관광객들이 많이 찾는 도시 중 하나는 빈에서 기차로 4시간 거리에 있는 할슈타트다. 이곳이 유명한 이유는 무엇보다 수려한 경관에 있다. 할슈타트 역에 내려 마을에 도착하기까지 호수를 가로질러야 하는데 이때 보이는 호수와 산이 말 그대로 그림 같은 풍경이기 때문이다. 오스트리아의 대표적 휴양지인 잘츠카머구트에서도 할슈타트 호수의 경관은 손에 꼽을 정도인데, 때문에 '잘츠카머구트의 진주'라는 찬사가 따르기도 한다.

호수뿐만 아니라 마을의 집들 또한 독특하다. 배에서 내려 호수 옆길로 들어서면 꽃으로 주민들이 직접 꾸민 집들이 나타나는데 이 모습 또한 관광객들에게는 또 하나의 볼거리가 되고 있다.

| 할슈타트의 'hal'은 고대 켈트어로 '소금'이란 뜻이다. 세계 최초의 소금광산이 위치하는 곳이 할슈타트다.

한편, 할슈타트는 소금과 연관이 많은 곳이기도 하다. 아예 '소금 마을'로도 불린다. 할슈타트의 할(hal)은 소금을 뜻하는 고대 켈트어로, 예로부터 이곳에 소금광산이 있었기 때문이라고 한다. 이 소금광산은 고대 로마 이전에 생긴 것으로 추정되는데 오스트리아에서 사람이 산 가장 오래된 흔적도 여기서 발견돼 역사적인 가치 또한 높은 곳이다. 빙하시대 전에 침수된 지역으로서 산골짜기까지 해수면에 잠겼다가 시간이 흘러 차츰 바닷물이 모두 빠진 후 동굴과 골짜기 깊은 곳까지 소금이 스며들어 만들어졌다고 한다.

도심 위쪽에는 세계 최초의 소금광산이 있는데 이곳은 무려 BC 2000년경 만들어진 것으로 알려져 있으며 마을 뒤편 다흐슈타인 산에도 광산의 흔적을 볼 수 있다. 이렇게 오랜 역사적 배경이 있으면서 외형도 독특한 덕분에 소금광산을 보기 위해 세계각지에서 관광객들이 많이 찾고 있으며 관광업이 도시를 먹여 살리고 있다고 해도 과언이 아닐 정도로 소금광산은 지역경제에도 큰 도움이 되고 있다. 이 때문에 도시 곳곳에 관광객들을 위한 다양한 시설도 눈에 띈다. 그중 하나가 기념품 가게다. 소금광산에서 나왔던 암염조각 혹은 소금을 캐던 녹슨 장비 등을 상품화해서 관광객들을 위해 판매하고 있다. 관광객들을 위한 또 다른 시설은 박물관이다. 이곳에서는 소금광산이 만들어진 역사를 알려주고 있다. 이 밖에도 중세교회도 많이 눈에 띄는데, 소금광부들이 주로 찾던 곳이라고 한다.

도시 전체에 관광업이 발달한 만큼 볼거리뿐만 아니라 먹을거리도 풍부하다. 할슈타트 호수에서 잡아 올린 송어로 소금구이한 음식이 유명하다. 또한 다양한 요리에 사용할 수 있는 천연소금을 마늘, 파프리카, 허브 등을 첨가해 종류별로 판매하고 있어 여행객들에게 큰 호응을 얻고 있다.

지역 축제도 챙겨볼 만하다. 주로 대규모 행사는 호수 위에서 열리는데

| 할슈타트 호수마을은 알프스가 선물한 최고의 선경(仙境)으로 꼽힌다. 모든 여행자에게는 마음의 고향으로 일컬어진다.

할슈타트가 워낙 땅덩어리가 작아 이러한 문화가 발달했다고 한다. 예수 최후의 만찬을 기념하는 코퍼스 크리스티 축제는 매년 삼위일체 축일 이후 목요일에 열리는데, 주민들의 참여율도 매우 높은 편이다. 이 기간에 할슈타트 호수는 너도밤나무 잎과 꽃으로 단장한 전통 배들로 장식된다.

잘츠부르크

할슈타트가 빼어난 자연경관에 취하는 곳이라면 잘츠부르크는 음악적 감성에 취하게 되는 곳이다. 유럽의 한가운데 있어 '유럽의 심장'으로 불리는 이곳은 세계적인 음악가 모차르트의 생가가 위치한 곳으로서 도시 전체가 모차르트 박물관이라고 불러도 손색이 없을만큼 그와 관련된 건물과 시설들이 많이 분포되어 있다.

1756년에 태어나 25세가 되던 1781년까지 모차르트가 살았던 이 도시의 게트라이데 거리에 그의 생가가 잘 보존되어 있다. 생가는 노란색으로 치장되어 있어서 특히 눈에 잘 띄는데 골목마다 모차르트의 아리아가 흘러나와 음악 애호가들의 감성을 사로잡고 있기도 하다. 이러한 도시의 특성을 내세워 매년 여름, 모차르트를 기리기 위해 열리는 잘츠부르크 음악제가 열리고 있는데, 유명 음악가들이 대거 참가해 세계적인 음악제로도 명성이 높다.

또한 모차르트 광장, 동상, 박물관 등 모차르트 상징물은 물론, 모차르트 초콜릿, 모차르트 향수 등 이색상품도 판매되고 있다. 특히 1890년에 만들어진 모차르트 쿠겔른(Mozart Kugeln) 초콜릿은 관광객들 사이에서 이미 잘츠부르크의 명물이 됐다. 모차르트 동상 앞 토마젤리 카페는 300년 전통의 카페로 아이스비엔나 커피가 큰 인기를 끌고 있다. 이 카페는 또한 모차르트의 아버지가 즐겨 찾았다고 해 더 유명해지기도 했다.

한편 잘츠부르크는 뮤지컬 영화 〈사운드 오브 뮤직〉의 촬영지로서 그 낭만을 고스란히 느낄 수 있기도 하다. 영화의 배경이 됐던 바로크 양식의 미라벨 정원은 수많은 꽃이 흐드러져 있어 아름답기로 유명하며, 관광객들 사이에서는 이곳을 지나는 '사운드 오브 뮤직 투어'가 인기를 끌고 있다. 특히 미라벨 정원의 '대리석의 방'은 모차르트가 실제 연주를 했으며 영화 〈사운드 오브 뮤직〉에서는 마리아가 아이들과 함께 정원을 배경으로 도레미송을 부르기도 한 곳이다.

이렇듯 음악적 감성이 남다른 곳이기에 잘츠부르크 거리에서는 악사나 미술가들도 다른 거리와 조금 다른 모습이다. 거리에서 퍼포먼스를 보이기 위해서 더 까다로운 절차가 필요하기 때문인데, 경쟁률이 치열한 사전 오디

| 잘츠부르크 대성당. 모차르트가 세례를 받은 곳이다. 성당 내부에는 모차르트가 연주한 '황소 오르간'이 그대로 보존되어 있다.

선까지 거쳐야 한다. 즉 높은 경쟁을 통과한 수준급 실력자들만이 잘츠부르크 거리에서 연주할 수 있는 것이다.

하지만 잘츠부르크가 처음부터 이런 예술도시는 아니었다. 잘츠부르크라는 명칭은 '소금(Salz)의 성(burg)'이라는 뜻으로서, 인근 암염광산 때문에 생긴 것인데, 광산으로 부를 쌓았던 도시의 역사를 짐작할 수 있다. 그리고 이러한 경제력을 바탕으로 예술적 감성을 키워 오늘날의 예술도시가 된 것이다. 주민들은 이러한 정체성에 자부심이 있어서 거리 자체도 광산지대의 모습이라기보다는 예술도시의 느낌이 강하다.

잘츠부르크는 이렇게 풍부한 음악적 배경을 바탕으로 가장 먼저 로마 문명을 받아들이기도 했다. 일찍 기독교 도시가 된 이곳은 오랜 기간 대주교의 영지였던 만큼 '북쪽의 로마'로 불리며 중세 건축물들이 많이 자리 잡고 있다. 모차르트가 세례를 받은 대성당은 역사가 무려 1000년에 달하며 6,000개의 파이프로 만든 파이프오르간이 아직 남아 있다. 또한 호헨잘츠부르크 성은 구시가 전체를 내려다볼 수 있어 유명하며, 꽃이 흐드러진 미라젤 정원을 둘러싸고 있어 그 자체로도 아름다운 경관이 되고 있다.

인스브루크

오스트리아 서부 티롤 주의 주도인 인스브루크는 해발 574m에 위치한 고원도시다. 규모로 보면 빈, 그라츠, 린츠, 잘츠부르크에 이어 오스트리아에서 다섯 번째로 크다. 인스브루크는 인(Inn) 강과 다리(Bruck)라는 뜻의 독일어를 합친 말로, '인 강위의 다리'라는 뜻을 가지고 있다. 여름에도 해발 3,000m가 넘는 산에서 스키를 즐길 수 있는 매력 때문에 전 세계의 관광객들이 끊이지 않고 있다. 동계 올림픽도 2차례(1964년, 1976년)나 개최해서 겨울 스포츠의 중심지로 널리 알려졌다. 눈이 많이 내린 날이면 주민들이 이동 수단으로 자동차 대신 스키를 이용할 정도로 겨울 스포츠가 발달했는데 도시에는 119개의 스키장이 존재할 정도로 스포츠는 곧 생활의 일부로 자리하고 있다.

아기자기한 호수, 수려한 산 등 아름다운 자연환경을 가진 인스브루크는 이뿐만 아니라 호텔이나 식당에서 괴테, 모차르트, 하이네, 카뮈 등의 흔적도 발견할 수 있어 관광객들에게 색다른 재미를 준다. 특히 구시가지는 중세시대 건물들이 그대로 보존되어 있어 명물로 꼽히며 다양한 볼거리가 있다는 점이 특징이다. 그중에서도 가장 먼저 소개할 수 있는 곳은 바로 구시가지 한가운데 있는 '황금지붕'. 페르디난드 4세가 1420년 티롤 주 영주궁궐로 짓기

| 세계 3대 허탈한 관광명소로 불리는 인스브루크의 황금지붕. 진짜는 따로 보관하고 있고 현재의 지붕은 모조품이다.

시작한 이곳은 이후 황제 막시밀리안 1세가 2,738개의 동판자로 지붕을 덮게 해 1500년에 완공됐다. 오랜 세월이 걸린 만큼 화려한 황가의 모습을 그대로 간직하고 있는데, 발코니에 황제와 두 왕비를 포함한 궁중 광대, 무용가 등의 다채로운 모습이 부조로 새겨져 있다. 후기의 고딕 양식을 고스란히 간직하고 있어 이를 감상하기에도 좋다.

황금지붕 옆에는 '호프부르크 궁전'도 있어 함께 관광할 수 있다. 이곳은 막시밀리안 1세와 마리아 테레지아 황비가 집정한 곳으로, 황금의 지붕 오른편에 궁궐 아래로 조금만 내려가면 '궁궐성당'에 들어설 수 있으며, 페르디난드 1세 때 건축된 이 성당 안에는 막시밀리안 1세의 무덤이 있다. 성당 내에는 황제의 대리석 조각 무덤이 놓여 있고, 그 양쪽에는 28개의 청동상이 있다.

성당 근처에 있는 전망대 '시첨탑'도 유명한데, 이 전망대 위에서 인스브루크 거리를 한눈에 내려다볼 수 있다. 단, 이 전망대에 오르려면 무려 148개나 되는 계단을 올라야 한다. 전망대 인근에 관광객들에게 유명한 다른 곳은 '핼블링 하우스'이다. 현재 상점과 일반 아파트로 쓰이고 있는 이곳은 화려한 로코코 양식을 잘 간직하고 있어, 이 건물 앞에는 구경하고자 모인 많은 사람들로 늘 붐빈다.

인스브루크 거리의 중심 마리아 테레지아 거리에는 특별한 명소, 개선문도 있다. 이를 중심으로 신시가지와 구시가지로 구분되기도 한다. 이밖에 두 개의 탑이 인상적인 성 야콥 성당 역시 이곳의 중요한 문화유산이다. 이 밖에 막시밀리안 1세의 묘비가 있는 호프킬헤 교회, 1677년 설립된 대학, 페르디난트 박물관, 민예관, 고산식물원 등이 있다.

또 하나 빼놓을 수 없는 명물은 세계적인 크리스털업체 스와로브스키의 박물관 '크리스털 월드'다. 이곳은 빈의 쇤부른 궁전에 이어 오스트리아 전체에서 두 번째로 관광객이 많이 찾는 곳으로 연간 100만 명이 관람하고 있다. 스와로브스키 크리스털 월드는 오스트리아의 명품 크리스털 브랜드인 스와로브스키의 창립 100주년을 기념해 지난 1995년 세워진 박물관으로, 빈 출신의 세계적인 종합 예술가 앙드레 헬러가 기획한 곳이다. 외관부터 기묘한 거인의 모습을 하고 있는데 이는 오스트리아를 대표하는 멀티미디어 작가 앙드레 헬러가 만들어낸 것이다. 이 형상은 크리스털의 수호자로 지역의 전설 속에서 모티브를 얻은 것이라고 한다. 외관부터 어디서도 느낄 수 없는 크리스털 월드만의 환상적인 분위기를 자아내는데 전시장을 나오면 스와로브스키 샵이 있어 크리스털 제품들을 구입할 수 있도록 했다.

✤ 그라츠

오스트리아 남동쪽 슈타이어마르크 주의 주도 그라츠 시는 인구 25만 명의 오스트리아 제2의 도시로 규모로는 수도인 빈 다음으로 크다. 영화배우 아놀드 슈왈제너거의 고향이며 영화 〈티벳에서의 7년〉 주인공이 출발한 기차역도 바로 이곳인데 찾아보면 볼거리가 꽤 많은 곳이기도 하다. 2차 세계대전이 끝나가던 1945년, 도시의 1/4이 파괴됐지만 이후 오랜 복구작업을 거쳐 오늘날 훌륭한 관광 도시로 재탄생할 수 있었다고 한다.

그라츠는 엄격함이라는 독일 문화권의 특징과 개방성이라는 발칸 문화권의 특징을 모두 지닌 도시로 알려졌는데, 이러한 양면성은 그라츠를 잘 보여주고 있는 중요한 특징이기도 하다. 도시의 동서를 가로지르는 무르 강을 경계로 강 양편의 공간구조가 많이 다른 편으로 사회·경제적으로도 불균형한 모습을 띠고 있다. 무르 강을 중심으로 동쪽의 구시가지는 중상류층이 주로 거주하고, 그 반대쪽은 이주자 등 빈민층이 거주하고 있기 때문이다.

먼저 구도심은 일반적인 중세 도시의 모습이다. 해발 473m의 슐로스베르크 언덕을 중심으로 구릉을 따라 상점이 늘어서 있고 평지에는 시청, 성당, 광장이 들어서 있다. 구도심은 르네상스 양식의 예수회수도원, 바로크 양식의 상가 건물, 매너리즘 양식의 페르디난드 2세 유해안치소 등 다양한 양식의 건물들이 함께 존재하고 있어 독특한 분위기를 자아낸다. 구시가지는 특히 붉은 지붕들이 많이 몰려있는데 이는 1999년 유네스코 세계문화유산 등록, 2003년에는 유럽 문화의 도시로 선정될 만큼 유명하다.

구시가지를 흐르는 무르 강에는 현대적인 다리와 달팽이 모양의 무어인젤이라고 불리는 인공섬이 있다. 그라츠는 무어인젤이라는 인공섬은 이 계층간의 갈등을 해소하기 위한 상징물로 양쪽을 이어주는 뜻으로 만들어졌다고 한

| 무어인젤 : 2003년 지은 건축물로 그라츠의 신. 구시가를 연결하고 시민과 관광객이 여가를 보내는 장소로 유명하다.

다. 지금은 카페로 이용 중이며 전시관으로도 활용되고 있다. 무어인젤은 수위에 따라 높이가 조절되며 70여 평의 공연장과 투명유리공간의 카페가 있다. 이곳은 매달 2, 3 만 명이 찾는 이색 명소로 자리매김하고 있다.

그라츠 마을 남쪽에는 그라츠 대성당이 있는데 이 성당은 1564년에 궁정 교회가 되었으며 1786년에는 섹코의 주교 관할로 넘어가게 되었다. 성당의 남쪽 외벽에는 1485년에 제작된 후기 고딕풍의 프레스코화

〈Landplagenbild(*저주의 그림*)〉가 남아있는데 이 그림은 세 번이나 메뚜기의 습격을 받아 피폐해진 도시의 모습을 그리고 있다. 성당 내부 장식은 주로 웅장한 바로크 양식을 따르고 있으며 관중석과 성가대석 사이에는 좁은 개선문이 설치되어 있다. 고딕 양식으로 장식되어 있는 수도원 예배당에는 성 크리스토퍼의 벽화가 남아있다.

CHAPTER 4 오스트리아의 역사

🐾 바벤베르크가(家) 시대

역사에 대해 자부심이 높은 오스트리아는 약 2만 년 전 선사 시대부터 시작된다. 이 당시에도 오스트리아 지역은 유럽의 중심지였는데 BC 800~400년쯤 인도·유럽계 일리리아 족들이 오스트리아 지역에 할슈타트라고 불리는 문명을 최초로 건설한 것이 오스트리아의 시작이었다.

이후 그 문명은 켈트족이 이어 발전시켰는데 일리리아인과 할슈타트족, 켈트족 등 여러 민족이 거쳐 가기도 했다. 유럽의 중심부에 위치한 관계로 오스트리아는 일찍이 로마가 지배했는데 경제적·문화적 발전이 급속히 이루어질 수 있었고, 서기 2세기라는 이른 시기에 기독교가 전파될 수 있었다. 이후 5세기에 이르러 로마가 멸망한 뒤에는 게르만족과 투턴족 등이 이 지역을 차지했고, 6세기 말 프랑크 왕국의 카롤루스 대제가 전 유럽을 통일하면서 오스트리아도 그 지배하에 들어가게 됐다. 오스트리아가 오스트마르크(동쪽의 나라)라 불리게 된 건 800년, 카롤루스 대제가 서로마 황제의 관을 받으면서 그의 지배하에 있던 시기부터라 할 수 있다. 976년에 신성 로마 제국의 오토 1세는 오스트마르크를 바벤베르크가에게 다스리게 하였는데, 이에 바벤베르크가는 오스트리아 최초의 왕가가 될 수 있었다. 빈을 중심도시로 만든 바벤베르크가는 270년간 번성하며 자국의 영토를 확장하고 경제·문화적으로 크게 번영시켰으며, 수도원과 성당 등 중요 문화재들을 건축하는 등 오스트리아 역사에 중요한 발자취를 남겼다.

중세(합스부르크 왕조) 시대

중세의 오스트리아는 바벤베르크 왕조와 합스부르크 왕조에 의해 지배된 시기를 말한다. 바벤베르크 왕조는 976년부터 270년간 통치했는데 바벤베르크가의 후손이 끊기자 1278년, 스위스의 백작 루돌프 합스부르크가 왕으로 추대되면서 합스부르크 왕조가 시작됐다. 합스부르크 왕가는 14세기 신성로마제국의 황제 자리에도 오르면서 이후 약 650년 동안 합스부르크 왕가의 시대를 열었다. 이후 15~16세기에는 보다 전략적인 정치가 이어졌는데 정략결혼을 통해 영토와 세력을 확장해 나간 것이다. 프랑스의 부르고뉴 지방, 이탈리아의 시실리와 나폴리, 헝가리, 보헤미아, 네덜란드, 스페인 등이 이때 얻은 영토인데, 이로써 합스부르크 왕가는 유럽에서 가장 강력한 왕국을 건설할 수 있었다. 이후 오스트리아는 스페인-네덜란드 노선과 오스트리아-독일 노선으로 나뉘는데 이는 카를 5세의 아들 펠리프 2세가 스페인과 네덜란드 영토를 차지한 반면, 카를의 동생 페르디난트 1세가 오스트리아와 독일, 헝가리, 보헤미아 등을 차지하면서 발생한 일이다.

그런가 하면 오스트리아가 본격적인 발전 기반을 마련하며 안정을 누린 시기는 18세기 초 마리아 테레지아 여제(1740~1780년간 통치)가 통치하던 때로 평가된다. 남편 프란츠 1세와 공동으로 통치한 마리아 테레지아 여제는 실질적으로 자신이 국정을 담당하여 행정 제도와 교육·문화 등 다방면에서 개혁 정책을 펴는가 하면 군대를 육성하는 등 적극적인 정책을 폈다. 이 시기 부부 사이에는 무려 열여섯 명의 자녀가 있었는데, 역사적으로 중요한 인물도 여럿이다. 그중에서도 가장 활동이 돋보이는 자녀는 맏아들 요제프 2세로, 어머니의 개혁 정책을 더 강력하게 펼쳐 계몽 군주라 불리기도 했으며 오스트리아의 문화와 예술을 꽃피운 장본인으로 꼽히기도 한다. 반대로 가장 비난을 받았던 자녀는 이 부부의 막내딸인 마리 앙투아네트다. 그녀는 프랑스 루이 16세의 왕비로 지내면서 지나친 사치로 국민들의 원성을 샀으며, 프랑스 혁명 때 목숨을 잃기도 했다.

✤ 이중 제국 시대

이 시기는 대외적으로 프랑스 혁명이 등장하며 유럽지역의 정세가 전반적으로 어지러웠던 때로서 요제프 2세의 뒤를 이은 프란츠 2세는 프랑스 혁명에 대항하는 세력과 손을 잡았다. 즉, 개혁에 분명한 반대를 표하며 나폴레옹과 전쟁을 치른 것이다. 하지만 당시 전쟁은 오스트리아에 심각한 피해를 입혔고 결국, 신성로마제국은 멸망하고 말았다.

합스부르크가의 정략결혼 정책에 따라 프란츠 2세는 자신의 딸을 나폴레옹과 결혼시키기도 했지만, 나폴레옹의 힘이 약해지자 철저히 그에게 등을 돌렸다. 영국, 프로이센 등 연합군과 함께 1814년 나폴레옹을 몰아낸 것이다. 이후 빈 회의를 통해 프랑스에 잃었던 땅을 되찾기도 했다. 하지만 나라의 기운은 점점 기울기 시작해, 오스트리아는 프로이센과의 전쟁에서 패했으며, 심지어 오스트리아 내부에 속했던 여러 민족이 독립운동을 일으키는 등

극심한 혼란을 겪었다. 헝가리 왕국이 독립해 세워진 것도 이때의 일이다. 이후 1867년 프란츠 요제프 1세는 양쪽의 국왕을 겸하며 오스트리아-헝가리 이중 제국을 만들기도 했다.

제1공화국

이후 오스트리아도 정치적으로 급격한 변화를 겪었다. 당시 메테르니히 총리는 절대 군주 체제를 지키려 노력했지만, 왕정의 힘이 크게 약화함에 따라 왕권이 헌법으로 제한되는 입헌 군주제를 받아들이게 된 것이다. 이 당시 왕위에 오른 것은 프란츠 요제프 1세로, 당시 18세라는 어린 나이였다. 그리고 이후 20세기에 들어서면서 프란츠 요제프 1세의 황비가 암살되고 황태자는 자살하는 등 큰 비극을 겪었다. 또 프란츠 페르디난드 대공 부부가 1914년 6월 28일 보스니아의 수도 사라예보에서 세르비아 독립주의자에게 암살당하는 등 당시 오스트리아 정세는 하루하루 요동치는 격동의 시기를 보내야 했다. 이 당시 세르비아와 전쟁도 시작됐는데 이것이 바로 제1차 세계대전의 시작이었다. 당시 독일과 러시아 동맹군이 오스트리아 편에, 프랑스와 영국이 세르비아 편에 서면서 세계가 전쟁에 돌입하는 사태가 발생한 것이다.

사상자만 1천만 명에 이른 제1차 세계대전은 오스트리아에 엄청난 영향을 미쳤는데, 패전 후 1918년에는 합스부르크 왕가의 마지막 왕 카를 1세가 왕위에서 물러나며 사실상 왕가가 붕괴했으며, 1918년에는 제1공화국이 수립되었다. 공화국 수립되기 전 임시 국민 회의를 거쳐 독일-오스트리아 공화국이 선포됐지만, 베르사유 조약에 의해 독일과의 연합이 금지되면서 오스트리아가 독립적으로 제1공화국을 출범시키게 된다. 이러한 신생 오스트리아 공화국은 과거 오스트로-헝가리 제국의 영토 중 약 17%만 점유하며 나머지 83%는 분할되는 결과를 낳았다. 그리고 이들은 다시 폴란드, 체코슬로바키아, 헝가리, 유고슬라비아 등 신생 공화국으로 새롭게 국제사회에 등장하게 됐다.

제2차 세계대전

제1차 세계대전에서 쓴 패배를 경험한 오스트리아는 승전국에게 막대한 전쟁 보상금을 치러야 하는 등 큰 후유증을 겪었다. 엎친 데 덮친 격으로 세계적으로 경제 대공황이 일어나면서 중간 계급이 크게 무너지는 등 사회가 극심한 혼란에 빠지기도 했다. 이러한 위기 상황에서 등장한 것이 바로 오스트리아의 나치스다. 당시 독일에서 히틀러를 당수로 1933~1945년 정권을 장악했던 독일의 파시즘은 1920년대 말, 국내외 혼란을 틈타 오스트리아로 상륙한 것이다. 이러한 이념은 군인, 귀족, 자본가, 보수 중간계층의 지지를 받으며 파시스트 세력을 등장시켰는데 여기에 1934년 나치스 당원이 총리를

| 지정학적으로도 독일과 운명을 같이해야만 했던 세계대전속의 오스트리아.

암살하고, 1938년 오스트리아 나치스의 총수가 정부를 조직하는 등 그 세력은 날로 확장되었다.

이후 독일 나치스에 군대를 요청하면서 오스트리아는 독일에 합병되기도 했다. 즉 오스트마르크라는 이름으로 독일의 지배하에 놓이게 된 것이다. 그리고 이는 더 큰 비극을 불러왔다. 독일이 주도한 제2차 세계대전에 오스트리아가 함께 참전하면서 수도 빈이 전쟁터가 되는 등 큰 타격을 입은 것이다. 2차 세계대전으로 독일이 패망하고 독일을 도왔던 오스트리아 역시 다시 한 번 패전국이 되어야만 했다. 오스트리아의 국토가 4개의 지역으로 나뉜 것도 이때의 일이다. 이들 지역은 각각 구소련, 미국, 영국, 프랑스 등 4개의 연합군에 의해 지배되어야 했다.

독립 후 중립국으로

4개의 연합군에 의해 지배되던 오스트리아는 1954년 4월 새로운 국면을 맞이했다. 즉 소련과 오스트리아 양국이 오스트리아를 영세중립국으로 한다는 내용을 전제로 점령군을 철수하기로 한 것이다. 이로써 1955년 5월 15일 오스트리아 조약(Austrian State Treaty)서명과 더불어 완전한 주권을 회복할 수 있었다.

이후 오스트리아는 세계정세가 요동치고 전쟁에 휩싸이는 등 격변의 시기에도 중립국으로서의 지위를 유지했다. 다시 독립국의 지위를 되찾은 오스트리아는 1955년 12월 UN에 가입했고, 차츰 경제를 안정시키며 나치스 역사를 씻어 내기 위해 국력을 쏟았다. 과거 두 번이나 세계전쟁에서 패한 경험을 딛고 오늘날 오스트리아가 이토록 높은 수준의 선진 복지국가가 된 것은 바로 이 시기의 노력 덕분이라 할 수 있다.

CHAPTER 5 오스트리아의 문학과 예술

오스트리아는 수많은 천재 음악가를 배출한 만큼 세계 최고수준의 음악을 자랑한다. 그뿐만 아니라 철학, 과학, 미술, 건축 등 다양한 분야에서 세계적인 명성을 얻을 만큼 독보적인 수준을 자랑하고 있다.

문학

오스트리아 문학은 같은 독일어를 사용하고 역사적 연관성이 짙은 만큼 독일과 유사한 양상을 띠어왔지만, 19세기 중엽부터 독자적인 경향이 나타나기 시작했다. 이 무렵 활동한 대표적인 작가가 바로 그릴파르처(1791~1872년)다. 그릴파르처는 오스트리아 최초의 고전적인 극작가로서, 기존의 낭만주의 문학과 달리 하나의 완결된 극형식을 보였으며 〈금양모피(1822)〉, 〈바다의 물결, 사랑의 물결(1840)〉과 같은 대표작이 있다.

이후 19세기 말부터 1920년대에는 수도 빈을 중심으로 문학이 크게 발달했다. 이 당시 호프만스탈과 릴케, 트라클 등의 시인이 등장했는데, 호프만 스탈은 시, 소설, 희극, 평론 등 여러 방면에서 두각을 드러냈다. 대표적인 시로는 〈이른봄〉, 〈3행시〉 등이 있으며, 희곡은 〈바보와 죽음(1893)〉, 〈세계의 소극(1897)〉 등이 있다.

그런가 하면 비평가 크라우스와 정신분석학자 프로이트도 전 세계에 큰 영향을 끼친 인물이며, 카프카, 무질, 블로흐도 이 무렵에 활동한 역사적인 작가들이다. 이 중에서도 특히 카프카는 인간 운명의 부조리, 인간존재의 불안을 통찰하여 현대 인간의 실존적 체험을 극한에 이르기까지 표현한 실존주의 문학의 선구자로 꼽히고 있다.

제2차 세계대전 뒤에는 아이힝거가 1947년 생긴 독일어권 작가들의 문학 집단인 '47그룹(Gruppe 47)'로 인정받았고, 1950년대 초부터 1960년대 중엽까지는 전위작가들의 모임인 '빈그룹'을 대신하여 음악, 미술까지 포함하는 예술가 집단인 '포럼시민공원'이 활발하게 활동했다. 1973년에는 '그라츠 작가협회'가 설립되었다. 이후 20세기 말부터는 희곡문학이 발전하여 페터 한트케와 볼프강 바우어가 세계적인 명성을 얻은 바 있다.

미술

오스트리아 수도 빈은 미술사적으로 의미가 깊은 곳이기도 하다. 곳곳에 동상과 궁전이 많은 관계로 동상과 궁정의 도시로 불리기도 하는데 특히 웅장한 느낌의 바로크 미술과 우아하고도 화려한 느낌의 로코코 양식의 미술 건축물들을 마음껏 즐길 수 있다. 빈에는 특히 이곳에서 주로 활동했던 예술가들을 기념하기 위해서 동상들을 많이 세워놓았다. 여기에 1860년대에는 빈 주위에 환상도로가 만들어지고 오페라와 그리스풍의 국회의사당, 박물관 등이 건축되면서 도시의 미관을 한결 높이는 역할을 했다.

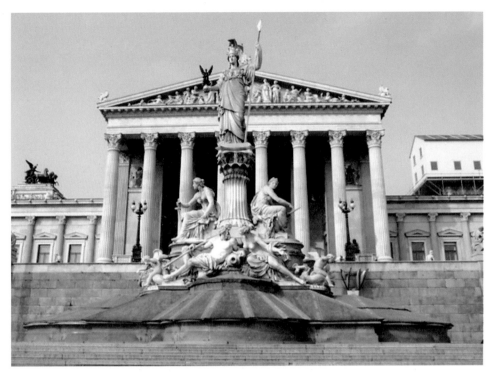

| 국회의사당 건물 앞에는 지혜의 여신 아테네의 대리석상과 분수가 있다.

　빈의 미술에 큰 영향을 미친 것은 19세기 이후 프랑스를 중심으로 일어난 '아르누보'('새로운 예술'이라는 뜻으로, *19세기 말~ 20세기 초까지 서유럽과 미국에 널리 퍼졌던 장식적 양식)*다. 오스트리아는 이에 따라 장식성이 뛰어난 건축물들이 많이 등장했다. 그 대표적인 예가 슈테판 대성당, 성야곱 사원, 산토 쌍페더스 교회, 쉔브룬 궁전 등이다.

　20세기에 들어와서는 표현주의가 크게 발달하며 코코쉬카*(1886~1980년)*라는 화가를 낳았고 빈 태생의 화가 클림트*(1862~1918년)*는 바로크 미술의 전통을 간직하면서도 장식적인 화풍을 통해 특유의 독자적인 분위기로 큰 인정을 받았다.

미술사적으로도 오스트리아의 미술은 큰 의미가 있다. 수도 빈을 중심으로 형성된 미술은 전통을 거부하며 특이한 분위기로 발달하여 왔다. 오스트리아 미술이 독자성을 발휘한 시대는 14세기, 16세기, 18세기의 바로크 시기, 비더마이 시기, 세기말 이후의 현대미술 등 다섯으로 구분할 수 있다. 양식사적으로 13세기 말까지는 로마네스크가 지배적인 문화였지만 이 시기에 발달한 8각 내기 원주형의 묘지, 예배당은 오스트리아만의 독특한 성격을 띠고 있었다.

한편 빈의 성 아우구스티누스 교회와 슈테판 대성당을 통해 고딕 양식을 즐길 수 있으며 빈 근교 클로스터노 이부르크 수도원에서는 알프스 이북에서 가장 오래된 판화인 제단화를 감상할 수 있다. 르네상스의 영향으로 도나우파의 회화에는 자연파악의 모티브가 두드러졌다.

이후 17세기 말, 오스트리아의 미술은 도시 빈이 확대되면서 전성기를 누렸다. 회화에서 아우르베르츄, 조각은 돈나에 의해 그 명성이 이어졌으며 건축에서는 피셔 폰 에를라흐와 요한 루카스 폰 힐데브란트가 독자적인 바로크 문화를 보여주었다. 마리아 테레지아(재위 1740~1780년) 정권에서는 테레지아 양식이라 불리며, 프랑스 로코코에 대응하는 후기 바로크의 오스트리아 문화가 생겨나기도 했다.

그런가 하면 1897년은 새로운 미술운동이 시작된 시기다. 구스타프 클림트와 오토바다나 등은 역사주의에서 출발해 현대미술을 개척한 장본인들이다.

오스트리아의 화가 중 가장 잘 알려진 인물인 구스타프 클림트(1862~1918년)는 '색채로 표현된 슈베르트의 음악'이라 불리는 작품 세계를 선보였는데 신화적이고 몽환적인 분위기에 사물을 평면적으로 묘사하는 것이 특징이다. 또한 금박을 붙여 화려하게 장식한 그림을 많이 그렸는데, 대표작으로는 〈아델레 블로흐 바우어 부인〉, 〈키스〉, 〈유디트 Ⅱ〉 등이 있다.

이어 에곤 실레(1890~1918년)는 클림트의 영향을 많이 받았지만, 작품 세계는 클림트와 대조적으로 어둡고 고통스러운 내용을 표현하였다. 죽음과 에로티시즘이 결합된 당시로서는 충격적인 작품들을 많이 남겼다. 대표작으로 〈자기 성찰자〉, 〈추기경과 수녀〉, 〈포옹〉 등이 있다.

건축

오스트리아의 건축은 중세 시대 로마네스크와 고딕 양식으로 시작해 17~18세기 바로크 시대에 이르며 자신들만의 화려한 양식을 꽃피웠다. 16세기 이탈리아에서 시작된 바로크 양식은 거대한 곡선미의 건축과 동적인 조각, 대각선 구도와 원근법 활용이 돋보이는 회화 등 많은 작품을 남겼다. 18세기 후반부터 19세기 전반에 오스트리아와 독일에서는 '비더마이어'(완벽한 시민이라는 뜻) 양식이 유행하기도 했다. 당시 나폴레옹과의 전쟁에서 패했던 오스트리아는 불안한 경제와 혼란한 정치 속에서 가족들과 함께 집 안에 머무는 시간이 늘어났고, 이에 가족의 일상을 소박하게 그린 작품들이 많이 등장했다.

이후 19세기 말, 세계적으로 아르누보와 모더니즘 등의 새 예술 사조가 발달하면서, 빈에도 고전 미술과는 다른 분위기의 '유겐트 양식'(청년 양식이란 뜻)이 발달했다. 유겐트 양식은 화가 구스타프 클림트와 건축가 오토 바그너 등에 의해 주도되었으며, 기하학적 형태의 디자인으로 화려하게 장식하는 형식이 크게 발전했다. 이는 합스부르크 제국 시대의 예술과 구별되는 특징으로 그 시대만의 시대상과 의식을 반영하는 모습으로 크게 주목받았다.

| 빈에서 가장 아름답다고 하는 카를 교회

오스트리아의 유명한 건축가로는 요한 베른하르트 피셔 폰 에를라흐(1656~1723년)가 있다. 에를라흐는 바로크 시대의 건축가로 이탈리아풍 건축 양식에서 벗어나 진정한 오스트리아 바로크 양식을 세운 인물로 평가받고 있는데, 그가 건축한 것으로는 국립 도서관, 카를 교회, 총리 공관, 쉔브룬 궁(제1차 건축) 등이 있다. 또 다른 유명 건축가로는 요한 루카스 폰 힐데브란트(1668~1745년)가 있는데 그는 바로크 양식의 벨베데레 궁과 페터 성당 등을 설계하고, 잘츠부르크의 미라벨 궁전을 개축하기도 했다.

철학

오스트리아는 20세기의 가장 주목할만한 철학자였던 루트비히 비트겐슈타인과 칼 포퍼의 출생지이기도 하다. 특히 비트겐슈타인은 서양철학사를 통틀어 언어에 대해 가장 철저하게 회의하고 분석한 철학자로 꼽히고 있다. 그는 19세에 항공공학을 공부하기 위해서 영국 맨체스터 대학으로 유학의 길을 떠나 3년 동안 항공공학을 공부했다. 그러나 그곳에서 그는 공학자체보다 수학적 문제에 관심을 두기 시작했으며 특히 그 무렵 러셀의 〈수학의 원리〉를 읽고 수리철학의 문제에 몰두하며 이후 근대철학발전에 역사적 발자취를 남겼다.

그는 언어를 인간의 활동 또는 행위로 보는 시각을 가졌다. 즉, 언어란 기호의 체계로서 사용자인 인간의 조건과 상관없이 독자적으로 그 성격이 규정되는 것이 아니라, 그 사용자인 인간의 조건에 의해서 규정된다고 본 것이다. 비트겐슈타인은 언어를 규정하는 인간의 삶의 조건을 삶의 형식(form of life)이라고 했다. 즉 언어는 인간의 삶의 형식이라는 구체적인 현장에서 진짜 모습이 드러난다고 주장했다.

오스트리아에는 이처럼 세계적으로 큰 영향을 미친 철학가가 많이 존재하고 있다. 지그문트 프로이트와 같은 근대 철학의 위대한 인물뿐만 아니라 알프레드 아들러, 폴 바츨라빅, 한스 아스페르거, 빅토르 프랑클 등 역사적인 철학가를 많이 배출했다.

특히 신경학자·정신의학자로 정신분석학의 창시자인 프로이트는 20세기 이후 지금에 이르기까지 세계적으로 지대한 영향을 미친 바 있다. 그는 정신의학, 심리학을 비롯해 인류학, 교육학, 범죄학, 사회학 등 다양한 분야에서 그의 사상을 전파했다. 빈 대학 의학부를 졸업한 후, 1885년 파리에서 샤르코(1825-1893년)의 지도 하에 히스테리 환자를 관찰하면서 연구를 시작했다고 알려져 있다. 이후 최면술, 카타르시스 등에 관한 연구를 진행하며 정신분석이론을 체계화하는 등 그의 연구는 세계적인 주목을 받았다. 그의 대표적인 저서로는 〈꿈의 해석(1900)〉과 〈정신분석입문(1917)〉이 있다.

과학

오스트리아는 국제적 명성을 가진 수많은 과학자의 발상지이다. 19세기의 저명한 과학자로는 루트비히 볼츠만, 에른스트 마흐, 빅토르 프란츠 헤스,

크리스티안 도플러 등이 있고 20세기에는 핵 연구와 양자역학의 체계화에 기여한 리제 마이트너, 에르빈 슈뢰딩거, 볼프강 파울 리가 있다. 또한 양자물리학자인 안톤 차일링거는 최초로 양자 원거리 이동을 증명한 과학자이다.

그중, 1844년 오스트리아 빈에서 태어난 물리학자 루트비히 볼츠만 (1844~1906년)은 '맥스웰–볼츠만 분포' 등을 내놓으며 기체분자운동론을 발전시켰다. 볼츠만 분포는 고전적인 통계역학의 기반으로 자리 잡았는데, 각기 다른 방향으로 움직이는 원자들의 운동에너지는 평균적으로 동일하다는 것을 의미하는 유명한 이론이다. 볼츠만 방정식은 바로 이에서 유래했다. 이는 통계역학의 기초가 되었는데, 볼츠만 방정식을 토대로 엔트로피 개념이 정식적으로 공개되기도 했다. 이 밖에도 멘델의 법칙의 생물학자 그레고어 멘델, 수학자 쿠르트 괴델, 포르셰 자동차의 설계자인 페르디난트 포르셰, 세계 최초 벤젠 연료 자동차를 개발한 지그프리드 마르커스 또한 오스트리아 출신이다.

음악

오스트리아 빈은 '클래식의 고향'이라 불린다. 하이든, 모차르트, 슈베르트, 안톤 브루크너, 프란츠 리스트, 요한 슈트라우스 1세, 2세 등과 같은 유명한 작곡가들이 태어난 곳이며 독일 출신의 루트비히 판 베토벤, 요하네스 브람스 등은 오스트리아에서 태어나진 않았지만 그 인생의 대부분을 빈에서 보내기도 했다. 그래서 빈은 유명 유럽 예술가들이 꼭 한번 거쳐 가는

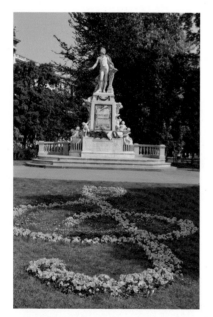

| 빈에 세워진 모차르트 동상. 높은음자리 형태의 꽃밭조경이 이색적이다.

| 빈의 작은 음악회. 음악과 예술의 도시답게 작은 마을 단위의 음악회를 어렵지 않게 만날 수 있다.

곳으로 인식되고 있으며 유럽 음악의 중심지라 할 수 있다.

오스트리아는 특히 왈츠와 요들의 고장으로 낭만주의 음악, 바로크 음악, 궁정 음악뿐만 아니라 현대 음악과 같이 전 분야에 걸쳐 세계적으로 큰 영향을 미쳤다. 수도 빈은 카를 체르니, 프리츠 크라이슬러의 활동지였는데 18세기와 19세기 합스부르크 왕가의 후원으로 여러 작곡가가 이곳에서 활발한 음악 활동을 할 수 있었다. 또한 작곡가뿐만 아니라 헤르베르트 폰 카라얀, 카를 뵘, 구스타프 말러, 카를로스 클라이버와 같은 세계적인 지휘자도 배출해냈다. 특히 오스트리아 빈 하면 흔히 쉽게 떠올리는 '빈 필하모닉 오케스트라'는 세계적인 명성을 누리고 있다.

18세기 중반, 하이든으로 대표되는 고전주의 음악은 이후 모차르트, 베토벤, 슈베르트로 이어지며 차츰 낭만주의로 넘어가는 등 세계 음악을 선도

하며 이어졌다. 고전주의 시대에는 소나타에서 실내악, 협주곡, 교향곡 등 기악곡들이 발전했고, 20세기에는 쇤베르크가 등장하며 전통적인 서양 음악의 원리인 장조와 단조가 없는 무조 음악을 시작했다. 제자들은 이 '쇤베르크 학파'를 '빈 학파'로 발전시켰는데 불협화음으로 불안정한 분위기를 연출하는 새로운 음악을 소개했다.

◈ 연극과 뮤지컬

오스트리아는 이탈리아, 영국 등보다 뒤늦은 18세기에 이르러서야 비로소 연극의 발달을 보게 되었다. 합스부르크 왕조가 전성기를 누리던 당시 오스트리아는 유럽의 근대 시민사회가 형성되기 시작할 무렵에야 연극에 눈을 떴다고 할 수 있다. 대표적으로 1920년 8월22일 잘츠부르크 대성당 앞에서 공연된 호프만슈탈의 연극 〈예더만(Jedermann·아무나)〉은 큰 감동을 전하며 오늘날까지 오스트리아 국민의 큰 사랑을 받는 국민 연극이 됐다. 이를 기리기 위해 지금도 7월이면 같은 장소에서 〈예더만〉이 공연된다. 이 연극을 시작으로 잘츠부르크 페스티벌이 열리는데 이 페스티벌은 연극과 음악이 함께하는 공연예술제로 세계적인 명성이 높다. 이런 축제를 통해 연극도 크게 발달해왔지만, 이 페스티벌의 중심은 음악 콘서트와 오페라 공연이라 할 수 있다. 그중에서도 모차르트와 리하르트 슈트라우스 오페라들은 많은 사랑을 받고 있으며 구체적인 작품으로는 모차르트의 〈마술피리〉, 슈트라우스의 〈낙소스의 아리아드네〉, 〈장미의 기사〉가 있다. 특히 슈트라우스의 오페라는 연극, 음악, 미술 등이 서로 하나가 되는 바그너식 '총체 예술'의 근대화를 이룬 작품이라 평가를 받으며 오페라 역사상 중요한 위치를 차지하고 있기도 하다.

오스트리아를 배경으로 한 뮤지컬 〈사운드 오브 뮤직〉은 세계에서 널리 사랑받고 있는 작품이기도 하다. 오스트리아의 알프스 산맥을 배경으로 제작한 〈사운드 오브 뮤직〉은 아름다운 경치는 물론 노래로 유명한데, 제1차 세계대전을 배경으로 하고 있다. 잘츠부르크에서 7명의 자녀와 사는 완고한 폰 트랩 대령이 가정교사와 사랑에 빠진다는 내용의 로맨스 영화로 결국 결혼에 골인하지만, 독일군의 징집명령을 거부하며 가족들을 데리고 알프스 산맥을 넘어 스위스로 망명길을 떠나는 내용을 하고 있다. 이러한 이야기는 실화를 바탕으로 1956년 〈트랩 가족〉이란 제목의 독일 영화로 처음 시작됐다. '사운드 오브 뮤직'이란 이름이 붙은 것은 1959년 뉴욕 브로드웨이 런트 폰테인극장에 뮤지컬로 올리면서다. 뮤지컬이 히트를 하자 1965년 20세기 폭스사에서 영화로 만들면서 전 세계인의 사랑 받는 문화콘텐츠가 됐다. 이 뮤지컬의 대표곡 〈도레미〉, 〈안녕 안녕〉, 〈에델바이스〉 등을 포함한 합창곡은 세계인들의 큰 사랑을 받았다.

영화

오스트리아는 영화 작품보다 영화의 배경으로서 더 유명하다. 경관이 아름다워 유명한 여러 영화들의 배경으로 자주 등장했기 때문인데 대표적인 영화가 바로 〈사운드 오브 뮤직〉과 〈비포 선라이즈〉이다.

특히 뮤지컬을 1965년 로버트 와이즈 감독이 영화화한 〈사운드 오브 뮤직〉은 주인공이 노래를 부르거나 뛰어노는 장소가 무척 아름다워 영화를 명작으로 만드는 또 하나의 요인이 됐다. 주로 잘츠부르크에서 촬영됐는데 그 촬영장소가 그대로 보존되어 있으며 지금도 이 촬영지를 방문하는 관광객들이 많다.

여행 중 만난 남녀 주인공이 하루 동안 서로 이야기를 나누며 점점 사랑에 빠진다는 내용의 〈비포선라이즈(1995)〉는 오스트리아 빈으로 향하는 기차에서 두 주인공이 만나는 설정으로 되어 있으며, 영화 속 아름다운 빈의 거리가 화제가 되기도 했다.

최근에 인기를 끈 영화 〈겨울왕국(2013)〉의 아름다운 배경지로 유명한 곳은 1997년부터 마을 전체가 세계문화유산으로 지정된 할슈타트이며, 움베르토 에코의 동명 소설을 영화화한 〈장미의 이름(1989)〉은 그 배경이 멜크 수도원으로, 오스트리아 빈에 위치해 있다.

한편, 오스트리아 출신의 영화감독 중 세계적으로 큰 인상을 남긴 인물도 있다. 슈트로 하임(Erich von Stroheim 1885~1957년)은 오스트리아 빈 출신으로 1차 세계대전 뒤에 활동한 영화감독 중 가장 높은 평가를 인물가운데 한 명이다. 시나리오 작가로도 활동했으며 철저한 리얼리즘을 따르며 디테일을 완벽하게 신경 쓴 인물로 유명하다. 신문기자, 선원, 극작가 등으로 활동하다 1914년 미국으로 건너갔는데 그의 감독 데뷔작 〈눈먼 남편(1919)〉은 그가 직접 시나리오를 쓰고 주연을 맡기도 했다. 1924년 발표된 〈탐욕〉은 사람을 타락시키는 돈의 위력을 그린 작품으로 그의 걸작으로 평가받고 있다.

CHAPTER 6 오스트리아의 문화와 생활

국경일과 공휴일

오스트리아의 국경일은 10월 26일 건국기념일 (*National Day*), 5월 1일 노동감사절 (*Labour Day*)이 있으며 공휴일은 1월 1일 설날 (*New Years Day*), 1월 6일 예수 공헌 축일 (*Jesus Contribution Day*), 부활절 (*Easter Sunday*), 부활절 후 월요일 (*Easter Monday*), 8월 15일 성모 승천 축일 (*Assumption of the Blessed Virgin Mary*), 11월 1일 만성절 (*All Saints´ Day*), 12월 8일 성모수태일 (*The feast of the Immaculate Conception of the Blessed Virgin Mary*), 12월 25일 크리스마스 (*Christmas Day*), 12월 26일 성 슈테판 축일 (*The feast of the St. Stephen*)이 있다.

예절

오스트리아인들은 준법정신이 투철하여 공공질서와 예의를 지키는 것에 특히 민감하다. 오스트리아인들은 만날 때와 헤어질 때는 반드시 악수를 청하는 것이 예의라고 여긴다. 낯선 사람일지라도 (*상점에서 처음 만난 점원이라도*) 서로 먼저 인사를 건네는 것이 예의다. 만일 상대가 인사하지 않는다면 예의 없거나 자신을 모욕했다고 여길 수도 있다. 인사를 할 때는 서로의 눈을 바라본다. 또한 여성을 존중하는 예절이 많다. 어떤 장소에 들어가거나 나올 때 여성에게 우선권을 준다. 악수할 때도 여성과 먼저 하는 것이 일반적이다. 공공장소에서는 뒤따라오는 사람이 들어올 수 있을 때까지 문을 잡고 기다려주는 것이 예의이며, 여행할 때 식당이나 기차 안 등 사람들이 많은 장소에서 큰 소리로 떠드는 것은 삼가야 한다. 극장에 가거나 오페라를 볼 때는 정장을 입는 것이 예의이다.

이밖에 오스트리아인의 집에 저녁 식사에 초대를 받으면, 늦지 않게 도착하도록 시간을 지켜야 하며, 초콜릿 같은 작은 선물을 주는 것이 예의다. 또한, 선물을 받았다면, 받는 즉시 개봉하는 것이 일반적이다. 음식은 혼자 먼저 먹지 말고 모든 사람이 테이블에 앉고 나서 반드시 집주인이 "구텐 아페티트(*Guten Appetit!;밥 맛있게 드세요!*)" 혹은 "마흘자이트"라고 말한 후에, 식사를 시작해야 한다. 자신의 접시에 놓인 음식은 다 먹는 것이 예의다. 또한 포크에 음식을 많이 집어 자를수록 요리가 맛있다는 칭찬의 의미로 받아들인다. 식사가 끝나면 손님은 주인에게 감사의 의미로 건배를 청한다.

습관

오스트리아가 독일과 이웃해 있어 오스트리아인들도 독일인들과 비슷할 것으로 생각하는 사람들이 많지만, 이는 사실과 다르다. 독일인들이 합리적이고 이성적이라면, 오스트리아인은 보다 융통성이 있으며 여유가 있다. 일상을 빽빽한 일정으로 채우기보다는 늘 여유롭게 보내기를 선호하는 편이며 대신 약속 시각은 정확히 지키는 것을 원칙으로 한다. 유행에 민감하지 않고 새로운 것에 대한 선호도가 그렇게 높지 않은 것도 특징이다.

오스트리아인들은 철저하게 계획을 세우는 것보다 여유로운 시간을 보내는 편이다. 그러나 약속만큼은 철저하게 지킨다. 유행에 민감하지 않고 검소한 것을 미덕으로 여기며, 사치하는 것에 대해서는 가볍고 천박하다고 여긴다. 안락하고 편안한 것을 좋아하기 때문에 대중교통이나 식당을 이용할 때 익숙한 자리(늘 같은 자리)에 앉는 것을 선호한다. 화장실에서 노크를 하지 않으며 손잡이 아래 색깔이 빨간색이면 '사용 중'으로, 흰색이면 '비어있는 상태'로 알고 기다린다.

오스트리아인들은 집에 대한 애착이 강하다. 남녀가 데이트할 때도 자신이 살고 싶은 집에 대한 설명을 통해 자신을 드러내며, 가정을 꾸린 후에는 부부가 정원을 가꾸거나 집안을 수리하며 주말을 보내는 경우가 많다. 가족이나 친구, 지인들이 모이면 음악 듣는 것을 즐기기 때문에 어릴 적부터 클래식 음악을 듣는 습관이 배어 있으며, 악기를 다루는 것에 익숙하다. 친구나 지인의 집을 방문할 때는 꽃을 선물하는 습관이 있다. 꽃송이는 홀수로 준비하며, 붉은색 꽃은 청혼의 의미이기 때문에 삼가는 편이다.

오스트리아 사람들은 크리스마스와 생일에 가족과 가까운 지인들 사이에 선물을 주고받는데 아이들이 있는 경우 성 니콜라스 명절인 12월 6일에 선물을 준비한다. 오스트리아인들에게 크리스마스 선물을 산타클로스가 아닌, 아기 예수를 상징하는 금발의 아기(christkindl)가 가져왔다고 여긴다.

✤ 속담

오스트리아의 속담으로는 '비가 오는 날에는 행운이 뒤따른다', '인생은 거친 돌무더기 길 위에서 아름다운 돌멩이를 찾아가는 과정이다', '소금에 비가 내리라고 원하는 자만큼 어리석은 자는 없다', '음식은 따뜻하게 먹고 마실 것은 차갑게 마시면 장수할 것이다', '타인의 말을 잘 들어준다면 세 가지를 얻을 수 있다. 첫째, 돈이 없어도 부유해질 수 있고 둘째, 힘이 없어도 강해질 수 있으며 셋째, 자기반성을 하지 않아도 겸손해질 수 있다', '스스로를 불쌍하게 여기는 사람은 다른 사람의 동정이나 위로를 받을 수 없다', '인내할 때 비로소 그 사람의 진가를 알 수 있다', '오직 웃는 자에게만 천국의 문이 열린다', '속옷에는 주머니가 없다', '물러설 줄 알아야 지혜롭다. 그렇지 않으면 나귀를 개울에 빠뜨릴 것이다' 등이 있다.

❧ 축제와 문화행사

문화강국답게 오스트리아에서는 연중 내내 다양한 문화 행사들이 펼쳐진다. 월 3~5일경 열리는 '빈 도시축제'에는 오스트리아 가곡과 재즈, 민속음악, 콘서트 등이 열리는가 하면, 5월 29일 쉰부른 궁전에서 열리는 비엔나 필하모닉 여름밤 콘서트는 1년에 한 번 개최되는 비너 필하모니커의 무료 공연으로서 많은 관광객들을 사로잡고 있다.

5월 9일~ 6월 15일까지 한 달간 열리는 빈 페스티벌은 수도 빈에서 1951년에 처음 시작된 이래 매년 5~6월에 개최되는 종합 예술 축제이다. 총 40여 편의 컨템포러리아트 공연은 물론 각종 공연과 전시를 개최하여 많은 볼거리와 즐길 거리를 제공하고 있다. 빈은 합스부르크 왕국의 수도로 수백 년간 유럽의 중심으로서 음악 역시 이곳을 중심으로 발달했다. 빈은 특히 볼프강 아마데우스 모차르트, 요한 슈트라우스, 루트비히 판 베토벤 등의 음악가들이 많은 시간을 보내며 활동한 도시로 음악적으로도 오랜 전통과 역사를 지닌 도시가 될 수 있었다. 제2차 세계대전을 겪으며 도시 대부분이 파괴되었던 빈은 이러한 전통과 역사를 기념하기 위해 큰 예술 축제를 기획했는데 이것이 바로 빈 페스티벌이다. 빈 축제는 클래식, 대중음악, 연극, 미술, 설치 예술, 무용, 영화에 이르기까지 다양한 장르의 프로그램을 빈 시내 곳곳에서 펼치는 종합 예술 축제로 크게 발전했다.

한편 7월 23일~ 8월 28일에는 잘츠부르크 축제가 열린다. 잘츠부르크는 영화 〈사운드 오브 뮤직〉의 배경이자 모차르트의 도시로도 잘 알려진 도시인만큼 음악축제를 풍성한 프로그램으로 보여주고 있으며 해마다 세계인의 이목을 집중시키고 있다. 1920년부터 시작된 이 음악제는 세계적으로 가장 수준 높고 유명한 음악축제로도 유명하다. 이때 공연되는 오페라를 보기 위해 여름이 되면 전 세계 사람들이 몰리고 있기도 하다. 모차르트 음악을 비롯 세계적인 음악가들의 주옥같은 작품들이 공연되며 이 시간에는 도시 자체가 하나의 공연장이 된다. 모차르트 하우스 등의 16개 공연장 외에도 야외공연이 열려 잘츠부르크 어디에서도 공연을 마음껏 즐길 수 있다.

음식과 식문화

오스트리아 음식은 폴란드, 이탈리아, 헝가리, 보헤미아의 전통이 한 데 섞여 발달해왔다. 오스트리아를 대표하는 음식으로는 헝가리에서 전래되었다는 굴라쉬를 들 수 있다. 굴라쉬는 고기와 채소를 냄비에 넣고 오랫동안 끓여 만드는 요리로 스튜와 거의 비슷한 데 이는 바다가 없는 내륙국가 특성상 육류가 발달한 것으로 해석되고 있다.

이와 함께 오스트리아를 대표하는 또 하나의 요리는 슈니첼이다. 일본에 전파된 돈가스의 원조로, 소스를 뿌려 먹는 돈가스와 달리 슈니첼은 레몬

| 잘츠부르크 구시가에 위치한 카페. 유럽에서 가장 오래된 카페 가운데 하나다.

| 소고기, 양파, 고추, 파프리카, 감자 등으로 만든 매운 수프로 헝가리 전통 음식의 하나인 굴라쉬(Goulash).

즙을 뿌려 먹는다. 돈가스보다 얇고 넓은 고기를 사용하며 튀김옷도 얇은 편으로 맛이 다소 심심한 듯하지만, 그만큼 고기의 맛을 제대로 즐길 수 있다는 게 장점이다.

오스트리아 사람들이 자주 먹는 팬케이크의 일종인 카이저슈마렌은 달걀 반죽, 설탕, 우유, 포도가 주재료인 빈 전통 요리로 후식뿐만 아니라 정식으로도 많이 즐기는 요리다.

그런가 하면 오스트리아를 대표하는 음식 중 빼놓을 수 없는 또 하나가 바로 커피다. 커피는 이슬람권에서 먼저 발달해 기독교 지역으로 전파되었다고 하는데 이슬람과 인접한 오스트리아는 이슬람 사원을 중심으로 커피문화가 전파될 수 있었다. 또한 독일과 언어와 문화가 거의 동일한 만큼 겹치는 음식들도 많다. 독일에서 사랑받는 프레첼은 오스트리아에서도 자주 볼 수 있다.

보통 오스트리아인들의 식생활은 검소한 편이며 아침은 하드 롤에 버터나 잼을 곁들여 커피와 함께 간단히 먹는 사람들이 많다. 오스트리아인들은 주로 점심과 저녁 식사를 전식, 정식, 후식의 세 단계로 나눠서 하는 편이다. 수프를 먼저 먹은 다음, 정식으로 육류나 생선요리와 감자, 샐러드를 먹는 식이다. 후식으로는 주로 단 음식을 즐겨 먹는다. 특히 후식 문화가 잘 발달하여서 후식으로만 식사하는 경우도 있다. 아침 점심 저녁이 뚜렷이 구분되어 있지 않아 하루 중 아무 때나 먹는 국민이 많으며 이 같은 음식문화 특징 때문에 오스트리아에서는 적당히 빠르게 식사를 할 수 있는 장소가 많이 있다.

오스트리아에서는 특히 시간을 중요시하기 때문에 식사초대를 받을 경우 시간을 꼭 지켜야 하며 집주인이 안내할 때까지는 서 있는 게 좋다. 앉자마자 냅킨을 무릎 위에 얹고 자리에 앉아서는 포크를 왼손으로 나이프를 오른손으로 사용하는 식사 예절을 지키는 것이 좋다. 식사 도중에는 양손이 항상 테이블 위에 올라가 있어야 한다. 접시에 있는 모든 것은 다 먹도록 하며 식사를 끝냈을 때는 나이프와 포크를 손잡이가 오른쪽으로 향하도록 하고 식사가 끝나면 포크와 나이프를 평행하게 나란히 접시 위에 놓으면 된다.

소리를 내서 음식을 먹거나 입을 벌리고 씹는 것은 예의에 어긋나며, 수프나 국물, 국수를 후루룩 소리 내어 먹는 것은 절대 하지 말아야 할 행동이다. 오스트리아 예절에는 식탁에서 트림하는 것도 절대적인 금기로 삼기 때문에 주의한다. 식후에 트림이 나오는 경우 손으로 입을 막고 소리가 나지 않도록 하며, 곧 미안하다고 말하는 것이 좋다.

스포츠

오스트리아는 오랜 기간 스포츠를 발전시키기 위해 직접 국가가 나서서 노력해 왔다. 한반도 면적의 2/5, 인구 830만 명밖에 되지 않는 오스트리아가 동계 스포츠 강대국으로 발전한 데는 어떤 비결이 있을까?

먼저 오스트리아는 학교체육 활성화 및 학생들의 건강을 위한 법률을 명시해 놓고 있다. 특히, 체육주간(Sportwochen) 프로그램의 활성화를 통해 학생들이 스포츠를 단지 취미에 그치지 않고 프로 선수로 나아갈 수 있게끔 제도적으로 뒷받침해주었으며, 학업과 운동을 병행하여 즐길 수 있는 환경을 마련해 주고 있다.

'체육주간'은 〈학교행사법 제13조〉에 명시된 제도로써 1990년 9월 동·하계 기간 중 학생들이 자발적으로 종목을 선택하여 교육받을 수 있도록 했다. 법이 시행되기 전에는 하계체육주간의 경우, 학교장 재량에 맡겼으나, 해당 법률안의 통과로 국가에서 법적으로서 보호함으로써 공식적인 학교행사가 됐다. 또한, 오스트리아의 경우 오랜 기간 '학교 스키수업'이라는 명칭 하에 스키수업이 이루어졌었는데, 법 시행 이후로는 '동계체육주간'으로 바뀌어 그에 따른 교육이 시행되었다.

대다수의 학생들은 동계체육주간 중 알파인 스키(48.8%), 스노보드 (37.4%), 스키 노르딕(11.8%) 스케이트(1.8%), 기타 (0.1%)의 분포로 동계 스포츠 종목을 압도적으로 많이 선택하였다. 이에 따라, 평균 5.5일(2005년 기준)의 기간 동안 선생님 또는 인솔자의 관리 하에 자격을 갖춘 지도자가 직접 가르치거나 스키스쿨 및 지역스키클럽에서 운영하는 교육에 참가하여 실력을 향상해 왔다.

오스트리아는 저소득층 가정의 자녀에 대해 체육주간행사 비용을 전액 보조하고 있다. 이를 위해 지역스폰서와 학교를 연결, 리프트권 할인 등의 정책을 펼칠 정도로 스포츠를 장려하고 있다.

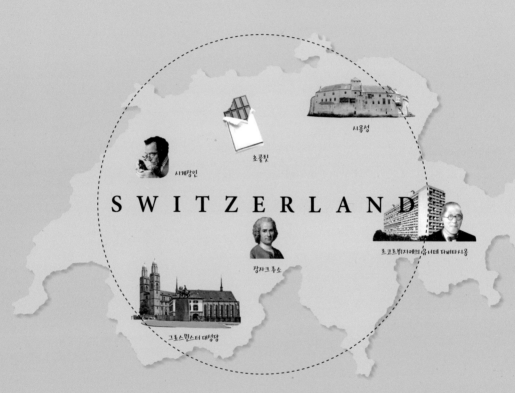

시계장인

초콜릿

시옹성

S W I T Z E R L A N D

장자크 루소

르 코르뷔지에의 유니테 다비타시옹

그로스뮌스터 대성당

스위스

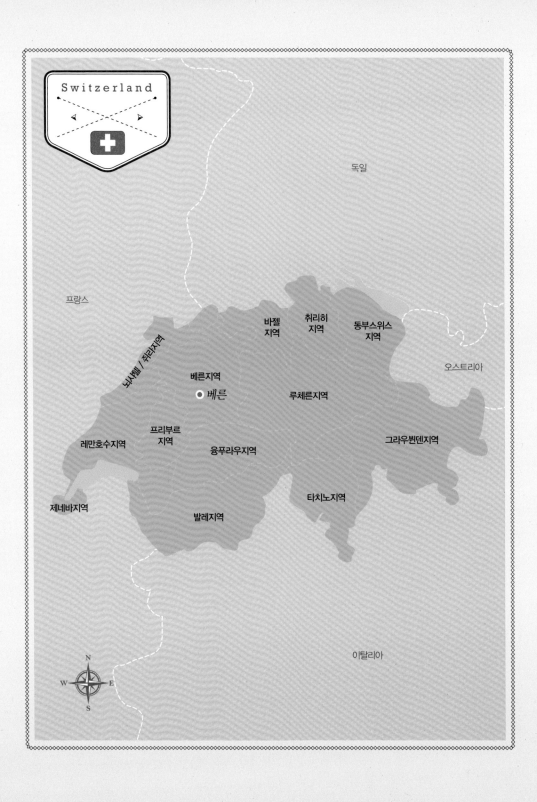

CHAPTER 1 스위스

아름다운 경치의 '알프스', 정교하기로 이름난 '시계'로 유명한 스위스는 어떤 나라일까. 유럽 중부 내륙에 위치한 스위스는 북쪽으로 독일, 동쪽으로 리히텐슈타인·오스트리아, 남쪽으로 이탈리아, 서쪽으로 프랑스에 접하고 있다. 정식 명칭은 스위스 연방공화국(Swiss Confederation)이다. 수도는 베른이고, 인종은 게르만족(65%), 프랑스인(18%), 이탈리아인(10%) 등이며 독일어, 프랑스어, 이탈리아어가 공용어로 사용되고 있다.

체제는 스위스식 회의제의 연방 공화제다. 직접민주주의를 채택하여 국민들이 직접 국가 주요 정책에 참여하여 의사를 결정하고 있다. 의회는 양원제로 임기 4년의 상원(46석)과 하원(200석)으로 구성된다. 유럽지역에 위치하고 있지만 통화는 유로존에는 가입하지 않고 독립적인 통화정책을 유지하며 스위스 프랑을 사용하고 있다. 시차는 우리나라보다 8시간 늦으며, 서머타임인 3월에서 10월 기간에는 7시간이 늦다.

스위스는 인구가 약 900만 명(2012년 기준)으로, 우리나라의 약 1/5에 불과하지만 경제력은 세계 최고 수준이다. 수려한 알프스와 아름다운 호수, 다채로운 위락시설을 바탕으로 한 뛰어난 관광산업 덕분에 1인당 국민소득 8만 1,000달러(2014년 기준)의 세계적인 경제력을 자랑하고 있다.

스위스를 대표하는 주요 인물로는 제1회 노벨평화상 수상자 장 앙리 뒤낭, 교육의 이념을 직접 실천한 스위스의 정신적인 지주 요한 하인리히 페스탈로치, 국제법 형성에 중요한 역할을 한 에머리히데 바텔이 있다. 이 밖에도 스위스는 유명한 예술가, 사상가, 과학자를 무수히 배출했으며, 노벨상 수상자가 29명에 이르는 문화 강국으로 자리매김했는데, 이렇게 큰 성과를 얻을 수 있었던 데는 과연 어떤 역사적, 정치적, 사회 문화적 배경이 있었을까?

스위스의 자연환경

스위스는 국토의 약 80%가 산악지대로 이루어져 있다. 북서부에는 알프스 쥐라 산맥이 있고, 그 옆으로 제네바, 루체른, 취리히를 잇는 평평한 대지가 펼쳐져 있는데 알프스 산맥에는 마터호른, 몬테로사 등의 험하고 높은 봉우리가 자리하고 있다. 이러한 봉우리들은 라인, 론, 다뉴브 강이 시작되는 발원지이기도 하다. 이 같은 자연환경 때문에 특히 스위스 알프스는 신비로운 만년설과 동화 같은 산간 마을, 낭만적인 산악열차가 조화를 이룬 그림 같은 풍경으로 유명하다. 알프스 융프라우는 높이 4,158m의 봉우리로 묀히(4,107m), 아이거(3,970m)와 더불어 3대 봉우리로 꼽힌다. 웅장한 알프스의 대자연을 직접 체험할 수 있으며 '신이 빚어낸 알프스의 보석'이라 불리기도 한다. 융프라우 정상 바로 아래에는 세계에서 가장 높은 기차역 융프라우요흐(3,454m)가 있어서 눈 덮인 아름다운 설경을 감상할 수 있다.

우리와 마찬가지로 사계절이 있으며 전체적으로 기후는 한국보다 온화

| 스위스 몽블랑 케이블카 주변의 마을. 동화처럼 아름다운 마을 뒤로 몽블랑이 보인다.

하다. 여름에는 건조하여 에어컨을 사용하지 않고도 견딜만하지만, 최근에는 많이 더워지는 경향이 있다. 겨울에는 영하로 내려가고 눈이 자주 오지만 추위가 심하지는 않은 편이다.

스위스에는 1983년에 세계문화유산으로 지정된 베른 구시가지를 비롯해서 2009년에 지정된 라쇼드퐁·르로클 시계 도시 등 10개의 유네스코 지정 세계유산이 있다.

스위스의 국민성

풍부한 관광자원으로 쌓아온 막강한 부를 바탕으로 스위스인들은 자신들이 세계 최고라는 자부심을 가지고 있다. 하지만 이를 겉으로 드러내 표현하지는 않으며, 자국제도와 상이한 외국제도가 우월하더라도 이를 배우려고 하는 인식이 약하다. 스위스인들은 양보, 타협에도 익숙한 데 7명의 연방각

료가 집단지도체제를 계속 유지하고 있는 것은 이러한 국민성을 반영한 것으로 볼 수 있다.

이렇게 높은 국민소득과 선진문화를 자랑하지만, 여성에 대해서는 이와 어울리지 않게 차별적 인식을 오래전부터 지속해 왔다. 여성의 참정권이 허용된 것도 1971년에 와서야 가능했다. 또한 외국인에 대한 차별적인 인식이 팽배하다는 점도 문제로 남아있다. 730만 인구 중 외국인이 20%에 이르는데, 이들 외국인이 스위스에 이주한 제 2세대, 3세대조차도 스위스 국적을 받기란 쉽지 않았다. 이에 대해 의회에서는 지속해서 법안을 냈지만, 외국인에 대해 배타적인 분위기로 인해 번번이 무산된 바 있다. 특히, 경제력이 떨어지는 외국인에 대해서는 배척하는 경향이 두드러지게 보이는 편이다.

스위스인들은 이웃에 대해서도 인사를 잘하지 않을 정도로 보통 내성적인 성향이 있다. 하지만 이와는 별개로 예의를 크게 중히 여기기 때문에 사소한 문제도 자칫 큰 문제로 비화될 수 있다. 예를 들어 아파트에서 저녁 10시 이후에는 소음이 발생하지 않도록 변기 물 내리는 것도 자제해야 할 정도로 각별한 주의가 필요하다.

한편 스위스에서는 남의 이목을 끌거나 과시하는 것을 배척하며 겸손을 미덕으로 여긴다. 따라서 고급 차인 벤츠나 BMW 차 뒷면에 모델 번호(벤츠 500 등)가 없는 차들이 많다. 모델 번호를 없애준다는 조건으로 구입하는 사람들이 많으며 평범한 삶을 즐기는 것을 선호한다. 세계적인 스타들 또한 이러한 문화 덕분에 스위스에서는 평범한 생활이 가능하다. 누구에게 크게 열광하거나 몰두하지 않으며 개인적인 사생활을 중시해 보호하기 때문이다. 자동차 경주왕 슈마허, 뮤직스타 터너, 007 영화 주인공 로저무어 등 세계적인 스타들이 스위스에서 프라이버시를 보호받으며 생활하고 있다.

🌿 스위스의 언어

프랑스, 독일, 이탈리아와 인접한 스위스는 독일어(63.7%), 프랑스어(20.4%), 이탈리아어(6.5%)를 모두 사용하고 있다. 이밖에 스위스 방언인 로망슈어(0.5%)도 사용하고 있다.

지역마다 사용언어가 다르며 학교에서 배우는 언어도 지역마다 다르다. 스위스의 독일어는 지방마다 사투리가 심하고 베른 쪽으로 갈수록 독일어가 어려운 편이다. 이는 마치 전혀 다른 언어 같기도 해서 '슈비처뒤치(스위스식 독일어)'라며 따로 분류되기도 할 정도다. 독일과 가까워지는 북쪽으로 갈수록 독일식 독어를 많이 사용한다. 독어와 다르게 불어는 프랑스의 불어와 99%로 동일하지만 프랑스인들보다 속도가 매우 느린 편이다. 로망슈어는 그라우뷘덴 주의 극히 일부가 사용하는 옛 라틴어에 가까운 언어이다. 다양한 언어가 자유롭게 사용되는 환경 때문에 스위스에는 적어도 두 개 이상의 언어를 구사할 수 있는 사람들이 많다. 또한 세계적인 관광지답게 영어도 많이 사용된다.

🌿 스위스의 종교

스위스는 따로 국교는 없으며 신앙의 자유가 보장되어 있는 연방제 국가다. 하지만 대부분의 국민들은 기독교(구교 및 신교)를 믿고 있다. 국민의 절반 가까이(41.8%)가 가톨릭을 믿으며, 주로 중부와 중남부 지역에 가톨릭 신자들이 많이 거주하고 있다. 이에 비해 개신교(프로테스탄트)는 스위스 국민의 1/3 이상(35.3%)이 믿고 있으며, 16세기 츠빙글리와 칼뱅의 종교개혁 영향으로 대부분이 서부와 북서부 지역에 거주하고 있는 것이 특징이다.

한편 회교도(4.3%)도 점차 늘어나고 있다. 제2차 세계대전 이후 중동과

| 스위스의 교회나 성당은 다른 서유럽과 달리 웅장한 맛은 없으나 알프스의 풍경과 조화를 이루는 소박함이 오히려 인간미를 느끼게 한다.

동유럽 지역에서 들어온 이주민이 많아지면서 회교도 신자도 늘어난 것이며 이밖에 불교(0.3%), 유대교(0.2%) 등도 존재하고 있으며 무교인 사람도(11%) 크게 증가하고 있다.

교회는 세금으로 운영되어 교인 수가 적어도 운영에는 큰 문제가 없다. 대부분의 연방 주에서는 소득세 서류에 교파를 적어서 내야 하는데 가톨릭은 6%, 프로테스탄트교는 5%의 세금을 추가로 내야 한다. 스위스 취리히는 종교개혁이 일어난 중심지라서 많은 관광객이 찾는 곳이기도 하다. 제네바가 칼뱅의 종교개혁 중심지라면, 취리히는 츠빙글리와 불링거로 대표되는 종교개혁 운동의 중심으로서 많은 유적지가 존재하기 때문이다. 취리히 호수 북쪽 리마트 강변에 세워진 스위스 최대의 로마네스 양식의 교회, 그로스뮌스터는 스위스 종교개혁가 츠빙글리가 16세기에 설교하던 대성당으로 지금은 개신교 교회로 이용되고 있다. 이 교회는 중세시대를 끝낸 종교개혁의 발상지라고 할 수 있다.

루터는 1524년부터 성만찬 논쟁("성만찬에서 빵은 실제로 그리스도의 몸이 아니라 몸을 상징하는 것일 뿐이다."라고 주장한 츠빙글리와 "그리스도가 성찬 속에 실재적으로 임하는 것이다."라고 한 루터가 대립한 논쟁)에 처해 있었는데, 그 논쟁의 중심에는 스위스 취리히의 종교개혁자 츠빙글리가 있었다. 이 성만찬 논쟁은 한 시점의 논쟁으로 끝난 것이 아니라 전 종교개혁과정의 중심 주제였다. 성만찬 논쟁의 결과 스위스는 루터에게서 분리되어 독자적인 개혁 교회의 길을 걷게 됐는데 이는 막강한 로마 가톨릭 앞에 생존의 위기에 처해 있던 개신교 진영에게 치명적인 것으로 받아들여졌다. 이후 루터교회와 개혁교회의 관계는 로마 가톨릭과의 갈등·대립 못지않게 적대적인 양상을 보이게 됐다.

스위스의 지리와 도시

우리나라보다 높은 북위 47°에 자리 잡고 있는 스위스는 대한민국(9만 9,538㎢)의 약 절반(4만 1,284㎢)정도에 불과할 정도로 작은 나라다. 좁은 국토에서 그나마도 80% 이상이 산지다. 게다가 이렇다 할 지하자원도 없다. 하지만 이 모든 악조건에도 불구하고 알프스의 뛰어난 풍경은 스위스를 세계적인 관광대국으로 이끌며 국가 발전을 견인했다. 스위스를 대표하는 풍경은 만년설로 덮인 알프스를 배경으로 각자 개성을 가진 집들이 모여 있는 모습이라 할 수 있는데 유럽의 지붕이라 불리는 융프라우와 필라투스, 리기, 티틀리스 등 고산들은 그 자체로 한 폭의 아름다운 그림이 되고 있다.

스위스 관광의 핵심인 알프스의 전경은 어느 도시에서도 만끽할 수 있는데 특히 알프스 봉우리 중 백미라고 꼽히는 마터호른은 알프스에서 가장 인기가 있다. 마터호른은 파라마운트영화사의 로고로도 잘 알려져 있으며, 수많은 언론 매체와 전문가들로부터 알프스 중 최고의 봉우리로 선정되기도 했다.

주요 도시로는 스위스에서 가장 큰 도시이자 금융, 경제 및 상업의 중심

| 만년설이 녹고 있는 알프스. 이 멋진 풍경을 지키려는 노력이 절실하다. 알프스 산맥의 가장 넓은 면적은 이탈리아가 차지하고 있지만, 지구촌 사람들에게 알프스는 곧 스위스다. 끈질긴 홍보의 결과다.

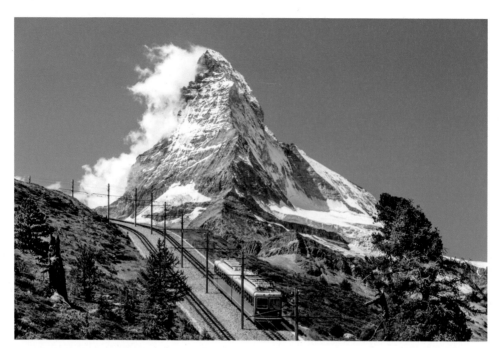

| 마터호른을 향해 오르는 산악열차.

지인 취리히, 알프스와 피어발트슈테터 호수를 배경으로 뛰어난 경관을 자랑하는 관광도시 루체른, 종교개혁의 중심지 제네바, 유럽의 지붕 융프라우를 낀 인터라켄, 도시 전체가 유네스코 세계문화유산으로 등재된 수도 베른, 매년 세계경제포럼(*WEF : World Economic Forum*, 다보스 포럼)이 열리는 다보스 등이 있다.

CHAPTER 3

스위스를 대표하는 관광지

스위스는 유럽의 한가운데 위치해 교통 요충지 역할을 하고 있으며 수려하고 깨끗한 자연환경까지 갖춰 관광대국이 될 수 있는 유리한 조건을 갖췄다. 스위스 안에서 유네스코가 지정한 세계문화유산, 세계자연유산을 모두 찾아볼 수 있는 것도 특징이다.

유네스코 세계문화유산으로 지정된 5개 지역은 베른 구시가지, 장크트 갈렌 수도원, 뮈스테어의 성에 있는 요한 베네딕트회 수도원(1983년), 벨린초나 3개 고성 및 외곽 성벽(2000년), 라보 포도 재배지역(2007년), 레티셰 반 알불라·베르니나 구간(2008년), 라쇼드퐁·르로클 시계 도시(2009년)이며, 유네스코 세계자연유산으로 지정된 3개 지역은 융프라우-알레취-비츠호른(2001년), 몬테 산 조르지오(2003년), 사르도나 지각표층지역(2008년)이 있다.

이같이 막강한 관광자원을 바탕으로 관광이 국가의 중요한 수입원이 된 만큼 스위스는 여행객들을 위한 다양한 편의를 제공하고 있다. 대표적인 것이 비자 정책이다. 스위스는 무비자 협정을 체결하고 있기 때문에 3개월 미만 체류하는 여행객의 경우 비자가 필요 없도록 한 것이다. 따라서 일부 위험 국가들 외에 대부분 국가는 모두 무비자 혜택을 받을 수 있다.

또한 관광객들이 출·입국할 때 보유할 수 있는 현금에 제한을 두지 않는다는 점도 관광 활성화를 위한 독특한 정책이다. 관광 산업 육성을 위한 투자에도 적극적이어서, 관광을 위해 자연도 적극적인 개발을 추진하는 편이다. 한 예로 알프스 산지 곳곳에 산악열차와 케이블카가 설치돼 있는가 하면 '유럽의 지붕'이라 불리는 융프라우 꼭대기까지 산악열차가 다니고 회전식 레스토랑도 설치돼 있다. 이 밖에도 마터호른, 바위산 필라투스, 리기산 등에서 톱니바퀴 열차가 설치돼 있으며, 케이블카도 회전식 혹은 고정식, 파노라마식 등 다양하게 마련되어 있어서 개인이 선택할 수 있다.

교통 또한 자유롭다. 스위스 패스를 통해 스위스 내의 열차, 버스, 유람선 등을 제한 없이 이용할 수 있다. 또한 2인 이상~5인 이하에게 할인해 주는 세이버 패스, 한달 이내에 날짜를 자유롭게 선택할 수 있는 플렉시 패스 등 관광객들을 위한 다양한 교통편의를 마련해 놓고 있다. 산골짜기의 작은 마을까지도 대중교통으로 촘촘히 연결돼 있어 그만큼 연결성이 뛰어나고 편리하다. 교통 자체가 관광코스가 되는 곳도 있다. 스위스 철도는 세계적으로 유명한데, 융프라우요흐는 3,454m로 유럽에서 가장 높은 기차역이며, 1871년 만들어진 비츠나우-리기반은 유럽에서 가장 오래된 산악 열차이고, 최고 기울기가 48°나 되는 필라투스 반은 유럽에서 가장 가파른 톱니바퀴 열차로 널리 알려져 있다. 2012년 여름 오픈한 최초의 지붕 없는 케이블카 슈탄저호른의 카브리오 반도 크게 사랑받는 교통수단이다.

취리히와 제네바 공항 모두 공항 안에 기차역이 있어 편리하게 도심지로 이동할 수 있다. 짐이 많은 여행객이라면, 패스트 배기지(Fast Baggage) 서비스를 이용해 46개 역에서 짐을 따로 부치고 24시간 이내에 받을 수 있다. 이처럼 편리한 대중교통은 전 세계에서 수많은 관광객들을 더 많이 불러오는 데 톡톡한 역할을 하고 있다.

스위스는 산악지대가 많아 캠핑의 천국이라 할 만큼 다양한 캠핑장이 있는데 이때 옷차림에도 유의해야 한다. 스위스 날씨가 워낙 변화가 심하며 산 아래와 위의 기온 차도 많이 나기 때문이다. 따라서 여름에도 겨울옷을 꼭 준비하는 것이 좋다. 융프라우 등 고산지대를 갈 때는 기압 차가 심하다는 점도 유의해야 한다. 특히 건강상태가 안 좋은 노약자는 각별한 주의가 필요한 데 알프스 산은 바위가 축축하고 이끼가 많아 미끄러우며 등산코스를 이탈할 경우 대단히 위험하기 때문이다. 또 스위스 하천은 빙하가 녹은 물이라서 수온이 매우 낮은 데다가, 소용돌이가 많기 때문에 수영하는 건 주의해야 한다.

이 밖에도 신용카드를 사용하고자 할 때는 여분의 카드를 더 챙기는 게 좋다. 스위스에서 신용카드를 결제하는 방식은 우리나라처럼 위에서 아래로 긁는 것이 아니라 현금 인출 카드기처럼 안으로 들어갔다 나오는 방식인데 이때, 마그네틱에 작은 흠집이 있으면 작동하지 않는 경우도 있기 때문이다.

❧ 루체른

관광객들이 가장 선호하는 스위스 핵심여행지 중 한 곳인 루체른은 스위스의 여러 관광지 중에서도 알프스의 아름다운 풍광을 만끽할 수 있는 최고의 명소로 꼽힌다.

루체른은 도시 주변을 흐르는 루체른 호와 그 앞에 솟은 필라투스 산이 있는데 특히 호수 주변으로 전형적인 스위스풍의 건축물과 지중해풍의 경관이 어우러져 운치를 더한다. 루체른에서 빼놓을 수 없는 볼거리로는 카펠교가 있다. 카펠교는 유럽에서 가장 오래된 역사를 자랑하는데, 기와지붕이 있는 목조건물로 되어 있어 특별한 외관을 갖고 있으며 루체른의 상징으로 여겨지는 곳이기도 하다. 지붕에는 당시의 중요한 사건이나 루체른 수호성인의 생애 등이 그려진 112장의 그림이 걸려 있다. 카펠교에서는 빈사의 사자상도 볼 수 있다. 세상에서 가장 슬프고 감동적인 조각품이라 불리는 빈사의 사자상은 1792년 프랑스 혁명 당시의 모습을 담고 있다. 즉 사자는 파리에서 루이 16세가 머물던 궁전을 지키다 전사한 786명의 용병을 상징하며, 그 당시 전사한 786명의 스위스 병사 이름을 전부 새겨놓았다.

루체른에 위치한 알프스 봉우리 티틀리스에서는 360° 회전 케이블카인 로트에어가 명물이다. 여기에 탑승해 알프스의 만년설을 바라보는 것은 말 그대로 대자연의 감동을 그대로 느낄 수 있어 특히 유명하다. 루체른을 비롯한 중소도시 상점들은 저녁 6~7시면 문을 닫으므로 저녁에 쇼핑하는 것은 거의 불가능하다.

취리히

스위스에서 가장 큰 도시인 취리히는 '작지만 큰 도시'라는 애칭을 가지고 있는 곳으로, 세계에서 손꼽히는 '가장 살기 좋은 도시'이기도 하다. 또한 상업과 금융의 중심지이기도 한데, 익명성을 보호해주는 비밀계좌제도를 운용하는 스위스 중앙은행도 취리히에 있다. '첨탑의 도시'라고 할 만큼 성당과 교회가 많은 도시이기도 하다.

루체른이 자연경관을 감상하기 위한 곳이라면 금융, 경제 및 상업의 중심지인 취리히는 쇼핑을 위한 도시다. 세계에서 가장 볼거리가 많은 쇼핑가로 일류 디자이너의 화려한 의상실과 시계, 보석상들이 즐비한 반호프 거리

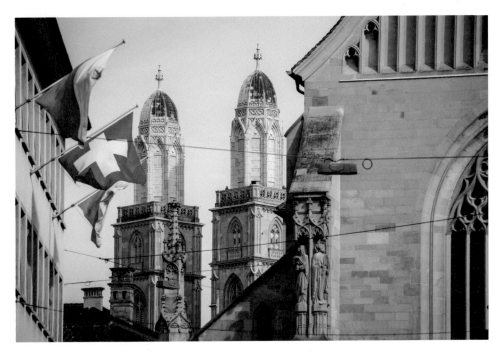

| 취리히와 그로스뮌스터 타워의 모습.

역시 취리히에 위치해 있다. 중앙역의 반호프 광장에서 취리히 호반의 뷔르클리 광장까지 뻗은 약 1,300m의 대로는 취리히의 여행 중심지인 반호프 슈트라세인데 세계적으로도 유명한 쇼핑가다. 큰 백화점, 고급 상점, 유서 깊은 은행 등이 이곳에 밀집돼 있어 편리하게 이용할 수 있다.

볼거리도 많아서 대도시의 현대적인 느낌과 더불어 취리히 호수, 리마트 강이 아름다운 풍경을 마음껏 즐길 수 있게 해준다. 특히 강을 경계로 그로스뮌스터 대성당과 성베드로 교회가 보이는 야경은 아름다운 모습에 감탄을 자아낸다. 이 밖에도 취리히 길가에는 중세시대 고풍스러운 건물들은 물론 미술관, 박물관, 오페라 하우스 등이 계속 늘어서 있고, 곳곳에서 열리는 음악회와 각종 국제적인 행사들을 구경할 수도 있다.

베른

    스위스의 수도 베른에서는 스위스의 자연과 더불어 화려한 도심이 어우러진 풍광을 즐길 수 있다. 베른은 스위스 최초로 1983년, 유네스코 세계유산으로 등재된 도시다. 취리히, 루체른, 제네바 등 스위스의 이름난 도시들 가운데 세계유산으로 지정된 도시는 베른이 유일하다. 특히 구시가 전체가 세계문화유산이라는 점이 더욱 특이하다.

    그만큼 도시의 경관이 아름답기로 유명한 데, 도시를 감싸는 알레 강은 운치를 더하고 있으며, 베른 구시가의 경우 분수대가 독특한 개성을 보여준다. 이러한 독특한 분수대 덕분에 구시가가 더욱 유명해지기도 했는데 분수는 단순히 아름다울 뿐만 아니라 그 독특함으로 인해 큰 사랑을 받고 있다.

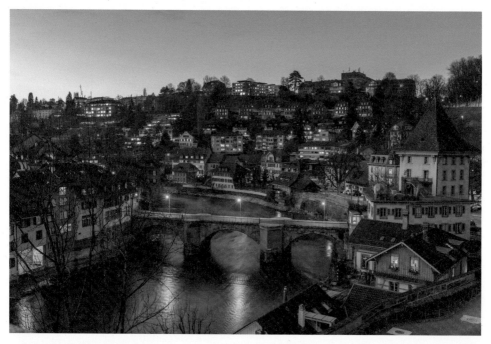

| 스위스의 수도인 베른과 알레 강의 야경.

구멍 난 신발을 신고 있는 백파이프 연주자의 분수에서부터 식인 귀신의 분수, 사자의 입을 열고 있는 삼손의 분수, 마을 창시자와 최초의 병원을 세운 여인을 기리는 분수 등 기발한 테마가 시선을 사로잡는다. 또한 분수대나 시계탑 등에서 곰들이 새겨져 있는 것을 자주 볼 수 있는데 곰은 베른을 상징하고 있으며 '곰의 도시'라고 불릴 정도로 의미가 깊은 곳이기 때문이다. 베른이라는 이름에도 곰의 의미가 담겨 있다.

한편, 분수대 옆을 구경하기 위해서 트롤리 버스(무궤도 전차)도 이용할 수 있다. 도시 곳곳 오래된 건물 사이를 트롤리 버스와 트램이 느리게 오가고 있는데 인도와 차도도 별도의 난간 없이 흰 점선이 대신하고 있다.

이외에도 베른 중에 빼놓을 수 없는 명물로 여겨지는 곳이 석조 아케이드다. 유럽에서 가장 긴 아케이드 중 하나로 반지하의 상점이 늘어서 있다. 이 아케이드 주위에 위치한 곳이 시계탑인데 이는 베른의 상징이자 가장 멋진 건축물로 꼽히고 있다. 도시가 생성됐던 12세기 후반에 지어지기 시작해 16세기 중반에 완성됐는데 매시 정각 4분 전부터 곰들과 광대들이 나와 춤을 춘다. 그 시계탑 아래로 또 트롤리 버스들이 오가는데 시계탑은 감옥탑 이전에 베른의 출입구 역할을 했던 곳이기도 하다.

베른에는 아인슈타인이 머물며 상대성 원리를 완성한 집도 아인슈타인 박물관으로 남아 있으며 베른에서 반생을 보낸 파울 클레의 작품들도 파울 클레 센터에서 만날 수 있다.

인터라켄

스위스에서 인기 있는 또 다른 휴양지는 인터라켄이다. 인터라켄은 '호수의 사이'라는 뜻을 가지고 있는데 말 그대로 툰 호수와 브리엔츠 호수 사이

| 융프라우로 향하는 산악열차의 출발점인 인터라켄 시가지에서 보이는 알프스. 늦가을부터 이른 봄까지 스키와 관광을 즐기려는 사람들로 북새통을 이룬다.

에 위치해 있다. 드넓은 초원과 낭만적인 호수가 서로 어우러져 여유와 낭만을 선사하며 아기자기한 집들이 많아 마치 동화 속 마을과 같은 풍경을 연출하고 있다. 이외에도 서쪽의 인터라켄은 예쁜 카페, 호텔, 레스토랑 등이 자리하고 있으며 약 4시간 코스의 유람선 투어도 마련되어 있다. 이 지역을 찾는 관광객들의 대다수는 인터라켄에 도착하면 으레 이 유람선을 이용하곤 한다.

인터라켄은 특히 융프라우요흐를 오르는 산악열차 기착지로, 알프스를 찾는 관광객들이 줄을 이을 정도로 인기가 많다. 융프라우로 향하는 열차는 서역에서 20분가량 떨어진 동역에서 출발한다. 유럽의 지붕 융프라우의 정상부인 융프라우요흐에서는 유럽 최정상의 레스토랑을 이용할 수 있으며, 얼음궁전, 스핑크스 테라스 등도 구경할 수 있어 관광객들의 큰 호응을 얻고 있다. 융프라우는 인터라켄의 심장으로 따뜻한 봄에 찾으면 정상부위로 갈수록 하얀 눈이 남아 있어 봄과 겨울의 두 계절을 즐길 수 있기도 하다. 바로 이런 점 덕분에 2001년에는 알프스 최초로 유네스코 세계자연유산으로 등재된바 있다. 여행할 때는 알프스를 오를 것을 생각해 반드시 두꺼운 외투를 준비하는 것이 좋으며 실내난방이 약해 실내에서도 유용하게 입을 따뜻한 옷을 준비하는 것이 좋다.

| 융프라우로 향하는 산악열차의 출발지인 인터라켄 역

| 인터라켄에서 출발해 융프라우 정상으로 향하는 열차는 이곳에서 다른 열차로 환승하게 된다

✌• 체르마트

해발 4,000m가 넘는 산봉이 48개에 달하는 나라 스위스. 그만큼 고지대에 위치한 도시도 많다. 스위스 남서부 발레 주에 위치한 체르마트는 이탈리아와 국경을 이루는 지역에 있으며 인구가 5,700여 명(2010년 기준)밖에 안되는 작은 도시인데 해발 1,620m 지점에 위치해 있다. 산봉우리에 둘러 쌓여있는 산악마을로 세계적으로 꼭 들러야 할 휴양지로 꼽힐 만큼 그 경관이 뛰어난 편이다. 특히 이 도시가 주목받는 이유는 청정 무공해 마을이라는 것. 자동차 진입이 금지되어 있어 청정지역으로 불리며 그만큼 자연의 신비를 그대로 간직하고 있는 도시로 정평이 나 있다. 일반 자동차 대신 전기 자동차를 각 호텔에서 운영하기 때문에 호텔의 셔틀 차량이나 택시 등을 편리하게 이용할 수 있다. 무공해 마을이라는 별칭답게 도시에 도착하면 신선한 공기를 바로 느낄 수 있으며 산 중턱까지 살레 스타일의 스위스 전통가옥이 늘어서 있어 그 자체가 한 폭의 그림과 같다.

하지만 무엇보다 체르마트에서 관광객들이 많이 찾는 곳은 바로 스위스의 상징인 마터호른이다. 높이가 무려 4,478m에 달하는 마터호른은 미국 '파라마운트 픽처스'의 상징으로 많이 알려져 있다. 아름다운 경관을 배경으로 하는 하이킹 코스가 유명하며 여름에도 스키리조트를 이용할 수 있다.

또한 중앙역에서 체르마트의 중심으로 이어지는 반호프 거리에는 아웃도어 상점도 다수 자리해 쇼핑을 즐길 수 있으며 이 거리를 중심으로 다양한 상점과 호텔, 레스토랑들이 이어져 있어 편리하게 이용할 수 있다.

✌• 시옹

언덕 위의 고성이 유명한 도시 시옹은 스위스 남서부 발레 주에 위치해 있으며 체르마트에서 기차로 2시간 거리에 있다. 스위스에서 가장 오래된 도시인데, 시옹에는 투르비용 성, 발레르 성, 마요리 성, 몽토르게 성 등이 위치해 있으며 특히 12~13세기 로마 시대의 요새 위에 세워진 발레르 성이 유명하다. 성안에는 14세기의 파이프오르간이 있는데 이는 연주가 가능한 악기 중 세계에서 가장 오래된 것이라고 한다. 또한 이곳은 스위스 최대의 와인 생산지로 유명하기도 하다. 실제로 산 주변에는 포도밭이 눈에 많이 띈다.

다양한 축제도 많다. 매년 8월에는 국제 뮤직 페스티벌이 열리는데 세계적인 음악 축제로 발전해 오케스트라는 물론 다양한 음악가들이 연주를 선보이고 있으며 매년 6월에는 국제거리 아티스트 페스티벌이 열려 일러스트, 회화, 만화 등 작품을 거리에서 만날 수 있다. 이때 맞춰 시옹을 여행하는 것도 좋은 방법이 될 수 있다.

로잔

로잔은 스위스 서남부의 갑문인 제네바공항과 인접하고 레만 호숫가에 위치한 아름다운 호반의 도시로 국제올림픽위원회(IOC)가 위치해 있는 곳으로 많이 알려져 있다. 그만큼 올림픽과 관련된 건축과 조형이 곳곳에 위치해 있다. 레만 호수가 내려다보이는 언덕 위에는 IOC가 마련한 올림픽 박물관이 있으며 아침 9시부터 오후 6시까지 문을 열어 관광객들을 맞고 있다. 또한 박물관 아래로는 올림픽 공원(Le Parc Olympique)도 있는데 특이한 디자인의 하얀 분수대를 시작으로 언덕을 따라 올라가며 여러 가지 스포츠를 표현한 조각상을 감상할 수 있다.

그러나 무엇보다 로잔 여행의 핵심은 호수로, 그 자체가 한 폭의 그림을 연상시킨다. 선착장 옆 요트 정박장에는 요트들이 줄지어 있는데 대부분이 개인 소유의 것들이다. 레만 호수는 넓고 바람이 적당하기 때문에 요트를 즐기기에 좋으며, 관광객들이 직접 노를 저어볼 수 있는 작은 보트를 타 볼 수도 있다. 유명한 관광지인 만큼 호수를 따라 커피를 즐길 수 있는 카페와 레스토랑, 호텔이 들어서 있다. 레만 호 맞은편으로는 프랑스가 있다는 점도 이색적이다.

제네바

국제적십자, 국제연맹, 제네바 협정 등으로 널리 알려진 스위스 제네바는 칼뱅, 루소, 앙리 뒤낭 등 역사적인 인물들이 활동한 도시기도 하다. UN 본부가 위치한 도시로도 널리 알려져 있다.

칼뱅이 활동했던 종교개혁의 중심지인 만큼 다양한 종교 관련 조형물과 건축물을 마주할 수 있다. 바스티옹 공원 옆으로는 칼뱅 탄생 400주년을 기념해 세운 종교개혁 기념비가 들어서 있는데, 벽면을 따라 기독교의 역사가 동상과 함께 설명돼 있다. 이 밖에도 웅장한 규모의 성 피에르 성당, 노르트담 성당 등도 위치해 있다.

또 제네바는 시계산업의 중심지로도 유명하다. 제네바 호수 인근에 위치한 영국공원에서는 계절마다 무려 6,500개의 꽃송이로 단장한 꽃시계를 마주할 수 있는데 이 모습 또한 큰 인상을 준다. 제네바 호 뒤로 보이는 눈이 덮인 산을 볼 수 있는데 이게 바로 프랑스 몽블랑이다. 이러한 경관 또한 볼거리라 할 수 있으며 프랑스가 가까워 주로 불어가 많이 사용되는데, 세계적인 관광지인 만큼 독일어와 영어도 많이 쓰인다. 매년 3월에는 국제적인 규모의 제네바 모터쇼가 열려 관광객들을 많이 불러모으고 있다. 1931년 제1회 모터쇼가 개최된 이후 해마다 열리고 있는데, 스위스 대통령과 주지사가 개막

| 제네바는 보이는 역사만큼 보이지 않는 역사들로 가득 찬 스위스의 중심 도시다. 유명한 레만 호를 끼고 있고 다른 지역과 달리 공식 언어는 프랑스어다.

식에 참가해 홍보할 정도로 국가적인 행사로 대접받고 있다. 제네바에서 모터쇼가 발달한 것은 자동차 생산에 있어서 유럽의 3대 강국인 이탈리아, 프랑스, 독일의 중심에 자리 잡고 있는 지정학적 위치가 큰 작용을 했으며 다양한 디자인과 종류의 차량을 만날 수 있어 세계적으로도 그 권위를 인정받고 있다.

❧ 로카르노

해마다 8월에 열리는 로카르노국제영화제로 유명한 로카르노는 스위스 남부 티치노주 마조레 호 북부에 있는 작은 도시다. 영화제 덕분에 세계적으로 유명한 도시가 됐으며 열흘 동안 펼쳐지는 영화제를 위해 세계에서 많은 여행객들이 몰리고 있기도 하다. 축제가 펼쳐지는 곳은 그란데(Grande) 광장으로 로카르노의 중심이다. 바위 절벽에 위태롭게 서 있는 마돈나 델 사소(Madonna del Sasso) 성당은 로카르노의 또 다른 명물로 로카르노가 중세에는 성이 있는 꽤 큰 도시였다고 한다. 로카르노는 또한 마조레(Maggiore)호수를 끼고 있는데 해발 193m인 이 호수는 스위스에서도 가장 낮은 곳으로 따라서 로카르노 도시 자체가 스위스에서 가장 낮은 지역이라 할 수 있다. 날씨도 그만큼 따뜻한 편으로 한겨울에도 영하로 떨어지는 날은 극히 드물다.

루가노

스위스 남부에 위치한 티치노는 이탈리아로 넘어가는 길목에 있는데 이탈리아어를 사용하며 스위스에서도 가장 이국적인 느낌을 주는 티치노에서도 가장 큰 도시가 바로 루가노다. '스위스 속의 이탈리아'라고 불릴 정도로 이탈리아와 유사한 모습을 띠고 있다. 인구는 약 6만 명으로 티치노 주에서 가장 많다. 야자수가 자랄 정도로 겨울에도 따뜻한 날씨를 자랑한다.

루가노 호수와 치아니 공원은 관광객들이 주로 많이 찾는 곳이다. 치아니의 중심에는 다양한 미술품이 전시된 박물관인 '빌라 치아니'가 있다. 공원을 나서면 산책로가 이어져 있다.

이곳은 세계적인 대문호 헤르만 헤세가 말년을 보낸 곳으로도 유명하다. 그의 산문집 〈테신, 스위스의 작은 마을〉에서 헤세는 "나는 여기서 자유, 공기, 태양, 고독과 창작을 호흡한다."라고 적고 있으며, 〈싯다르타〉, 〈나르치스와 골드문트〉 등 헤세의 후기를 대표하는 많은 작품이 이 지역에서 탄생했다.

CHAPTER

4

스위스의 역사

❧ 고대

스위스의 역사는 후기 구석기시대로 거슬러 올라간다. 재미있는 사실은 당시 사람들이 기둥 위에 집을 지어 호숫가의 호상 가옥이 많았다는 점이다. 농사에 사용되는 귀중한 경작지를 낭비하지 않기 위해서 호숫가를 따라 나무 기둥 위에 집을 지었다고 하는데 알프스의 빙하지대에 있는 동굴과 바위에는 그 자취가 남아 있다. 가장 오래된 것은 BC 400년경의 것으로, 이는 헬베티아인이나 라에티아인, 로마인보다 이전이다.

주민들은 약 3,000년 가까이나 이와 같은 호상가옥에서 거주해왔던 것으로 알려져 있는데 가장 유명한 호숫가 마을이 바로 뉴샤텔 호숫가에 지어진 라 테네의 켈트족 마을이다. 약 BC 450년경 철기시대 후반 거주지로 이 장소의 이름을 따라서 테네 유적으로 명명되었다.

이러한 집들은 청동기시대·철기시대까지 계속된 것으로 알려져 있다.

이 지역은 이후 BC 5세기경에 이르러 켈트인이 정착했는데, 가장 강력한 헬베티족은 스위스 서부를 차지하고 있었고, 스위스의 옛 이름인 헬베티아도 이 부족의 이름에서 생겨났다. 라인 강 북쪽에 위치한 게르만인과 대립하던 헬베티족은 BC 107년 로마의 집정관 카시우스의 군대를 격파했지만, BC 59년에 카이사르에 패배했고, 그 후 급속히 로마화되며 쇠퇴의 길을 걸었다.

로마와의 인연은 길게 이어져 BC 1세기와 서기 첫 10년 동안 스위스 지역은 로마제국에 의해 점진적으로 통합되기 시작했으며 로마의 통치는 서기 401년에 끝났지만, 중세시대 초기까지 로마식 건축물은 스위스 일부에 남아 있었다. BC 3세기 초, 한니발의 패배 이후 로마는 현재 티치노의 남부지방을 지배했으며 약 75년 후 로마는 이탈리아에서 스페인으로 가는 길을 통제하기 위해 론느 계곡(제네바 포함) 또한 지배하에 두었다.

로마의 지배를 받을 때 스위스는 하나의 국가가 아닌 다섯 개의 로마식 지방으로 분할되어 있었다. 지배라고는 하지만 로마의 통치는 억압적이지 않았고 기존 지배세력이 기능이나 지위를 유지하게 하는 등 국민들이 단계적으로 로마화되도록 한 것이 특징이다. 공용어는 라틴어였으나 켈틱 방언이 남아 있었다. 로마는 행정 중심지 도시를 만들고 교육 시 라틴어를 사용하는 학교도 세웠다. 이 교육의 영향은 지방까지 점차로 라틴어가 켈틱어를 대체하도록 하는 것이었다.

서기 4세기에는 스위스 동북부에 알라만족(독일어계), 남부에 랑고바르드족(이탈리아어계), 서부에 부르군트족(프랑스어계)이 자리를 잡았고, 원래 이곳에 살던 켈트인(로망슈어계)들은 그라우뷘덴 지역으로 옮겼다. 이 당시에 다언어 국가의 바탕이 만들어졌으며 그리스도교가 전해졌다. 이후 6세기에는 프랑크 왕국의 지배를, 10세기에는 신성 로마 제국의 지배를 받았다.

🌿 스위스 연방의 탄생

스위스가 있던 지역 알프스 산맥 근처의 산악 마을들은 신성로마제국의 황제 직할지였다. 각자의 마을은 자치권이 있었다. 그러던 중 변화가 시작된 건 오스트리아의 합스부르크가가 세력을 확장하면서부터이다. 합스부르크가가 점점 그 위세가 커지며 영향력을 미쳐오자, 피어발터슈테터 호수 근처의 우리, 슈비츠, 운터발덴 3주는 합스부르크가의 압제에 맞서 1291년 뤼틀리에서 동맹을 결성했는데 이렇게 탄생한 것이 바로 오늘날 스위스 연방(8월 1일이 국경일)이다. 스위스라는 나라 이름도 슈비츠 주에서 유래했다.

합스부르크가의 압제에 저항한 농민들의 활동은 후에 유명한 '빌헬름 텔'의 이야기가 되었으며, 이를 주제로 한 실러의 희곡으로 유명해졌다. 오스트리아의 합스부르크가가 영향력이 커지며 그 문제는 계속되었는데, 1315년에는 아인지델른의 수도원 보호를 구실로 침입해온 오스트리아군을 격파한 스위스 농민의 장창대는 그 명성을 떨쳤다. 이후 루체른, 취리히, 글라루스, 추크, 1353년 베른이 포함되어 8주 동맹이 성립되었고 동맹 가입국이 점차 늘어나며 스위스 군사들은 세력이 더 커질 수 있었다. 이에 따라 1499년에는 슈바벤 전쟁에서 신성 로마 제국의 황제 막시밀리안의 군대와 싸워 승리를 거두기도 했다. 당시 스위스는 바젤 화약의 결과에 따라 신성로마제국으로부터 독립을 얻을 수 있었다.

🌿 종교개혁과 근대

1513년 장크트갈렌의 수도원령에서 해방된 아펜첼이 가입하면서 13주 동맹이 된 스위스는 이탈리아 쪽으로 영토를 확장했다. 당시는 이탈리아전쟁의 시대로 스위스는 프랑스군을 북이탈리아에서 몰아냄으로써 국토를 확장했다. 하지만 이후 프랑수아 1세의 군대에 패배하며 다시 프랑스가 용병 징집권을 갖게 되었다. 또한 로마 가톨릭 교회에 반대하는 종교 개혁이 16세기 유럽에서 일어나자, 스위스의 동맹 13주도 구교와 신교가 크게 분열되는 혼란을 겪었다. 먼저 취리히에서는 츠빙글리가 새로운 복음주의 운동을 펼쳤다. 1519년 설교를 통해 복음주의를 전파하는가 하면, 우상폐지를 주장하고, 용병제를 배격하며, 교회재산을 매각하여 구빈법을 실시하는 등 급진적 개혁을 주장했다. 이러한 파격적인 움직임은 샤프하우젠과 베른에도 영향을 미쳤고, 이렇게 신교가 활발하게 확산된 8개 주는 서로 동맹을 맺어 구교를 가진 여러 주와 대립하는 양상을 보였다. 이러한 움직임에 따라 1528년에는 각 주의 신앙의 자유가 베른회의를 통해 인정되기도 했다. 하지만 2차례의 카펠 전쟁이 이어지면서 결국 신교는 패하고 츠빙글리도 이 과정에서 전사하게 된다. 이후 서부지역인 제네바가 신교운동의 중심이 되었으며, 칼뱅의 활약에 힘입어 종교가 정치를 이끄는 신정정치가 이루어지게 되었다.

1648년까지 유럽에서는 구·신교 간 30년 전쟁(1618~1648년)이 이어졌는데, 이를 종결짓는 베스트팔렌 조약(Peace of Westfalen)을 계기로 스위스는 공식적인 독립국으로 인정받았다. 1798년 나폴레옹은 스위스에 헬베티아로 국명을 부여하고 모든 봉건적 특권을 폐지한 채 문화, 종교, 언론의 자유를 부여했지만 나폴레옹의 몰락 이후 헬베티아 혁명정부도 쇠퇴했다. 이후 1815년 열린 빈 회의에서 스위스는 영구 중립을 인정받았다.

현대

1978년 스위스 베른(Bern) 주에서 쥐라(Jura) 주가 분리되어 현재의 26개 주가 되었다. 스위스 연방은 중앙의 의회가 공동으로 관리되는 지역의 행정

| 스위스 제네바에 있는 종교개혁의 벽(Reformation Wall) 왼쪽에서 두 번째가 캘빈(Calvin)이다.

과 외교 문제를 다루고 있을 뿐, 미국처럼 주마다 다른 정치제도가 있고 법률도 다른 것이 특징이다. 각 주는 평등해지고 귀족의 특권도 줄었지만 연방의 회의 힘은 여전히 약한 수준이었다. 보수적인 빈 체제에 대항하여 각국에서 자유주의 운동이 일어나자 스위스는 정치망명자의 피난처가 되기도 했지만 스위스 자체에서도 보수와 자유 간의 투쟁이 계속해서 끊이지 않았다.

1959년에는 4대 정당의 연립내각이 구성되었는데 자민당, 사민당, 기민당은 각각 2명의 연방장관을, 국민당은 1명의 연방장관을 배정받았다. 정당별로 이러한 연방장관 배정비율은 2003년 총선까지 44년 동안 유지되며 '마법의 비율(Magic Formula)'로 불리기도 했다.

1992년에는 국민투표에서 스위스의 유럽경제지역(EEA : European

Economic Area; EU가입 전 단계) 가입이 부결되기도 했다. 이는 역사적 배경때문인데, 냉전 시대 스위스는 중립국으로서의 안정과 번영이라는 혜택을 누렸지만, 냉전이 끝나고 이러한 혜택이 줄어들면서 지역분쟁이 확산되고 있었다. 또한 유럽연합(*EU*)의 확대로 인한 국가 간에 국경이 사라지고, 동유럽에서 난민이 유입되는가 하면, 유럽연합 국가들로부터의 경제적인 고립을 겪는 등 이로 인한 국가적 불안감이 국민들 사이에 점차 팽배해지고 있었다. 이러한 정치적 상황에서 정당들 사이에서는 의견이 심각하게 나뉘며 진보와 보수 간의 양극화가 심화되는 결과가 있었다.

2003년 10월 총선 결과, 보수우파인 국민당은 보수화, 민족주의에 편승하여 4대 주요정당(*사민당, 국민당, 급진민주당, 기독민주당*)중 최대 득표당(*26.9% 의 지지율*)이 되었고, 그 결과, 2003년 12월 국민당은 연방장관직을 1석에서 2석으로 배정받을 수 있었다. 대신 기독민주당이 2석에서 1석으로 감소, 1959년부터 스위스 정부가 지켜온 연방장관의 배분 공식(*Magic Formula : 자유민주당 2석, 기민당 2석, 사민당 2석, 국민당 1석의 비율*)이 처음으로 붕괴하면서 자유민주당 2석, 국민당 2석, 사민당 2석, 기민당 1석으로 바뀐 바 있다.

한편 20세기가 시작될 때 스위스는 섬유산업(*직물과 의류*)의 선두주자로서 급속한 경제발전을 이루었다. 1900년, 모든 산업인력의 거의 절반 가까이가 섬유산업에 종사했지만 20세기 초반 이들 대부분이 이민을 떠났고, 빈 자리에 많은 외국 근로자들이 채워졌다.

1차 세계대전 기간(*1914-1918*) 동안 스위스는 중립국으로 있었지만 그럼에도 불구하고 큰 영향을 받았다. 스위스는 주로 관광산업에 의존했으며 자원이 부족해 주위국가로부터 원료를 수급해야 했기 때문에 전쟁 중인 국가들과 협상을 해야만 했기 때문이다. 식품 수입 부족, 폭동, 급격한 물가상승 등으로 국내의 혼란도 컸다. 전쟁으로 독일어 사용 국민과 스위스 서부의 프랑스어 사용 국민 사이의 긴장감이 악화되었는데, 전자는 주로 독일에 공감하며 후자는 프랑스에 동조하는 등 그 성향이 크게 양분화됐기 때문이다.

제1차 세계대전 때에도 중립을 지킨 스위스는 전후에 그 입장을 유지한 채로 국제연맹에 가입했다. 또한, 국제연맹 본부도 제네바에 설치되었으며 국제적십자사 본부를 비롯하여 많은 국제기관의 중심이 중립국인 스위스에 위치된 바 있다. 이처럼 중립국의 입장을 유지하기 위해서 유보해왔던 스위스의 UN 가입은 2002년 9월에나 성립될 수 있었다. 2차 세계대전이 끝난 1945년 이후 스위스는 경제적으로 전에 없는 호황을 누렸고 이는 1970년대까지 계속됐다. 이 기간 동안 수출은 거의 10배로 증가했으며 특히 서비스 분야의 경제성장은 개인소득의 많은 증가와 전반적인 번영을 가져왔다. 이 시기에 복지도 크게 확대(1947년 노령 유족연금(OASI)의 도입, 1959년 장애연금(DI) 도입)되는 한편 높은 경제성장에 따라 노동시간이 감소하면서 1990년대까지 스위스는 사회적 평화의 시기를 누릴 수 있었다.

CHAPTER 5

스위스의 문학과 예술

　유럽의 다양한 국가들과 국경을 마주하고 있는 스위스는 그만큼 다른 국가들의 문화가 잘 유입됐으며, 인접한 국가 중에서도 프랑스, 독일, 오스트리아, 이탈리아의 영향을 크게 받아 이들의 언어까지 사용하면서 이를 바탕으로 다양한 국가의 색깔을 가진 다채로운 문화가 발달했다.

　또한 스위스는 정치, 사상적 중립국답게 많은 지식인들이 찾는 도피처 역할을 함으로써, 이들을 통해 예술과 문화가 발달할 수 있었다. 특히 종교개혁, 프랑스 혁명, 나폴레옹 전쟁, 제1, 2차 세계대전 등의 시기에는 유독 지식인들이 곳곳에서 많이 찾아 들어왔는데 에라스뮈스, 아인슈타인, 헤르만 헤세 등은 이러한 시기에 스위스를 찾으며 정착한 인물들이다. 세계적으로 명성이 높은 예술가, 철학가, 과학자 등을 무수히 배출한 문화 강국으로 자리매김할 수 있었던 것도 이러한 요인이 크게 작용했다.

문학

'알프스' 하면 가장 먼저 떠오르는 나라 스위스는 그동안 많은 노래와 문학작품에 등장해왔다. 그만큼 문학도 발달했는데 스위스에서 활동하며 노벨문학상을 수상한 대표적인 인물이 바로 헤르만 헤세다. 그가 말년을 보낸 티치노주의 루가노 지역은 스위스에서 유일하게 이탈리아어를 쓰는 지역인데 헤르만 헤세는 1881년 스위스 바젤로 이주했다가 다시 1886년 독일로 돌아갔다. 그리고 1912년 다시 스위스의 베른에서 1919년에는 티치노의 작은 마을인 몬타뇰라로 이주했다. 헤르만 헤세는 이 도시에서 마련한 자신의 집인 까사 카무치에서 1931년까지 약 13년 거주했으며, 피폐해진 몸과 마음을 힐링했다고 전해지고 있다. 특히 집 주위의 아름다운 호수는 그가 안정을 찾는 데 큰 도움을 준 것으로 알려져 있다.

스위스 문학가로 빼놓을 수 없는 또 한 명은 바로 장 자크 루소다. 1712년 스위스 제네바에서 태어난 루소는 정치사상가이자 철학자, 소설가, 교육이론가, 음악가, 극작가다. 태어난 지 9일 만에 어머니를 잃고 10세에 아버지와도 헤어지는 등 비운을 겪은 그는 방황하는 청년기를 접고 파리에 정착해 〈백과사전〉을 집필하면서 본격적인 저술을 시작해 1750년 계몽주의 한계를 넘어서는 '학문예술론'으로 명성을 얻었다. 이후 근대 교육론의 기원으로 평가받는 〈에밀〉 등 당대 최고의 베스트셀러 작가가 됐다. 루소의 핵심 철학은 인간 존재의 근원적 선에 대한 믿음을 바탕으로 문명과 인위적 사회 제도에 반대하고 자연으로의 회귀하자는 것이다. 소설 형식을 취한 〈신 엘로이즈〉는 자연과 문명, 이성과 감정, 인간의 본성, 관습과 제도로부터 인간 해방과 자아실현의 주제를 담고 있다. 남녀 주인공은 순수한 정신적 사랑을 통해 이성에 억눌려 있던 당시 프랑스인들의 감수성을 자극했으며 때문에 당시 낭만주의 문학의 선구적 작품으로 평가받고 있다.

이 밖에도 아동 문학가 요한나 슈피리도 스위스 문학의 획을 긋는 인물이다. 그가 19세기에 쓴 〈알프스 소녀 하이디〉는 전 세계 아동문학의 명작으로 자리 잡았다. 1880년 요한나 슈피리는 취리히 인근의 조그만 온천마을을 찾다가 큰 영감을 얻어 이듬해 소설을 발표했는데 그게 바로 〈알프스의 소녀 하이디〉였다. 슈피리는 53세에 하이디 연작 두 편과 함께 유명작가가 됐으며 1937년 할리우드에서 영화화된 이후 전 세계에서 리메이크가 이어지기도 했다. 소설과 영화 속 아름다운 알프스의 배경이 된 곳은 마이엔펠트라는 작은 도시인데 1974년 일본의 다카하타 이사오가 장편 애니메이션을 제작하면서부터 큰 주목을 받았다. 〈알프스의 소녀 하이디〉는 어린이의 필독서로 급부상하며 전 세계 50여 개국에 번역 출간됐고, 현재까지 2,000만 권 이상 판매됐다.

미술

미술이나 건축에 관심이 많은 여행자를 위한 대표적인 스위스 문화명소로는 '뮌스터'라 불리는 대성당이 있다. 또한 베른미술관, 산악박물관, 우편박물관, 아인슈타인의 집 등도 크게 유명한 곳이다. 베른 중앙역 근처의 아레 강변에 자리 잡고 있는 베른미술관은 호들러를 비롯해 세잔, 마티스, 피카소, 칸딘스키 등과 같은 세계적인 거장의 작품을 만날 수 있다. 이 가운데 호들러는 베른 출신 유명한 스위스 화가로 베른미술관에서 볼 수 있는 그의 대표작으로는 프레스코화인 〈밤과 낮〉 등이 있다. 베른미술관은 특히 '근대 미술의 거장'이라 일컬어지는 파울 클레의 작품을 가장 많이 소장하고 있는 곳인데 파울 클레의 작품을 보기 위해 많은 사람이 일부러 베른을 찾아올 정도다. 스위스 베른 근교에서 나고 자란 화가 파울 클레는 스위스의 아름다운 자연을 통해 자연의 섭리를 일찌감치 깨우쳤던 인물이다.

이밖에 스위스의 대표적인 화가로는 국민 화가로 불리는 페르디낭 호들러를 비롯해 장 팅겔리, 알베르토 자코메티, 스위스 50프랑 지폐에 그려져 있는 소피 토이베르 아르프 등이 있다. 또한 스위스에는 이러한 예술가들을 기리고 관련 작품을 전시하는 박물관, 미술관 등 문화시설이 전국에 산재해 있으며, 대표적으로는 파울 클레 센터, 팅겔리 미술관, 바이엘러 컬렉션, 국제적십자 박물관, 올림픽박물관, 스위스 미니어처 등이 있다.

건축

스위스의 대표적인 건축물은 바로 그로스뮌스터 대성당이다. 취리히의 상징인 이 성당은 스위스에 남아있는 건축물 중 가장 큰 규모이며 12세기 카롤링 왕조때 로마네스크 양식으로 만들어졌다. 스위스 종교개혁가 츠빙글리가 1529년 여기서 설교했다고 한다. 성당꼭대기는 고딕양식으로 된 쌍둥이 탑이 있고 성당 내부에는 1932년 자코메티가 만든 스테인드글라스가 있다. 이와 함께 세계적으로 유명한 건축물은 후기 고딕 건축양식으로 지어진 베른의 대사원이다. 이는 스위스에서 가장 키가 큰 교회로 유명하다. 본래 교회 건물은 16세기 중엽에 완공되었으나 19세기 이르러 약 100m 높이 첨탑이 교회 위에 세워졌기 때문이다. 교회 내부에 있는 수백 년 된 스테인드글라스, 파이프 오르간 등과 함께 정면에 234명의 군상으로 장식된 '최후의 심판' 릴리프가 유명하다.

이밖에 스위스 발레주 시옹에 있는 시옹 성은 영국의 3대 일간지인 '텔레그래프'가 선정한 세계에서 가장 아름다운 건축물 중 하나로 꼽힐 만큼 아름다운 외관을 자랑한다. 9세기, 적을 방어하고 통행세 등 세금징수를 목적으로 호수 속 암석에 세워진 시옹 성은 중세의 원형을 가장 잘 보존한 건축물이다. 성 내부는 네 개의 뜰로 나뉘어 있으며, 첫 번째 뜰 부근에는 병사들의 숙소, 두 번째 뜰 부근에는 성주의 숙소와 창고, 감옥이 있으며 세 번째 뜰 부근은 시옹 성의 백작과 수행원들의 방, 그리고 예배당이 있다. 특히 보니바르의 감옥이라고 불리는 곳은 제네바의 종교 지도자였던 보니바르가 4년간 쇠사슬에 묶여 있다가 석방된 곳인데 영국의 시인 바이런은 이 사건을 주제로 서사시 〈시옹 성의 죄수〉를 지었으며 세 번째 기둥에는 바이런의 이름이 조각되어 있다.

이후 현대 들어 스위스 건축의 획을 긋는 인물도 등장했다. '20세기 건축의 신', '현대건축의 거장'으로 불리는 스위스의 르 코르뷔지에가 바로 그 주인공이다. 르 코르뷔지에는 세계 건축계에 큰 영향을 미쳤는데 그의 건축 사상은 흔히 기능주의로 불린다. 그 기능주의 건축은 "집은 거기 살기 위한 기계."라는 선언으로 요약된다. 르코르뷔지에의 실제 작업도 주택을 중심으로 이뤄졌다. 마르세유 교외 미슐레 거리의 위니테 아파트촌과 인도 펀자브주의 주도 찬디가르가그의 대표작으로 꼽힌다. 1947년부터 52년 사이에 건조된 마르세유 아파트촌은 르코르뷔지에라는 이름과 뗄 수 없는 필로티 구조로 유명하다.

철학

18세기 가장 독창적인 사상가로 꼽히는 장 자크 루소(1712~ 1778년)는 스위스 제네바 출신으로 그의 사상은 프랑스 혁명에 영향을 미칠 정도로 지대한 획을 그었다. 루소의 〈사회계약론〉은 자유·평등·박애를 위해 일어선 프

| 스위스를 대표하는 세계적인 사상가인 장 자크 루소의 동상. 제네바에 있다.

랑스혁명의 도화선이 됐다. 루소는 자유와 평등은 반드시 동시에 추구되어야 하며, 평등 없이는 자유가 존재할 수 없고, 자유 없이는 평등도 존재할 수 없다고 생각했다. 자유와 평등은 루소 사상의 핵심이다. 〈사회계약론〉은 이른바 민주사회를 건설하기 위한 루소의 외침이다. 사회계약의 의의는 주권자의 위치에 한 사람이 아닌 사회 구성원 전체를 내세우는 데 있다. 이전까지 왕권은 백성의 삶을 좌우하는 신성불가침의 권력이었지만 루소는 이를 부정했다. 사회란 애초에 구성원 간의 계약으로 형성된 결합체로 주권은 모든 인민에게 있다는 것이다. 루소는 〈사회계약론〉에서 "인간은 자유롭게 태어났지만, 도처에 사슬로 묶여 있다."고 말했다.

이후 스위스의 사상을 이끌어 나간 주인공은 심리학자인 칼 구스타프 융

(1875~1961년)이다. 정신과 의사이자 분석심리학의 창시자인 칼 융은, 인간에 대한 유형을 '외향형'과 '내향형'으로 나눈 유형론(Typology)으로 큰 공적을 남겼다. 또한 융의 사상은 경험을 바탕으로 한 응용심리학으로 즉, 자신의 경험에 의해 얻은 깨달음을 바탕으로 이론을 전개했다. 특히 그는 프로이트가 〈꿈에 대한 해석〉을 통해 제기한 억압이론을 입증하고, 이를 '콤플렉스'라 이름 붙이기도 했다. 그는 자신의 생애가 '무의식이 그 자신을 실현한 역사' 라고 할 정도로 이에 대해 강력한 주관이 있었으며 이러한 논리는 베이컨, 버클리 등 경험론 철학가로 이어지기도 했다.

한편 스위스의 교육자이자 자선 사업가였던 페스탈로치(1746~1827)는 18세기 스위스의 교육개혁가로 근대교육의 아버지라고 불릴 만큼 전 세계에 지대한 영향을 미쳤다. 교육철학에 있어서 엄청난 영향을 미쳤는데, 취리히에서 의사의 아들로 태어나 신학과 법학을 공부한 그는 교육을 통해서만 부자와 가난한 사람의 차를 줄일 수 있다고 생각해 1771년에 농민 학교인 '노이호프'를 설립하고 1789년에 전쟁고아를 돌보기 위해 고아원을 세우는 한편, 1800년에는 빈민 학교를 세우기도 했다. 페스탈로치는 아이들을 교육할 때 이미 알고 있는 지식을 바탕으로, 아이의 능력과 수준에 맞추어 가르쳐야 한다고 주장했다. '모든 것이 남을 위해서였으며, 자신을 위해서는 아무것도 하지 않았다.'라고 새겨진 묘비명은 그의 교육에 대한 모든 것을 나타낸 것이라 할 수 있다.

과학

시계 산업이 전 세계적으로 크게 유명한 만큼 스위스의 과학기술은 많이 발전해있다. 특히 기계제조 기술이 크게 발달했는데 고부가가치의 기계 수출은 세계 3위 수준이나 된다. 정밀기계, 금속 가공기계, 발전 및 선박용 터빈 등이 유명하며 이외에 정밀측정기기, 광학기기 등도 크게 인정을 받고 있다. 특히 스위스의 시계 제조 기술은 전 세계 고급시계시장을 석권할 정도로 그 기술력을 인정받고 있다. 연간 약 1억 개의 시계를 생산하며 총 생산 중 95%를 수출하고 있다.

기초 과학에서 뛰어난 학자들이 많이 배출되면서 이러한 산업도 발전할 수 있었던 것으로 해석된다. 1920년 샤를 E. 기욤이 스위스 국적의 학자로는 최초로 노벨 물리학상을 받았으며, 독일 출신의 현대 이론물리학의 아버지인 알베르트 아인슈타인도 스위스국립공과대학 물리학

| 스위스를 대표하는 초정밀도의 고급시계.

과를 졸업해 스위스 국적으로 1921년 노벨 물리학상을 수상한 바 있다. 이외에 1986년 하인리히 로러, 1987에는 뮐러가 같은 상을 수상했다. 1913년 알프레트 베르너는 스위스 국적의 학자로서 최초로 노벨 화학상을 수상하였으며, 1937년 파울 카러, 1939년 레오폴드 S. 루지치카, 1975년 블라지미르 프렐로그, 1991년 리하르트 R. 에른스트, 그리고 2002년에는 칸트 뷔트리히가 같은 상을 수상했다.

연구개발에 대한 투자도 그만큼 엄청난 수준이다. GDP 대비 연구개발비의 비중은 2013년 기준으로 2.87%를 기록해 매우 높은 편이며, 총 2만 5,000여 명의 연구인력이 기술개발에 힘쓰고 있다.

스위스 과학자 중 가장 널리 알려진 아인슈타인은 1903년부터 1905년까지 이곳 베른에 머물며 '상대성 원리' 이론을 완성했다. 현재 그가 살던 집

은 자그마한 기념관으로 꾸며져 있다. 그의 상대성 원리와 중력에 관한 이론들은 뉴턴 물리학을 넘어서는 연구성과로서 혁명과도 같이 받아들여지며 1921년 노벨 물리학상을 수상하기도 했다.

음악

유럽의 음악 대국으로 불리는 스위스는 그만큼 높은 수준의 음악을 자랑한다. 스위스는 유럽의 중앙에 위치한 개방적인 지리적 특성에 따라 음악 역시 독특하게 발전할 수 있었다. 대표적인 음악가로는 관현악곡 〈여름의 목가〉(1920), 오라토리오 〈다윗 왕〉(1921), 관현악곡 〈승리의 오라스〉(1921)를 작곡한 아르튀르 오네게르(Oscar-Arthur Honegger)와 '발레 음악의 귀신', '오케스트라의 마술사' 등으로 불린 세계적인 명 지휘자 에르네스트 앙세르메(Ernest Ansermet)가 있다.

한편, 스위스 음악으로 가장 유명한 '요들'은 알프스의 산과 산 사이에서 서로를 부르거나 의사소통을 하기 위한 소리에서부터 시작됐는데 주로 자연과 고향을 주요 테마로 삼고 있다. 현재 약 2,000곡의 스위스 요들송이 만들어졌는데 주로 독일어로 되어 있다.

스위스만의 독특한 악기로 전 세계에 알려진 것도 있다. 알프호른이 바로 그것인데, 오랫동안 목동들이 사용해왔던 기구로서 우유 짜는 시간에 목초지에서 헛간으로 암소들을 불러들일 때 쓰였다. 1754년 만들어진 판화에는 알프스의 가파른 언덕을 한참 올라온 소들이 마지막 힘을 내도록 북돋기위해 목동이 알프호른을 부는 모습이 조각되어 있다. 주로 계곡 아래 사람들과의 연락수단 그리고 알프스 지역의 목동 간 통신수단의 기능을 했지만 1800년대 이후 치즈 등의 유제품 생산 장소가 산에서 마을로 옮겨감에 따라 그 사용은 점점 줄어들었다. 하지만 이후 관광객들의 즐길 거리로 재탄생 되어 이제는 스위스의 상징으로 여겨지고 있다.

🌿 연극과 뮤지컬

서양 중세의 연극은 기독교적 종교극과 난센스 코믹의 세속극으로 크게 나눌 수 있는데 스위스는 종교극을 중심으로 연극이 발전해 왔다.

서구에서 종교극이 싹트기 시작한 것은 10세기부터이다. 처음에는 당시 프랑크 제국의 문화중심지였던 장크트 갈렌(스위스 북동부)에 있는 베네딕트 수도원의 수사 투틸로(850-913년)의 〈부활제 트로푸스〉라는 것이 기존의 정설이었다. 이것은 그리스도의 유체에 향유를 바르기 위해 무덤을 찾는 여인들과 그리스도의 부활을 알리는 천사 사이에 주고받는 교창으로 이루어진다.

종교극 외에 세속극은 스위스에서 실내극 이외에 수레 무대를 사용하는 야외극도 있었다. 스위스 연극을 이야기할 때 빼놓지 않는 인물이 18세기 프랑스의 작가, 대표적 계몽사상가인 볼테르이다. 볼테르는 봉건체제 하에서 신분제, 사회적인 불평등, 언론의 압박이라는 전제 사회의 폐단을 몸소 체험한 것과 시민 사회로 진입한 영국에서 생활은 사교계에서 계몽철학자로 방향을 바꾼 인물로 타고난 자유로운 비판 정신을 가지고 왕과 의회의 관계에 대해 수많은 편지를 쓴 자유사상가이다. 하지만 그의 책은 상당수 출판 금지를 당했고, 정치적인 이유로 스위스로 피신해 약 20년간 스위스에서 살았다.

그는 스위스의 레 델리스에서 몇 편의 연극을 상연했었는데, 공화국 참의원은 연극이라는 경박한 예술에 대한 불신에서 그것을 금지했었다. 볼테르는 이런 조치에 불만을 품고 〈백과 전서〉에서 제네바에 관한 항목을 쓰기로 되어 있었던 달랑베르에게 이 도시에 있어서의 연극 상연 금지에 대해 항

의해 줄 것을 부탁했다. 자작 연극의 상연 문제로 제네바 당국과 마찰을 빚은 볼테르는 1761년 스위스 국경에 가까운 페르네의 시골 마을에 들어가 약 20년 동안 정착했으며 여기서 볼테르는 봉건주의에 반대하며 교회에 반대하는 혁명적 운동의 지도자로서 수많은 문서를 발표했다.

✤ 영화

스위스의 언어학자 페르디낭 드 소쉬르는 세계적으로 영화이론을 발전시켰다. 그가 이름을 붙인 기호학(semiology)은 언어적, 비언어적인 모든 유형의 기호 사용 논리를 일반화하는 데 목표를 두는 학문이다. 의미의 코드화와 탈 코드화에 관심을 가지며 기호학은 각각의 기호들의 의미와 그 의미들을 통합하여 범주화시키기는 과정이 포함되는 구조주의적인 틀을 지니고 있다.

기호의 과학이자 언어인 기호학은 현대 영화이론의 선구적 역할을 했다. 우리는 현실 세계에 산재한 기호학 코드의 무수한 체계로 둘러싸여 있으며, 예술작품들은 이런 기호의 코드화를 통해 우리에게 일정한 의미를 전달한다는 것인데 즉 영화의 생산자인 감독(기호의 암호화)과 관객의 수용(해석과 이해)이라는 측면에서 기호학의 의미가 확대되고 있다.

이같이 영화 이론이 발전할 만큼 스위스는 타 예술과 마찬가지로 영화 장르에 관심이 있었으며 이는 현대에 들어서도 고스란히 이어지고 있다. 매년 8월경 개최되는 로카르노국제영화제는 특히 새로운 실험과 재능을 발견하는 데 목적을 두고 있는 영화제로서, 새로 만들어진 영화와 제3 세계 영화들을 경쟁 부문에서 선정하고 있다. 따라서 세계에서 처음 소개되는 영화나 다른 영화제에 참가하지 않은 영화에 그 우선권을 부여하고 있기도 하다.

CHAPTER 6   스위스의 문화와 생활

ꙮ 국경일과 공휴일

스위스는 노동절과 건국기념일을 국경일로 정하고 있다. 특히 8월 1일인 스위스 건국기념일에 대한 행사로 스위스 국경일 축제가 2주에 걸쳐 진행된다. 스위스는 연방정부에서 지정된 공휴일과 각 칸톤 정부에서 지정한 공휴일로 나누어지며 일부 시에서는 자체 휴일로 지정하는 날도 있다(취리히시의 경우 9월에 개최되는 *Knaben schiessen*(취리히 소년 사격대회)은 오후 반나절 휴일로 지정하여 학교, 관공서 등 다 휴무한다). 연방정부 공휴일은 모든 칸톤 정부에 걸쳐 공휴일로 인정되며, 칸톤 정부 공휴일은 해당 칸톤 정부에서만 공휴일이 인정된다.

이밖에 다양한 공휴일이 있는데 1월 1일 설날 *(New Years Day)*, 3월 말~4월 부활절 다음 월요일 *(Easter Monday)*, 4월 성 금요일 *(Good Friday: 예수의 죽음을 기념하는 날)*, 5월 29일 예수 승천일 *(Auffahrt)*, 6월 9일 강림절 월요일 *(Pfingsten)*, 12월 25~26일 크리스마스 *(Christmas Day)*가 대표적이다.

부활절 전후로 상당수 기업이 1주일 휴무에 들어가므로 동기간 중 출장 시에는 상담이 여의치 않은 경우가 많다. 7월 중순부터 8월 말까지 여름 하계기간에는 대부분의 직장인이 휴가를 떠나 비즈니스 비수기이며, 12월 중순부터 1월 초까지는 성탄절 연휴로 역시 비즈니스 상담이 어렵다. 또한, 각 칸톤 정부별로 공휴일에 차이가 있다는 점에 유의해야 한다. 관공서 역시 크리스마스 이후 1월 초까지는 업무가 거의 진행되지 않는 점을 고려해야 하며 처리할 업무가 있는 경우 서둘러서 12월 초에 끝내는 것이 바람직하다.

예절

스위스식 예절은 무엇보다도 다양한 악수에서 드러난다. 초등학교 아이들까지도 길거리에서 친구를 만나거나 헤어질 때 습관적으로 악수를 한다. 물건을 많이 사는 손님에게 상점 주인은 악수를 청하며 그다음부터는 그 상점에 들를 때마다 자동으로 악수를 하게 된다. 단골손님이든 아니든 상점에 들어서는 사람은 친절한 인사를 받는다. 나갈 때는 "좋은 하루 되십시오." 라는 작별 인사를 듣는다.

스위스에서는 남의 이름을 잘 기억할 필요가 있다. 이웃과 아침 인사를 하더라도 그냥 "안녕하십니까?" 라고 하지 않고 반드시 뒤에다 '아무개 씨' 하고 이름을 붙이기 때문이다. 전화를 걸거나 받을 때도 먼저 이름을 말한다. 그냥 우리 식으로 '여보세요'라고 하면 실례가 된다. '여보세요, 여기는 ○○입니다.'라는 식으로 성을 붙여야 한다. 전화를 끊을 때도 마찬가지로 그냥 '안녕히 계십시오'라고 해서는 안되고, 그 뒤에다 꼭 '○○ 씨'하고 상대방의 성이나 이름을 붙여야 한다. 이것은 사생활에서나 공적 업무에서나 마찬가지다. 예컨대 전화번호 안내를 받거나 기차 시간을 물어보기 위해서 역에 전화를 하는 경우에도, 맨 먼저 하는 말은 '나는 ○○입니다'다.

스위스의 또 하나의 특징은, 줄을 서지 않는다는 것이다. 대도시에서는 보행자들이 서로 되는대로 어깨를 맞부딪치거나, 건물에 들어가면서 뒤따라오는 사람의 코앞에서 출입문을 닫아버리는 장면을 흔히 볼 수 있다. 정류장에 버스가 들어오면 모두가 문이 열리기 무섭게 돌진해 들어갈 태세를 취하는가 하면, 엘리베이터 혹은 에스컬레이터에서도 사정은 같다.

✤ 습관

스위스에서는 초대를 받아 다른 사람의 집을 방문할 때, 가장 알맞은 선물은 여인에게는 꽃, 남자에게는 포도주이다. 보통 가정주부에게는 포장하지 않는 꽃을 1, 3, 5, 7송이, 즉 홀수로 선물을 한다. 꽃 중에서 가장 선호되는 것은 장미이며 붉은 것 대신 핑크빛이 선호된다. 중요한 음악회 등 특별 문화 행사나 사교모임에는 정장에 검은 넥타이를 고집하는 사람도 많다. 팁은 레스토랑, 카페, 술집, 택시, 미용실의 서비스에 15%가 포함되도록 법에 규정되어 있다.

스위스인들의 하루 노동시간은 오전 8시에서 오후 5시까지로 유럽 평균으로 볼 때 상당히 긴 편에 속한다. 여가생활을 중요시하지만 이러한 특성 때문에 대체로 간소하게 지내는 편이다. 보통 집에서 가족들과 단란하게 보내는 것을 좋아하며 대부분 신문을 읽거나 차를 마시며 담소를 나누며 시간을 보낸다. 혹은 음악회나 극장에 가는 것도 즐긴다. 스포츠도 좋아해서 특히 스키나 스케이팅 같은 겨울 스포츠에 대한 열기는 상당하다. 호수가 많이 있기 때문에 여름철에는 대체로 수상 스포츠를 즐긴다.

스위스인들은 준법정신이 워낙 철저해 도로가 매우 깨끗한 편이며, 위법

사항에 대해서는 누군가가 신고하는 일이 비일비재하게 발생한다. 도로교통법 또한 엄격하게 적용되는 편이다. 속도위반을 한 자동차나 인도로 운행하는 자전거, 자전거 도로 위를 걷는 보행자 등에게는 벌금형이 무겁게 선고되므로 주의해야 한다.

속담

스위스의 속담에는 '말은 꿀벌 같아서 꿀과 침을 지녔다', '결혼은 뚜껑 덮은 그릇이다', '걸으면 병이 낫는다', '식욕은 먹으면서 는다', '1분 동안의 인내가 10년 평화를 가져온다', '의사는 독수리의 눈과 부인의 손을 가져야 한다', '고난과 어려움이 우리로 하여금 기도하게 한다' 등이 있다.

축제와 문화행사

스위스에는 지역마다 특색있는 카니발들이 많은 편이다. 스위스에서 가장 크고 인기 있는 축제는 바젤 지방의 파스나흐트 축제이다. 매년 2월~3월, 사순절이 시작되는 재의 수요일의 다음 주 월요일부터 사흘 동안 이어지는데, 월요일 새벽 4시가 되면 요란스러운 복장을 한 밴드의 연주로 축제가 시작된다. 총 72시간 동안 바젤은 이 축제로 떠들썩해지는데, 과거 1년 동안의 일들을 슈니첼방이라는 노래로 만들어 부르는가 하면 어린이들의 노래와 가면 쓴 음악가들의 노래가 울려 퍼지는 등 거리를 가득 메운 행렬로 볼거리가 풍성하다.

한편 취리히에서는 봄맞이 축제로 4월에 섹세로이텐(Sechselaeuten)이 열린다. 이 역시 아이들의 행진이 이어지는데 일요일 저녁 축제가 시작되어 다음 날인 월요일 전통 옷을 입은 25개의 길드(중세 유럽의 노동자 조합) 회원들의 행진으로 이어진다. 축제에서 가장 인기 있는 순서는 짚과 솜으로 만든 '뵈그'를 태우는 의식이다. 동장군을 상징하는 뵈그를 태우면 사람들은 봄이 온 것으로 받아들이며 기뻐한다.

제네바에서는 1602년 12월 11일 밤 프랑스 사보이 공작의 침공을 제네바의 모든 시민이 함께 물리친 것을 기념하며 매년 12월 11일 전후에 축제가 열린다. 에스깔라드라는 이름이 제네바 축제는 이 기간 동안 가정에서는 아몬드 설탕 과자인 '마찌팬' 초콜릿으로 가짜 냄비를 만든 뒤 부수어서 먹는다. 거리에는 사람들이 전통 복장을 하고 행진하며, 승리를 기념하며 노래를 부르기도 한다.

스위스는 세계적인 음악축제로도 유명한데, 루체른 페스티벌은 일반적으로 널리 알려진 여름 페스티벌 외에도 피아노 음악을 대상으로 하는 피아노 페스티벌과 이스터 페스티벌이 있다. 루체른 페스티벌은 1938년에 토스카니니가 루체른 외곽의 바그너 옛집 앞에서 갈라 콘서트를 가진 데서 시작되었다. 1943년 스위스 전역의 엘리트 음악가들로 '스위스 페스티벌 오케스트라'를 구성하면서 1993년까지 매년 연주회를 개최했다. 2003년에 루체른 페스티벌 오케스트라가 별도로 창설되어 이후 합동으로 연주회를 개최하며, 2009년에는 여름 페스티벌에는 자연을 테마로 베를린·비엔나 필하모니, 암스테르담·시카고·페테르부르크 심포니 등이 참가했다.

이밖에 스위스의 몽트뢰 재즈 페스티벌은 1967년에 시작되었으며, 시작 당시에는 3일간의 행사였으나, 현재는 매년 7월경에 16일 동안 축제가 열린다. 재즈, 블루스, 록, 랩, 팝, 소울 등 분야에서 세계적인 가수와 음악가가 참석하는 재즈 분야의 세계음악 축제이다. 매년 20만 명 이상의 방문객이 전 세계에서 참석하고 있으며, 관람객도 직접 연주회에 참석할 수 있다.

| 낙농국가 스위스를 대표하는 아이콘인 치즈.

전통적인 낙농 국가인 스위스는 음식을 이야기할 때 가장 먼저 치즈를 들 정도로 치즈가 유명하다. 스위스 국민들이 만들어 먹는 치즈만 약 150종류나 된다. 그만큼 스위스 치즈는 맛과 품질이 뛰어나며 세계적으로 인정을 받고 있다.

스위스는 여러 국가와 인접해 있는 만큼 독일, 프랑스, 이탈리아의 영향을 받아 지역별로 각각 다른 향토 요리들이 발달하여 있다. 취리히나 바젤등의 독일어 지역은 소시지나 감자를 이용한 요리, 제네바를 중심으로 하는 프랑스어 지역에서는 레만 호의 명물인 오블뢰(송어에 식초나 향료를 넣고 삶은 것), 남부의 이탈리아어 지역에서는 스파게티 등의 요리가 중심이다. 하지만 가장 대표적인 것은 치즈 요리로, 퐁뒤(Fondue)가 널리 알려져 있다. 퐁뒤는 프랑스어로 '녹이다'라는 뜻의 퐁드르(fondre)에서 유래한 것으로 말 그대로 긴 꼬챙이에 빵, 고기, 과일 등의 음식을 끼워 녹인 치즈나 소스에 찍어 먹는 스위스 전통요리를 말한다. 찍어 먹는 것이 뭔지에 따라 치즈 퐁뒤, 오일 퐁뒤, 소스 퐁뒤 등 다양한 종류가 있으며 먹는 방법도 독특해 관련한 풍습도 발달했는데 퐁뒤를 먹다가 여자가 냄비에 음식을 떨어뜨리면 그 여자가 오른쪽 남자에게 키스를 해줘야 한다. 이처럼 흥미로운 관습 덕분에 퐁뒤는 파티나 이벤트 음식으로 많이 사용되기도 한다.

또한 스위스는 세계 최대의 초콜릿 소비국인 만큼 국민들의 초콜릿 사랑은 각별하다. 스위스 초콜릿 제조 기술은 크게 발달해서 1875년 초콜릿에 우유를 섞어 밀크 초콜릿이 개발되는가 하면 초콜릿 원료를 천천히 휘저어 녹이는 콘킹 기술을 개발해, 입안에서 부드럽게 녹는 크림 형태의 초콜릿도 만들어 냈다.

한편 식사예절도 중요하다. 식사 초대를 받고 갈 경우에는 정장을 입어야 하며 너무 일찍 나타나거나 너무 늦게 머리를 내미는 것도 예의가 아니므로 제시간에 도착하거나 살짝 일찍 가도록 하는 것이 좋다. 먼저 식사를 요청한 사람이 식사비를 지불하는 것이 일반적이므로 각자 지불하는 더치페이는 삼가야 한다. 식사할 때 대화의 주제로 독일인과 스위스인들을 비교하는 것은 삼가야 한다. 스위스인들은 독일인에 비교하는 것을 매우 불쾌해 하기 때문이다.

스포츠

알프스 산악을 이용한 스키는 스위스의 대표적인 스포츠이다. 스위스에서는 스키, 토보건(toboggan), 크로스-컨트리 스키, 빙상 스케이트, 컬링 등을 포함하여 거의 모든 유형의 겨울 스포츠를 즐길수 있다. 또한 다양한 사이클 루트가 있으며 또한 산악 자전거를 위한 특별하게 이정표를 설치해 놓은 루트도 마련되어 있다.

아름다운 강과 호수가 많은 만큼 수상 스포츠도 다양하게 즐길 수 있다. 루체른 호수, 노이엔부르그 호수, 콘스탄스 호수, 제네바 호수 및 티치노 호수에서는 휴가를 맞이한 사람들을 위해 그 어떤 곳보다 다양한 수상 스포츠를 제공하고 있으며 그라이펜 호수, 페피커 호수, 아르가우 호수 그라우뷘덴 주의 호수들 그리고 그 밖의 좀 더 작은 호수에서는 무동력 수상 스포츠만 가능하다. 무동력 보트 및 길이 2.5m미만의 수영 장비는 허가 대상은 아니지만, 호숫가 지대 150m내에서만 작동해야 한다. 스위스 내의 호수, 호숫가 지대 300m내에서는 시간당 10km이상의 속력을 내서는 안 된다.

ITALY

이탈리아 축구연맹

파스타와 젤라토

미켈란젤로의 다비드상

트레비 분수

피자

피사의 사탑

이탈리아

1 이탈리아

이탈리아의 정식 국호는 이탈리아 공화국(*Republica Italiana, Italian Republic*)이다. 그리고 언어는 이탈리아어를 사용한다. 주요 도시는 수도인 로마를 비롯해 베네치아, 피렌체, 제노바, 밀라노, 나폴리, 폼페이, 피사 등이 있다. 정부형태는 공화정이며, 통화는 유로화를 사용한다. 시차는 우리나라보다 8시간 늦으며, 서머타임인 3월에서 10월까지의 기간에는 7시간이 늦다. 약 6,100만 명의 인구가 살고 있는 이탈리아는 유럽 연합의 창립 회원국으로 1957년 로마 조약이 체결된 나라이며, 북대서양 조약기구(*NATO*) 원년 회원국이다. 그 밖에도 경제 협력 개발 기구(*OECD*)와 세계 무역 기구(*WTO*), 유럽 평의회, 서유럽 연합의 일원으로서 세계에 영향력을 행사하고 있는 나라 중 하나이다. 이탈리아를 대표하는 주요 인물로는 르네상스를 대표하는 과학자이자 예술가인 레오나르도 다빈치, 웅장하고 경이로운 조각과 회화 작품을 창조한 예술가 미켈란젤로, 바로크 회화의 개척자 카라바지오, 천문학자이자 물리학자인 동시에 수학자인 갈릴레이, 유아 교육가이며 1907년 로마의 슬럼가에 어린이집을 창설한 몬테소리, 장편 서사시 〈신곡〉을 쓴 시인 단테, 성악가 루치아노 파바로티와 안드레아 보티첼리 역시도 이탈리아 태생이다. 이탈리아를 패션 대국으로 이끈 패션 디자이너로는 구찌오 구찌, 살바토레 페라가모, 조르조 아르마니, 미우치아 프라다 등이 있다. 이탈리아의 역사 속에서 이들의 발자취를 찾아보고 이탈리아의 지리적 특징과 역사, 전통문화, 생활문화 등에 대해 알아보자.

❧ 이탈리아의 자연환경

이탈리아의 기후는 비교적 따뜻하고 사계절의 구분이 뚜렷하여 우리나라의 기후와 비슷하다. 다른 점이 있다면 여름이 건조하고 겨울에는 비교적 비가 많이 온다는 점이다. 또 이탈리아는 남북으로 긴 나라이기 때문에 지역에 따라 기온 차가 크다. 따라서 방문한다면 사전에 해당 지역의 기온을 확인하는 것이 좋다. 이탈리아는 북위 36~47°에 걸쳐 있어 일 년 내내 온난한 지중해성 기후이다. 가을과 늦겨울에는 산을 넘어서 건조한 열풍인 푄 바람이 불어 닥치기도 한다. 또 다른 기후특징은 동부 해안지역과 내륙지역의 기온 차가 심하다는 것이다. 아펜니노 산맥은 북쪽에서 불어오는 차가운 바람을 막아주는 역할을 해 산맥 동부 지역의 기후는 따뜻한 편이다. 이탈리아의 연평균기온은 15℃ 정도이며 연 강우량은 약 600~1,000mm이다. 수도인 로마는 아펜니노 산맥 가까이에 위치하고 있어 연간 평균기온이 15.6℃ 정도로 따뜻하다.

❧ 이탈리아의 국민성

이탈리아는 로마 건국 초기부터 라틴인, 사비니인, 에트루리아인 등 다양한 민족이 섞인 역사가 있을 뿐만 아니라 지중해를 사이에 둔 반도국이자 전략적 요충지였던 지리적 여건 때문에 외세의 침략이 잦았다. 그 탓에 독일계, 프랑스계 등이 혼합되어 민족의 근간을 세웠고 서로 다른 민족의 만남은 종교, 문화, 생활습관 등의 차이로 잦은 마찰을 빚었지만 끊임없는 노력으로 하나의 민족을 이루어 냈다. 하지만 국가통일을 이루기 전까지 이탈리아는 도시국가로 나뉘어 살았기 때문에 뿌리 깊은 지역주의는 해결하지 못한 숙제로 남아 있다. 이탈리아 사람들은 국가와 지역을 별개로 생각하는 경향이 있으며 고향과 가족에 대해서도 애착이 강하다. 이탈리아는 지역별 인구이동이 많지 않은 나라 중 하나로 이탈리아 사람들은 자기가 태어난 곳에서 평생을 살아가는 일이 흔하다. 그 때문에 외부에서 온 사람을 이해하거나 포용하는 능력이 비교적 떨어지는데 이러한 원인 탓에 최근 인종차별 문제가 사회적인 이슈로 떠오르고 있다. 또한, 예로부터 상공업이 발달한 북부 이탈리아인들은 부지런하고 아끼는 습성이 강하며, 대개 농업으로 살아온 남부 이탈리아인들은 느긋하고 여유로운 성향을 보인다.

이탈리아 사람들은 영화, 연극, 오페라 등으로 삶의 과정을 예술로 승화시켜왔고 이런 문화는 보이는 것이 중요하다고 생각하는 계기가 됐을 뿐 아니라 외면을 중히 여기는 사회 풍조를 만들었다. 그래서 이탈리아 사람들은 옷차림을 매우 중요하게 생각하고 자신을 드러내는 수단이라고 생각한다. 남들과 비슷한 옷을 입고 비슷한 음식을 즐기길 좋아하는데 비슷함 속에서도 개성을 찾아 이탈리안 스타일을 세계에 보급했다. 이탈리아 사람들은 비교적 낙천적이며 생각이나 행동이 사리에 맞고 건실한 편이다. 또한 개인의 자유와 권리를 중시하는 개인주의는 외세의 침략과 다양한 민족에 적응해 가기 위해 자연히 발달한 민족의 특성이다.

☙ 이탈리아의 언어

이탈리아인의 약 98%가 공용어인 이탈리아어를 사용한다. 이탈리아어는 인도, 유럽 어족의 이탤릭어파에 속한 언어로 이탈리아 본토 외에도 아프리카의 알제리, 스위스 남부 및 남아메리카 등지에서 사용되고 있다. 이탈리아는 14세기 초까지만 해도 각종 지방어가 난무하였으나 단테가 토스카나 지방의 피렌체 방언으로 〈신곡〉을 발표한 이후 이 언어가 표준어로 정립되기 시작했다. 서유럽 문화를 주름잡던 16세기까지 이탈리아어는 문화, 지식인들이 사용하는 국제어로 쓰이기도 하였다. 이탈리아의 통일 이후 단일 언어에 대한 요구가 강해졌으며, 제2차 세계대전 이후 방송이나 신문, 교육 등을 통해 표준어가 보급되었다. 다만 이탈리아의 발레다오스타 지역은 프랑스어를 함께 사용하며, 트리에스테 고리치아 지역은 슬라브어를 함께 사용하며, 트렌티노알토 아디제 지역은 이탈리아어와 함께 독일어를 사용하고 있다.

☙ 이탈리아의 종교

이탈리아 교회사는 로마 가톨릭 교회의 역사와 같다. 이탈리아 통일 후 1929년부터 1978년까지 로마 가톨릭 교회는 국가가 채택한 종교였으며 국민의 90% 이상이 가톨릭교도였다. 그러나 1984년에 헌법에 명시된 '이탈리아의 국교는 가톨릭교회다'라는 조항을 삭제하면서 국교제도를 폐지하였고 이에 따라 교육기관의 의무교육이었던 종교교육도 폐지되었다. 그러나 1929년 라테란 조약에 의해 바티칸은 독립국으로서의 지위가 그대로 유지되고 있다. 국교로서 가톨릭은 폐지되었으나 국민의 80% 이상이 가톨릭 신자이며 그밖에 개신교, 이슬람교, 유대교 등이 있다.

이탈리아 지리와 도시들

이탈리아는 지중해 중앙부에 위치한 반도국으로 면적은 대한민국의 3배 정도인 30만 1,336km²이며, 북위 41°, 동경 12°에 위치한다. 북서에서 남동으로 길게 뻗어 있는 반도와 시칠리아, 사르데냐 두 섬으로 구성되어 이탈리아 공화국으로 불린다. 이탈리아의 행정구역은 주, 현, 시 세 가지로 나뉜다. 광역 행정 구역인 주는 총 20개가 있다. 현은 각 주 밑에 있는 행정구역으로 전국에 110개가 있다. 현 밑에는 기초 자치단체인 코무네가 있으며 대도시에서 작은 마을에 이르기까지 규모가 다양하다. 이탈리아는 산지와 구릉이 많고 평야는 국토 전체 중 20% 정도밖에 안 된다. 지반이 불안정하여 지진이 자주 일어나며, 시칠리아 섬 동쪽에 위치한 에트나 산은 유럽 최고의 활화산으로 아직도 활발한 화산 운동을 하고 있다. 이탈리아는 지중해 중앙에 위치하며 고대 그리스 시대부터 수 세기에 걸쳐 지중해 지역을 지배한 역사가 있고 이 때문에 세계사 및 지중해 지역 전체의 문화, 사회에 큰 영향을 끼쳤다.

CHAPTER 3

이탈리아를 대표하는 관광지

이탈리아는 90일 동안 체류할 경우 비자 없이 입국이 허가되고 90일 이상 체류할 계획이라면 출국 전 주한 이탈리아 대사관에서 비자를 발급받아야 한다. 숙박은 이탈리아의 농장체험형 관광인 아그리투리스모, B&B, 수녀원과 수도원, 호텔보다 낮은 등급의 숙박업소인 펜시오니, 호텔 등이 있다. 이탈리아의 관습에 따라 대부분의 상점은 일요일과 월요일 오전에 영업을 하지 않는다. 대도시에서는 연중무휴인 상점들이 늘어나는 추세이나 아직도 일요일과 월요일 오전에 영업하지 않는 상점들이 많다. 관광 시 교통편은 비행기, 보트, 버스, 자동차, 기차가 있는데 버스는 요금이 비싼 편이지만 작은 마을에서 편리하다. 또 이탈리아는 철도가 잘 갖춰져 있어 저렴하고 효율적으로 이용하기 편하다. 이탈리아는 4~10월 사이에 관광객이 가장 많고 도시 곳곳에서 축제를 즐길 수 있다. 7~8월이 가장 붐비는 달이기 때문에 이 시기에 여행을 하게 된다면 숙박, 교통편 등을 사전에 준비하는 것이 좋다. 겨울에는 관광객이 적은 편이지만 스키를 즐기고 싶은 관광객이라면 북부로 떠나보는 것도 좋은 경험이 될 것이다. 이탈리아의 종교적인 장소를 방문할 때에는 민소매, 반바지 등을 입지 않도록 해야 하고, 사람이 붐비는 곳은 절도가 많이 발생하기 때문에 소지품 관리를 철저히 하도록 해야 한다.

로마

로마에는 로마 국립 박물관, 퀴리날레 궁전, 스페인 광장, 베네치아 광장, 트레비분수, 판테온, 산 피에트로 대성당, 바티칸 미술관, 포로 로마노, 콜로세움이 있다. 로마를 찾는 대부분의 사람들이 테르미니역을 관문으로 삼는데 역에 도착하여 3분 정도 걷다 보면 로마 국립 박물관을 만난다. 로마 국립 박물관은 디오클레치아노 욕장 국립 박물관, 알템프스 궁전 국립 박물관,

| 로마의 스페인 광장. 영화 〈로마의 휴일〉에서 오드리 헵번이 아이스크림을 먹던 장면으로 유명해졌다.

마시모 궁전 국립 박물관, 발비의 묘소 국립 박물관 이렇게 4개의 박물관으로 구분되어 있다. 본관은 마시모 궁으로 고대 로마 시대의 미술품들을 전시하고 있으며 연중무휴로 운영하고 있다. 로마에서 가장 높은 언덕에 세워진 퀴리날레 궁전은 1583년에 교황 그레고리오 13세의 별궁으로 세웠으며, 16세기 후반에 건설이 시작되어 18세기 중순에 완성되었다. 과거에는 왕들의 공식적인 관저로 이용되었으며 군주제가 붕괴된 후 1949년부터 대통령 관저로 쓰이고 있다. 상점이 밀집된 곳에 위치한 스페인 광장은 늘 관광객의 발길이 끊이지 않는다. 이곳에 스페인 대사관이 있었기 때문에 스페인 광장으로 불리며 광장 앞에 위치한 스페인 계단은 영화 〈로마의 휴일〉의 여배우 오드리 햅번이 13번째 계단에서 아이스크림을 먹으며 더욱 유명해졌다.

계단 바로 앞에 위치한 바르카차의 분수는 테베레 강에서 와인을 운반하던 바르카차(배)를 본떠 만든 것으로 이탈리아 바로크를 대표하는 조각가이자 건축가인 베르니니의 아버지 피에트로가 만들었다. 로마 시내 중심에 위치한 베네치아 광장은 이탈리아 주요 행사나 의식을 거행하는 장소로 쓰이고 있다. 로마의 많은 거리가 이 광장으로 집중되기 때문에 로마에서 가장 복잡한 곳 중의 하나이다. 로마는 분수의 도시로도 유명한데 가장 유명한 분수는 바로 트레비 분수이다. 1453년 교황 니콜라우스 5세의 명으로 만들어진 트레비 분수는 1762년에 교황 클레멘스 13세가 의뢰하고 니콜라 살비가 설계를 담당해 지금의 모습으로 바뀌었다. 이 연못을 등지고 서서 동전을 던져 넣으면 다시 로마를 방문할 수 있다는 속설과 두 번 던져 넣으면 원하는 사랑을 이룰 수 있고, 세 번 던져 넣으면 그 사람과 이혼하게 된다는 속설이 있어 분수 바닥은 관광객들이 던진 동전으로 가득 차 있다.

완벽한 형태로 남아 있는 고대 로마의 유적 판테온은 로마 제국의 장군

| 판테온 내부. '만신전'이라 불리던 이교도의 신전이었지만 로마 가톨릭의 성당이 되면서 파괴의 화를 면했다. 로마 건축 불후의 명작이자 인류 최고의 문화유산으로 꼽힌다.

이었던 아그리파에 의해 만들어졌으며 이후 화재로 소실되었지만 하드리아 누스 황제에 의해 지금의 모습으로 재건되었다. 르네상스 시대 판테온은 무덤으로 사용되었고 현재의 판테온은 가톨릭 성당으로 이용되고 있으며, 가톨릭 종교 행사장으로도 이용되고 있다.

세계에서 가장 큰 성당인 산 피에트로 대성당은 라파엘로, 브라만테, 미켈란젤로, 베르니니 등 일류 건축가와 예술가가 참여해 만든 작품으로 대성당에서 가장 유명한 미켈란젤로의 걸작 피에타가 유리 케이스 안에 보관되어 있다. 대성당의 큐폴라(작은 건물의 돔과 같은 양식의 둥근 천장을 뜻함)는 로마에서 가장 큰 크기를 자랑한다. 안채에 있는 뜰에서 테라스까지 엘리베이터를 타

| 바티칸 박물관 내부. 역대 로마 교황들이 수집한 방대한 미술품과 신비의 고문서 등이 간직되어 있다.

고 올라갈 수 있는데 정상에 오르면 산피에트로 광장, 바티칸 시국 전체를 한눈에 볼 수 있다.

바티칸 미술관은 시스티나 성당을 포함하여 바티칸시국에 있는 궁전, 미술관, 박물관을 전부 지칭한다. 고대 이집트와 그리스부터 현대에 이르는 그림, 조각 등이 소장되어 있으며 바티칸 미술관의 주요 작품만 둘러보는 데에도 서너 시간이 넘게 소요된다.

미술관 내부에 레스토랑과 카페, 북센터 등 여러 가지 편의 시설이 갖추어져 있고 한국어 오디오 가이드가 구비되어 있어 작품에 대한 이해를 높이고 싶다면 대여하여 작품을 감상하는 것이 좋다.

포로 로마노는 고대 로마의 중심지로 초기에는 사람들이 모이던 시장터였으며 로마의 생활터전의 중심지였던 공공광장이다.

포로(Foro)란 이탈리아어로 공공광장이란 뜻이다. 땅속에 매장되었던 것을 18세기부터 발굴하기 시작해 현재까지 일부 복원되었다. 현재 몇 개의 개선문 외에는 거의 형태를 알아볼 수 없지만, 규모가 크기 때문에 걸어서 둘러

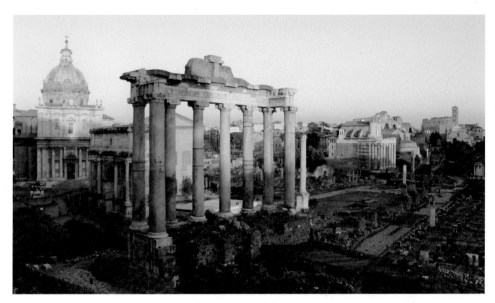

신전, 바실리카, 기념비 등으로 조성된 고대 로마의 '공회장(foro)'. 고대 로마의 흔적을 가장 완벽하게 체험할 수 있어 돌멩이 하나라도 함부로 할 수 없는 지역이다.

콜로세움을 구성하고 있던 많은 돌들은 다른 건축물을 위해 옮겨졌는데 그 대표적인 것이 바티칸의 성베드로 대성당이다. 다시 옮겨올 수가 없게 되었다.

보는 데만도 약 2시간 정도 걸린다. 콜로세움은 4층의 원형경기장으로 72년 베스파시아누스 황제의 명으로 짓기 시작했으며 그의 아들 티투스 황제 때 완공되었다. 검투사, 사형수, 맹수 등이 목숨을 건 싸움을 펼쳤고 300년 이상 혈투가 계속되었으나, 405년 오노리우스 황제가 격투기를 폐지함으로써 끝이 났다.

오스티아 안티카

로마에서 약 20km 떨어진 곳에 위치한 항구도시다. 오스티아 안티카 역에서 사적공원 입구까지는 길이 하나로 이어져 있고 그 길을 따라 유적지가 늘어서 있다. 돌고래, 말 등의 형상을 그린 대형 모자이크 타일로 바닥이 장식된 넵투누스 욕장, 아우구스투스 황제 시대에 건설되어 3,000~4,000명을 수용한 대형 반원형 극장, 최근에 발굴된 오스티아 박물관이 있다. 번화한 로마에 비해 다소 조용한 편이어서 한가로이 둘러볼 수 있고, 멀지 않은 곳에 바다가 있어 해수욕을 즐길 수 있다.

카스텔리 로마니

카스텔리 로마니 지방은 로마에서 버스를 이용하면 30분쯤 걸려 도착할 수 있다. 로마의 번잡함과 불안한 치안을 피해 온 교황과 귀족들의 피서지였다. 교황의 여름별장이 있는 카스텔 간돌포는 알바노 호수를 한눈에 내려다볼 수 있어 경치를 감상하기 좋다. 알바노 호의 호반을 따라 북쪽으로 가면 화이트와인 산지 마리노가 있고 10월에는 와인 축제를 즐길 수 있다. 마리노의 북동쪽에도 이탈리아를 대표하는 화이트와인 마을인 프라스카티가 있으며 고대 로마 시대부터 현재까지 로마인들의 피서지로 각광받고 있다.

✤ 나폴리

나폴리는 세계 3대 미항으로 꼽힌다. 나폴리에 도착해 가장 먼저 찾는 곳이 플레비시토 광장인데 나폴리의 정보와 지도를 얻을 수 있는 인포메이션 센터가 있다. 광장 사이로 산 프란체스코 디 파올라 교회와 팔라초 레알레가 있고 수많은 기둥들이 광장을 둘러싸고 있다. 플레비시토 광장에서 언덕을 따라 올라가면 산타루치아 항구에 도착할 수 있는데, 이탈리아의 작곡가 코트라우의 나폴리 민요로 널리 알려졌다.

산타루치아는 나폴리 수호신의 이름으로 나폴리 해안거리의 지명이다. 카스텔 누오보는 나폴리의 대표적인 곳으로 1279년 세워졌으며, 왕궁과 요새로 동시에 사용되었다고 알려져 있다. 현재는 박물관으로 바뀌어 관광객들

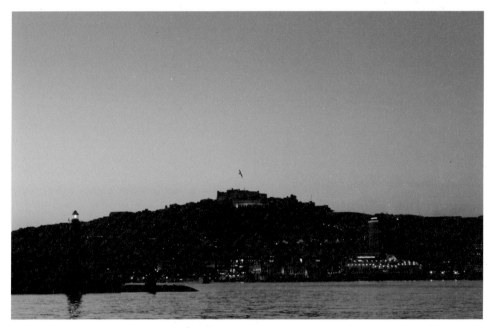

| 나폴리는 세계 3대 미항으로 불린다. 항구는 보는 위치에 따라서 시각이 달라진다. 나폴리는 뱃사람들의 시각에서 가장 편안한 느낌을 주는 항구 중에 하나다.

을 만나고 있다. 왕궁은 역대 왕들의 조각상이 서 있는 것으로 유명하며 나폴리가 스페인 통치하에 있던 시대인 1602년 완성되었다. 내부에는 나폴리 왕가에서 전해 내려오던 소장품들과 미술 수집품이 전시된 박물관이 있다.

'나폴리를 보고 죽어라'는 말이 나올 만큼 아름다운 풍경을 자랑하는 카스텔 델로보는 달걀 성이라고도 불린다. 아름다운 산타루치아 항구를 내려다볼 수 있는 곳에 위치하고 있지만 12세기 노르만인에 의해 세워진 후 오랫동안 감옥으로 사용되었다. 1866년에 문을 연 산 마르티노 국립 박물관에는 나폴리에 관한 역사를 비롯하여 예술품, 회화, 미술품 등이 전시되어 있으며 주제별로 분류되어 있다. 국립 고고학 박물관은 고대 그리스와 로마 예술의 보고라 일컬어지는데 이 박물관은 1, 2층으로 전시실이 나누어져 있고 조각품과 대리석 작품, 폼페이와 에르콜라노에서 출토된 다양한 발굴품과 유물들을 전시하고 있다. 또한 고대의 동전을 모은 산탄젤로 컬렉션과 에트루리아와 이집트 유물 수집품인 보르지아 컬렉션과 황제의 방, 사랑과 미의 여신 아프로디테상 등이 있다.

⚜ 폼페이

화려한 귀족들의 휴양도시였던 폼페이는 서기 79년 화산 폭발 이후 모든 것이 잿더미로 변했으나, 1748년부터 발굴을 시작해 현재 관광지로 개방이 되었다. 상인이었던 베티 형제의 집은 폼페이 유적지 내에서 가장 관광객이 많이 찾는 곳 중 하나다. 프레스코화와 조각상들이 많고 집 곳곳이 화려한 예술품으로 장식되어 있다. 폼페이에서 가장 크고 오래된 욕장인 스타비아 욕장은 당시의 목욕문화를 짐작할 수 있다. 목욕탕은 남녀가 따로 사용했고 각각 탈의실, 냉탕, 온탕, 열탕의 순서로 목욕을 했으며, 대형수영장을 다 같이 이용할 수 있었다. 폼페이에서 가장 큰 극장인 대극장은 당시 약 5,000명을 수용할 수 있었던 장소로 연극, 연주회 등이 열렸으며 지금도 종종 공연을 볼 수 있다.

대극장 공연은 신분에 따라 3개의 좌석으로 나뉘는데 가장 아래쪽의 대리석 계단이 가장 높은 신분 계급이 앉던 자리다. 비너스의 집은 폼페이의 동쪽 끝 부분에 위치하고 있다. 이곳의 가장 유명한 벽화는 비너스 마리나의 그림이다. 빌라 줄리아 펠리체에도 많은 프레스코화가 남아 있다. 검투사들의 경기가 열렸던 원형 경기장은 2만 명의 인원을 수용할 수 있는 규모이다. 신비의 집은 결혼에 관한 신비한 의식을 묘사하는 17m 길이의 프레스코화가 있다. 여기서 이 집의 이름이 유래되었다.

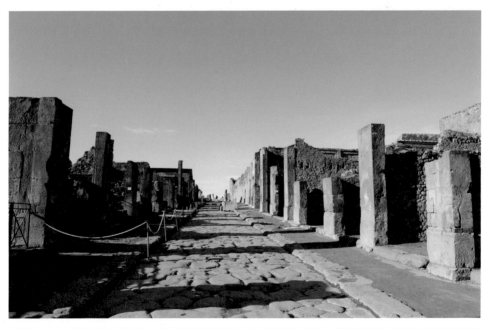

| 폼페이 유적지. 화산 폭발로 사라진 도시이지만 화산재 덕분에 2,000년 전의 모습을 그대로 간직할 수 있었다. 역사의 아이러니를 만날 수 있다.

❧ 카프리

　　나폴리에서 30km 떨어진 곳에 위치한 카프리 섬은 이탈리아 최대의 휴양지다. 섬의 선착장인 마리나 그란데 관광 안내소에서 산악열차인 푸니쿨라를 타고 올라가면 마을 입구인 움베르토 1세 광장에서 하차한다. 섬 서쪽에 위치한 몬테솔라로 정상으로 가기 위해서는 다시 1인 케이블카를 타야한다. 카프리 섬에서 가장 많은 관광객이 찾는 곳은 푸른 동굴이다. 배를 타고 푸른빛 동굴 안을 탐험을 할 수 있는데 아무 때나 갈 수 있는 것은 아니다. 입구가 물에 잠기는 만조 때나 파도가 거센 날에는 푸른 동굴을 볼 수 없으니 사전에 날씨를 확인해야한다. 이 밖에도 지상의 낙원이란 별명을 가진 산 미켈레 교회, 피서객들이 많이 찾는 해수욕장인 마리나 피콜로 등이 있다.

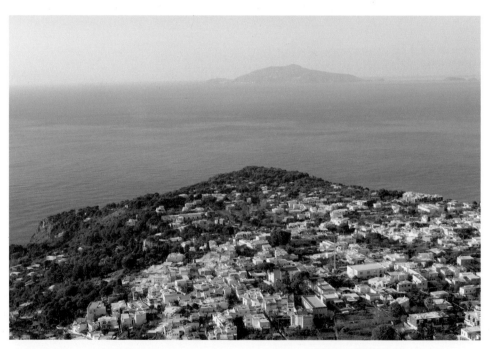

| 1인 리프트를 타고 오르면서 바라 본 카프리 섬의 풍경. 푸른 하늘과 산호빛 바다가 아름다운 천혜의 휴양지다.

✿ 피렌체

이탈리아 중부 토스카나 주의 도시 피렌체는 모두 걸어서 이동이 가능하기 때문에 편한 신발을 준비해 걷는 것이 좋다. 두오모는 꽃의 성모 교회라고도 불리는데, 두오모(Duomo)는 영어의 돔(Dome)과 같은 뜻으로 이탈리아어로는 '대성당' 자체를 의미한다. 산조반니 세례당은 피렌체의 수호성인 산 조반니에게 바치기 위해 세워진 팔각형 건물이며 청동으로 된 3개의 문이 유명하다. 〈신곡〉을 쓴 단테가 세례를 받은 곳이기도 하다.

동쪽의 입구에서 414개의 계단을 올라가면 조토의 종탑 정상에 이른다. 이곳에서 두오모의 웅장함과 피렌체의 절경을 감상할 수 있다. 피렌체의 중심부에 위치한 베키오 궁전과 시뇨리아 광장은 오랜 시간 동안 사회, 정치적

| 피렌체 두오모. 170년의 공사기간을 거쳐 1296년에 완공되었다. 르네상스의 중심지였던 피렌체의 이상을 건축적으로 완성한 명작으로 꼽힌다.

| 피렌체를 대표하는 시뇨리아 광장의 넵투누스 분수. 광장에서는 현재 시청사로 쓰이고 있는 베키오 궁전과 미켈란젤로의 걸작품인 다비드 조각상 등을 만날 수 있다.

으로 중심 무대가 되었던 곳으로 집회나 주요 행사들이 열린 장소였다. 베키오 궁전은 1322년 고딕 양식으로 지어진 건물로 처음에는 메디치 집안의 궁전으로 사용되었으나 현재는 피렌체 시청과 박물관으로 사용되고 있다. 피렌체에서 가장 오래된 광장인 시뇨리아 광장에서 가장 유명한 작품은 미켈란젤로의 3대 걸작 중 하나인 다비드상이다. 현재 전시되어 있는 작품은 모작이며 진품은 인근 피렌체 아카데미아 미술관에 전시되어 있다. 비너스의 탄생, 프리마베라 등 르네상스 시대 회화가 전시된 우피치 미술관은 레오나르도 다빈치, 라파엘로, 보티첼리, 미켈란젤로 등 약 2,500여 점의 대표작이 전시되어 있다. 메디치 가문의 거주지였던 핏티 궁전은 오늘날 매년 두 차례씩 핏티 우오모(남성 패션쇼)가 개최된다. 산타마리아 노벨라 약국은 도미니크 수도회가 허브와 약초 등으로 소독약과 연고를 제조해오던 곳으로 정식허가를 얻어 브랜드화되었다. 내부에는 프레스코화나 역대 왕의 초상화 등이 전시되어 있다.

베로나

베로나는 셰익스피어의 작품 〈로미오와 줄리엣〉의 배경이 된 도시로 사랑의 성지라고도 불린다. 도심 한가운데 위치한 줄리에타(줄리엣)의 집은 명소가 되었다. 베로나는 오페라의 도시로도 유명하다. 베로나의 원형 경기장인 아레나는 베로나의 상징으로 객석은 44계단의 대리석으로 지어졌고 수용 인원은 약 25,000명 정도이다. 1세기에 지어진 이 경기장은 원래 투기장으로 사용될 위한 목적이었으나 오늘날에는 오페라 극장으로 변신하여 매년 6월 초순에서 8월 말에 열리는 오페라 축제를 보기 위해 많은 사람들이 모여든다. 에르베 광장은 로마 시대에는 시민재판이나 정치 집회를 했던 공공 광장으로 세계 각국의 상품을 거래하는 무역의 중심지이기도 했다. 베로나에서 가장 큰 교회인 아나스타시아 교회는 피사넬로의 〈성 조르조 공주〉를 비롯한 많은 작품을 볼 수 있다. 교회를 지나 피에트라 다리를 건너면 산피에트로 성에 닿을 수 있는데 전망대에 오르면 아디제 강과 베로나 전체의 모습을 볼 수 있다.

피사

| 피사의 사탑. 탑은 하단은 기울었으나 상층부로 갈수록 세워진 기이한 형태다.

중세 지중해 무역의 중심지였던 피사는 과학자 갈릴레이와 조각가 조반니 피사노의 고향이기도 하다. 피사의 두오모 광장은 1987년에 세계문화유산으로 지정되었다. 주요 관광지로는 이탈리아의 가장 오래된 성당이자 기적의 광장이라 불리는 대성당, 이탈리아 세례당 중 가장 큰 세례당인 피사 세례당, 흰 대리석을 쌓아 만든 8층의 사탑인 피사의 사탑, 묘지 등이 있다. 이 중 기울어진 탑으로 유명한

피사의 사탑은 1173년 착공 시에는 수직이었으나, 13세기에 지반침하로 인해 탑이 기울어지기 시작했다.

루카

루카는 약 4km의 성벽에 둘러싸인 도시로 이 성곽 덕분에 중세시대의 모습이 고스란히 남아 있다. 특히 도시 중심으로 성과 종탑이 많이 지어져 있어 도시 전체가 세계문화 유산으로 등재되어 있다. 주요 건축물로는 피사 양식을 발전시킨 로마네스크, 고딕 양식을 대표하는 건축물인 두오모, 로마네스크 양식으로 지어진 산 마르티노 성당, 화려한 파사드 장식으로 유명한 성당인 산 미켈레 인 포로, 루카에서 가장 오래된 성당이자 노동자들의 수호성인인 지타 성녀의 시신이 안치되어 있는 산 프레디아노 성당이 있다. 또한 로마 시대의 원형극장 위에는 특이하게도 건물들이 지어져 있는데 로마 시대에는 시민들이 모여 회의를 하는 곳으로, 중세시대에는 소금 창고나 감옥으로 사용되었다. 루카는 이탈리아의 오페라 작곡가 푸치니의 고향이기도 하다.

볼로냐

이탈리아 중북부 에미리아주의 주도인 볼로냐는 2000년 유럽문호수도로 지정되었다. 유럽문화수도란 매년 유럽연합 가맹국의 도시를 선정하여 1년간 다양한 문화행사를 펼치는 사업을 말한다. 그만큼 볼로냐는 역사적으로나 예술적으로 잘 발달하여 있는 도시다. 볼로냐의 랜드마크인 우고 바시 거리에 자리한 쌍둥이 탑은 단테의 신곡에 등장하여 많은 관광객이 찾고 있다. 볼로냐 대학은 세계에서 가장 오래된 대학으로 세계적인 작가 움베르토 에코가 기호학 교수로 재직 중이다. 마조레 광장은 볼로냐의 중심이며 이곳을 중심으로 볼로냐의 중요한 건물들이 다 모여 있는데 시청사와 산 페트로니오 성당, 넵투누스 분수, 포데스타 궁전 등이다. 볼로냐의 별명은 '뚱보들의 도시'다. 돼지고기로 만든 햄인 프로슈토와 살라미 등 고기와 치즈를 이용한 요리가 발달해 있어 붙여진 별명이다.

✤ 제노바

제노바는 아메리카 대륙을 발견한 탐험가 콜럼버스와 음악가 파가니니가 태어난 도시이자 소설 〈엄마 찾아 삼만리〉의 주인공 마르코가 살던 배경도시로 유명하다. 제노바는 이탈리아 제1의 항구도시로 저명한 선박회사의 본사나 지사가 대부분 이곳에 있다. 항구도시답게 유럽 최대의 제노바 아쿠아리움이 있다. 또한 항구도시의 특성상 수세기에 걸쳐 다양한 문화가 유입되었던 도시이기 때문에 바로크 양식과 로마네스크 양식, 고딕 양식 등이 혼재되어 있다. 주요 건축물로는 콜럼버스의 생가를 비롯해 두칼레 궁전, 12세기의 성 로렌초 성당, 흰 궁전, 붉은 궁전 등이 있다.

✤ 토리노

사보이공국 시절 수도였던 토리노는 우리에게는 2006년 동계올림픽 개최지로 더욱 잘 알려진 도시다. 일찍이 정치와 경제의 중심지였던 토리노는 현재 제노바, 밀라노와 함께 이탈리아의 주요 경제도시로 손꼽힌다. 주요 관광지로는 토리노 자동차 박물관, 팔라티네쿤, 산카를로 광장, 이집트 박물관, 수페르가 성당, 산죠반니 대성당 등이 있다.

✣ 밀라노

밀라노는 이탈리아 최대의 경제 중심지이며 대기업의 본사, 주식시장, 주요 은행의 본점들이 집중되어 있다. 또한 문화재와 문화 시설이 공존하는 관광의 중심지이기도 하다. 밀라노의 랜드마크인 두오모 성당은 엘리베이터나 계단을 이용하여 옥상으로 올라갈 수 있으며 이곳에 오르면 알프스 산맥을 볼 수 있다. 라스칼라 극장은 오페라의 명소로 알려져 있으며 지금도 세계적인 거장들이 이곳에서 공연을 한다. 그 외에 주요 관광지로 오페라의 역사를 볼 수 있는 스칼라 극장, 1466년에 브라만테, 다빈치 등이 참여하여 완공한 스포르체스코 성 등이 있다. 밀라노는 패션의 도시로도 유명한데 세계적인 패션쇼와 전시회가 밀라노에서 개최된다. 대표적인 것이 밀라노 모다 우오모, 밀라노 벤데 모다, 밀라노 모다 도나 등이다. 특히 봄과 가을에는 세계적인 패션쇼가 집중적으로 열린다.

✣ 베네치아

물의 도시로 불리는 베네치아는 18개의 섬과 177개의 운하로 이루어져 있는데 그 사이를 다리로 연결하여 하나의 도시를 이루고 있다. 곤돌라를 타고 400여 개의 다리 아래로 지나다니며 섬과 운하 사이를 둘러볼 수 있는데 그 가운데 가장 재밌는 곳은 바로 리알토 다리를 통과할 때다. 400여 개의 다리 중 가장 폭이 좁아 아슬아슬한 기분이 든다. 또한 중세시대 감옥과 연결되어 있는 탄식의 다리를 지나갈 수도 있다.

베네치아의 산마르코 광장은 유럽에서 가장 큰 광장 중 하나로 화려한 대리석과 금빛으로 장식된 모자이크가 있어 황금의 교회로 불리기도 한다. 중앙에 있는 제단 십자가는 보석으로 장식되어 있다. 그 밖에 베네치아의 수

| 밀라노 대성당. 밀라노에서 만날 수 있는 거의 유일한 전통 건축물이다.

| 베네치아의 곤돌라. 작은 운하를 왕래하는 곤돌라는 원래 귀족이나 부유한 상인의 전유물이어서 화려하게 치장
되었으나 지금은 모두 검은색으로 통일되었다.

호성인 성 마르코의 유해가 안치되어 있는 비잔틴 건축양식의 대표작 산마르
코 성당, 고딕양식의 최고 걸작으로 꼽히는 두칼레 궁전 등을 볼 수 있다.

시칠리아

| 시칠리아와 이탈리아 본토사이의 해협. 시칠리아 섬에서 바라본 풍경.

이탈리아 반도 아래
에 위치한 지중해의 가
장 큰 섬인 시칠리아는
프란시스 코폴라 감독
의 영화 〈대부〉의 무대
로 더욱 잘 알려져 있다.
시칠리아는 역사적으로
여러 민족의 지배를 받
았기 때문에 그리스, 로
마, 비잔틴, 노르만, 독일, 프랑스, 스페인 등 다양한 문화가 공존하고 있다.
스페인 통치를 끝으로 1860년 시칠리아 섬은 이탈리아공화국에 복속되었다.
섬 남쪽에 위치한 에트나 산은 연중 기후가 따뜻하고 해안풍경이 빼어나 겨
울철 휴양지로 인기가 많다. 동쪽에 위치한 타오르미나는 암벽 위에 세워진
도시로 아름다운 해변을 자랑하며 시칠리아 대표 여름 휴양지로 손꼽히고 있
어 관광객뿐 아니라 이탈리아인들도 즐겨 찾는 곳이다. 그 밖에 신전들의 계
곡으로 유명한 아그리젠토, 기원전 5세기의 헬레니즘 건축 양식을 볼 수 있
는 세제스타 신전, 비잔틴과 아랍 양식이 섞인 건축물인 몬레알레 대성당 등
이 있다.

이탈리아의 역사

로마 건국신화

이탈리아는 BC 753년 로물루스와 레무스 형제가 로마를 세우면서 시작되었다는 전설이 내려오고 있다. 전설에 따르면 로물루스와 레무스의 아버지는 전쟁의 신 마르스이며, 어머니는 트로이의 영웅이자 알바롱가에 나라를 세운 아이네이아스의 후손인 왕녀 레아 실비아다. 레아가 형제를 낳자 그녀의 숙부 아물리우스는 조카가 낳은 형제가 자신의 왕위를 빼앗을까 두려워 숲 속에 버렸고 형제는 늑대의 젖을 먹고 자라게 된다. 이후 어른이 된 형제는 자신을 버린 아물리우스 왕을 죽이고 자신들이 다스릴 땅을 찾아 떠나게 된다. 그 후 티베르 강이 보이는 팔라티누스 언덕에 정착하여 나라를 세우는데 그곳이 바로 오늘날의 로마다. 그러나 왕위를 놓고 로물루스와 레무스 사이에 싸움이 일어났고 결국 로물루스가 레무스를 죽이면서 왕이 된다. '로마'라는 말은 로물루스의 이름에서 유래된 것이다.

✿ 7왕국시대

BC 773년 로마의 초대 왕 로물루스는 점차 세력을 확장하여 티베르 강 동쪽에 위치한 사비니까지 침략했으며 이후 로마와 사비니를 모두 지배하게 되었다. 1대 왕 로물루스의 뒤를 이어 2대 왕이 된 누마 폼필리우스는 사비니 출신이다. 제사장을 임명하고 신관을 세우는 등 로마종교의 뿌리가 되는 의식을 만들었으며, 당시 1년이 10개월이었던 달력을 12개월로 개혁하고 법률을 정비하려 관료제를 도입하기도 했다. 3대 왕인 툴루스 호스틸리우스는 로물루스와 같은 라틴계로 선조의 땅인 알바롱가와 주변 부족들을 점령하고 로마에 새로운 민족들이 유입될 수 있도록 하였다. 4대 왕 안쿠스 마르키우스는 2대 왕 누마 폼필리우스의 손자로 투표를 통해 선출된 최초의 왕이다. 3대 왕 툴루스 호스틸리우스에 이어 주변국들을 침략하여 영토를 확장시켰다. 오스티아 지역을 점령하여 티베레 강의 소금밭을 얻었으며 지중해에까지 뻗어 나가 농업을 발전시킬 수 있었다.

5대부터는 에트루리아인들이 로마를 다스렸다. 5대 왕인 타르쿠니우스 시기에 로마는 비약적인 발전을 이루게 된다. 일찍이 철기제조법을 알고 있었던 에트루리아의 선진 토목, 건축기술이 로마로 들어오면서 도로와 수로가 건설되고 대형건물이 들어서게 된 것이다. 6대 왕 세르비우스 툴리우스는 로마 법률의 기초를 정비하고 군제를 개혁하며 시민총회인 민회를 열었다. 또한 이 시기에 은과 구리로 동전을 주조하여 유통, 상업이 발달하기도 했다. 6대 왕의 사위였던 타르퀴니우스 수페르부스는 장인을 죽이고 제7대 왕위에 올랐다. 원로귀족을 무시하고 법률을 마음대로 폐지하였으며 세금제도를 개혁하여 평민들도 귀족처럼 많은 세금을 부과하도록 하는 등 독재를 일삼았다. 결국 분노한 귀족들과 시민들은 타르쿠니우스에 반기를 들었고 왕과 일족을 로마에서 추방했고 250여 년의 왕정 시대는 끝나게 되었다. 이후 로마는 독재 왕의 출현을 막기 위해 공화제를 시행했다.

로마 공화정 시대

BC 505년 로마 공화정 시대가 시작되었다. 로마 초기 공화정 시기에는 왕정 체제와 유사하게 귀족을 대표하는 원로원 집단과 행정 및 군사를 맡는 집정관을 선출하여 다스렸다. 이 시기에 로마는 이탈리아 전체를 점령하고 그리스와 북아프리카까지 뻗어 가며 점차 제국주의화 되었다. 초기 공화정 체제는 약 200년간 지속하였다. 그러나 점차 귀족들에게 권력이 집중되자 평민들은 자신들의 정치참여를 요구하는 투쟁을 일으켰고 BC 287년 이후 귀족과 평민 출신의 원로원(신귀족)이 함께 로마를 다스리기 시작했다. 이후 로마는 그리스와 마케도니아 등 지중해를 정복하고 나가 북아프리카와 소아시아까지 확장했다. 이처럼 전쟁이 계속되자 군사를 담당하는 집정관의 독재가 심각해졌고 장기간의 전쟁으로 귀족과 평민의 격차가 더욱 심해지면서 공화정 체제가 흔들리게 되었다.

제정시대와 로마제국의 멸망

BC 60년 로마 공화정 말기 집정관이 권력을 독점하자 이에 불만을 품은 카이사르, 크라수스, 폼페이우스가 합세하여 나라를 다스리게 되었는데 이를 삼두정치(三頭政治)라 부른다. 그러나 삼두정치 체제는 카이사르가 크라수스와 폼페이우스를 차례로 물리치고 독재정치를 시작하면서 막을 내렸고, 카이사르 역시 자신의 양아들에 의해 죽임을 당하고 만다. BC 44년 이후 옥타비아누스, 안토니우스, 레피두스가 이끄는 2차 삼두정치가 시작됐고 또다시 일어난 권력다툼에서 승리한 옥타비아누스가 권력을 차지하게 되면서 마침내 공화정은 막을 내리고 황제가 나라를 다스리는 통치 체제인 제정시대가 열리게 되었다.

로마 제정시대의 첫 번째 황제인 옥타비아누스는 BC 27년 원로원으로부터 존엄자라는 뜻의 '아구스투스'라는 칭호를 받게 되었고 로마를 평화의 시대로 이끌었다. 도시를 개조하고 공공건물과 수도설비를 강화하는 한편, 화폐를 만들어 자유상거래가 가능하도록 하였고 대외적으로 정복전쟁을 멈추고 로마의 광대한 국경을 지키는 데 주력하였다.

이후 로마는 제2대 황제 티베리우스, 3대 가이우스 카이사르, 4대 클라우디우스 황제로 이어지면서 약 200년에 이르는 세월 동안 전성기를 누리게 되었다. 영국, 사하라, 이란에 이르는 대제국을 건설하였을 뿐만 아니라 종교의 확립, 복지 정책과 세금 제도 개편 등 사회 질서를 확립하였다. 그러나 AD 190년부터 밖으로는 게르만족을 비롯해 이민족의 침입이 점점 심해졌고 안으로는 잦은 전쟁으로 인한 재정과 군사력이 약해지면서 쇠퇴의 길을 걷기 시작했다. 284년 황제가 된 디오클레티아누스에 의해 로마는 왕권을 중심으로 한 중앙집권 국가로서 과거의 영광을 되찾기 위해 노력했다. 기독교를 탄압했던 디오클레티아누스 황제의 뒤를 이은 콘스탄티누스 1세는 기독교로 개종하였고 수도를 로마에서 콘스탄티노플로 옮기면서 로마제국의 부흥을 꾀하기도 했다. 그러나 395년 황제 테오도시우스 1세가 죽고 그의 아들인 아르카디우스와 호노리우스가 각각 동로마와 서로마로 나누어 통치하기 시작하면서 로마제국은 분리되었다. 그 후 군사력이 약했던 서로마제국은 게르만족의 침입으로 멸망하게 되었다.

🌿 비잔틴제국과 르네상스

멸망한 서로마제국과 달리 콘스탄티누스 1세가 수도로 삼은 콘스탄티노플을 기점으로 동로마제국은 비잔틴제국이라는 이름으로 로마의 명맥을 이어갔다. 518년 왕이 된 유스티니아누스 1세는 구로마제국의 영토를 침략했던 게르만족을 무찌르며 구로마제국의 영토 대부분을 회복하는 등 강력한 중앙집권적 국가로 성장하면서 이후 동로마제국은 약 1,000여 년간 유럽지역을 제패하였다. 그러나 11세기 이후부터 무리한 영토 확장으로 인해 군사력이 약해졌으며 1204년 십자군에 의해 수도 콘스탄티노플이 함락되면서 중앙집권체제가 붕괴하기 시작하여 베네치아, 밀라노, 피렌체 등 도시 중심의 영주국가가 출현하게 되었다. 상공업의 발달은 점차 권력이 대상인들로 집중될 수 있도록 하였다. 이탈리아 북부 도시와 시칠리아 왕국 등 도시국가에서는 상공업으로 막대한 부를 축적한 대상인과 귀족들 간의 대립이 심화되었으며 황제의 권력으로부터 사실상 독립된 상태였다. 상공업의 발전은 문화와 문명의 발전을 이끌었다. 그중에서도 대상인 가문이었던 메디치가는 당시 공화제였던 도시왕국 피렌체를 사실상 지배하면서 인문주의를 기본으로 하는 르네상스 문화 시대를 열었다. 그러나 1453년 오스만투르크 제국에 의해 동로마제국(비잔틴제국)이 멸망하면서 도시국가는 쇠퇴의 길로 접어들었다. 또한 스페인과 포르투갈, 오스트리아, 프랑스 등 서유럽 국가들이 절대군주체제의 통일국가를 이루며 성장하면서 이탈리아의 도시국가를 침범하기 시작했다.

이 같은 혼란 속에서 북이탈리아의 토리노를 거점으로 삼고 있던 사보이 왕국은 이탈리아의 도시국가 중 유일하게 주권을 지킨 국가였다. 1849년 오스트리아와의 전쟁에서 패배하였으나, 이후 에마누엘레 2세에 의해 이탈리아 통일의 기반을 마련했다.

❧ 통일운동

이탈리아라는 명칭은 통일 전까지 도시국가로 이루어진 지역을 뜻했다. 18세기에 시작한 프랑스 혁명의 바람이 이탈리아 본토까지 불면서 봉건제를 폐지하고 교회의 권력을 무력화하는 등 자유와 평등사상이 퍼지기 시작했다. 특히 강대국(주로 오스트리아)의 지배에서 벗어나 자유 민주국가를 갈망하는 의식이 피어났다. 국왕 에마누엘레 2세 시기에 재상 벤소 콘테 디 카보우르를 중심으로 본격적인 통일작업에 착수한 이탈리아는 중부지역까지 병합하고 시칠리아 왕국을 점령하면서 교황이 지배하던 로마를 제외하고 이탈리아 전체를 차지하게 되었다. 이후 1870년 오스트리아를 상대로 한 독립전쟁에서 승리한 후 로마까지 점령하면서 비로소 통일 이탈리아를 이룩하게 되었다.

❧ 무솔리니의 파시스트 정권

통일 전부터 이탈리아의 지역 격차는 심각했다. 자유무역이 발달했던 북부 이탈리아와 달리 남부 이탈리아는 전근대적인 농업방식으로 경제적으로 어려웠다. 통일 이후 국왕 에마누엘레 2세와 재상 카보우르는 사회질서를 정비하는 과정에서 지역 격차를 줄이고 경제력을 높이기 위해 북아프리카 식민지경영까지 나서는 등 문제를 해결하는 데 주력했다. 그러나 격차는 좀처럼 좁혀지지 못했고 곳곳에서 농민들의 봉기가 이어지면서 사회주의와 국가주의가 대립하게 되었다. 사회적 합일을 이루지 못하고 혼란에 빠진 이탈리아는 제1차 세계대전에 참전하면서 대공황상태에 빠지게 된다. 전국적으로 엄청난 실업자가 속출했고 분열된 이탈리아 곳곳에서 봉기가 일어났다. 이 시기에 등장한 무솔리니는 농민과 빈곤층을 주축으로 파시즘 운동을 시작했다. 파시즘이란 제1차 세계 대전 이후 나타난 극단적인 전체주의적 정치이념을 말하며 자유주의를 부정하고 폭력적인 방법에 의한 일당 독재를 주장하여 지배자에 대한 절대적인 복종을 강요했다. 1922년 이탈리아 각지에서 일어난 파시스트에 의해 무솔리니 정권이 탄생하였다. 이후 공황상태의 경제를 회복하기 위해 정부의 자본을 투입하는 한편, 지중해와 북아프리카에 대한 전쟁에 나섰다. 독일의 히틀러와 함께 제2차 세계 대전에도 참전했다. 하지만 1945년 독일과 이탈리아는 전쟁에서 패배했고 무솔리니가 이끄는 파시스트당은 붕괴되었다. 이듬해인 1946년 이탈리아는 투표를 통해 왕정체제를 폐지하고 민주적인 방법으로 공화정 체제로 바꾸었다.

공화국 수립 이후

1948년 탄생한 이탈리아 공화국은 이후 40여 년간 기독교민주당 연합정권이 집권했다. 그러나 정당의 난립과 분쟁으로 정치적 혼란기를 겪었다. 이후에도 여러 차례 내각이 바뀌었으나 2013년 연립정부가 구성되면서 최초의 좌우 연립정권이 탄생하게 된다.

| 인류 역사상 가장 많은 인명 피해를 남긴 참혹했던 전쟁인 제2차 세계대전 (Second World War).

CHAPTER **5** # 이탈리아의 문학과 예술

이탈리아가 패션, 건축, 음악 등의 분야에서 세계에 영향력을 끼칠 만큼 선두에 설 수 있게 된 이유는 도시 전역에서 발달한 수준 높은 문화유산을 비롯하여 오랜 세월에 걸쳐 이뤄낸 장인 정신, 유행에 민감하면서도 새로운 도전을 겁내지 않는 이탈리아인의 기질이 합쳐진 결과이다. 이탈리아의 예술과 학술은 라틴정신인 리얼리즘을 기조로 하고 가톨릭교의 영향을 받아 발전한 것이 특징이다.

문학

13세기 이전까지 이탈리아에서는 이탈리아어로 내세울 만한 언어가 없었다. 각 지방에서는 라틴어에서 파생된 방언을 사용했기 때문에 이탈리아의 문학 역시 라틴문학을 기반으로 생겨났다. 13세기 초 베니스, 피렌체, 밀라노 등 신문화를 적극적으로 받아들인 도시국가를 중심으로 문화 예술에 대한 관심이 높아졌다. 그러나 이때까지만 해도 그리스 문화를 바탕으로 한 라틴

312   상식으로 꼭 알아야 할 **유럽**

문학 색채가 지배적이었으며 주로 플로방스 지방의 서정시를 거의 그대로 따르는 수준이었다. 이탈리아 문학사에서는 오늘날의 이탈리아어 표준어가 된 토스카나 방언으로 쓰인 작품부터 이탈리아 문학으로 보는데 이 기준이라면 13세기 시적 형식을 갖춘 성 프란체스코의 〈피조물들의 노래〉를 최초의 이탈리아 문학작품으로 꼽을 수 있다. 이후 14세기 단테가 토스카나 방언으로 쓴 〈신곡〉을 발표하면서 토스카나 방언이 이탈리아의 표준어가 될 수 있는 근거와 함께 이탈리아 문학어로서의 자리를 굳혔다. 또한 이탈리아의 정서를 담은 보카치오의 〈데카메론〉, 인문주의사상의 모태라고 할 수 있는 페트라르카의 〈서정시집〉 등 이탈리아 문학사의 성격을 규정하는 작가들이 탄생했다. 이후 이탈리아 문학의 관심은 신에서 인간으로 옮겨갔다. 15세기에서 16세기 사이 인문주의 사상이 유행하면서 페트라르카의 〈바커스의 노래〉와 같이 인간의 행복과 향락을 담은 작품들이 발표되었다. 그뿐만 아니라 마키아벨리의 〈군주론〉, 아리오스토의 〈광란의 오를란도〉등 이탈리아 문학은 부흥기를 맞이했다. 그러나 17세기 바로크시대에 스페인과 오스트리아 등 외세의 침공과 함께 교회가 인간을 강하게 억제하면서 침체기에 접어들었다. 18세기에 들어서 계몽주의 사상의 영향으로 당시 문학의 중심지인 밀라노에서는 인간생활의 질을 높이기 위한 연구를 하는 문학단체들이 늘어났으며, 희극작가 카를로 골도니의 〈커피점〉, 〈새들〉같은 작품에서도 시민의 일상을 중요하게 다루고 있다. 19세기 이탈리아반도 통일을 위한 열망은 문학에서도 두드러지게 나타났다. 만초니의 소설 〈약혼자들〉은 당시 이탈리아가 처한 현실이 투영된 작품으로 평가받고 있다. 또한 리소르지멘토(이탈리아어로 '부흥'이다. 19세기 오스트리아로부터 이탈리아 독립운동을 뜻한다)운동이 활발해짐에 따라 이 시기 작가들 역시 조국의 현실을 담은 주제의 작품들을 내놓았다. 통일 이후에는 리얼리즘을 대표하는 작가 베르가를 꼽을 수 있다. 1, 2차 세계 대전 이후 이탈리아에서는 알베르토 모라비아의 〈두 여인〉, 엘리오 비토리니의 〈시칠리아에서 나눈 대화〉등 인간의 고독이나 현실 문제를 다루는 신 사실주의 작가들의 작품이 두드러진다. 오늘날에는 기호학자로도 유명한 움베르토 에코가 이탈리아를 대표하는 작가로 알려져 있다.

❧ 미술

이탈리아 고대 미술의 시작은 BC 8세기 이탈리아 남부와 시칠리아를 점령했던 그리스인의 미술과 BC 7세기경 토스카나 지방에 정착한 에트루리아인들이 전한 미술을 통해 생성되었다고 볼 수 있다. 특히 로마 시대에는 에트루리아 미술을 바탕으로 발전시켰다. 그리스 문화와 오리엔탈 문화를 토대로 사실적이고 현실적인 특징을 탄생시킨 에트루리아 미술은 이후 로마제국의 문화에 영향을 끼쳐 콜로세움과 개선문 등 웅장한 건축양식을 탄생시켰다. 로마제정 말기 콘스탄티누스가 그리스도교를 공인하면서 미술 역시 영향을 받기 시작했다. 특히 성당의 건축이 활발해졌는데 바닥과 벽을 장식하기 위한 모자이크 미술이 성행했다. 이후 로마 제국이 멸망하고 동과 서로 나뉘면서 동로마제국에서는 동방의 비잔틴문화를 받아들여, 다른 서유럽국가와 달리 이탈리아 특유의 미술이 탄생했는데 이것이 바로 로마네스크 미술이다. 대개 건축 벽화로 장식된 로마네스크 미술은 10세기 후반에 나타나 13세기까지 중세 유럽 전역으로 퍼졌다. 비잔틴 미술을 로마네스트 회화로 발전시킨 치마부에, 회화에 초기 원근법으로 표현하여 입체감과 사실주의 기법을 선보인 조토 등은 로마네스크 미술을 한층 더 발전시켰으며 이후 르네상스 미술을 열게 된 초석이 되었다.

르네상스 시대 이탈리아 미술은 전성기를 누리게 된다. 이 시기 이탈리아에서는 레오나르도 다빈치, 라파엘로, 미켈란젤로 등이 피렌체를 중심으로 활동하며 위대한 업적들을 남겼다. 특히 미켈란젤로의 〈천지창조〉, 레오나르도 다빈치의 〈최후의 만찬〉은 오늘날까지도 추앙받는 작품이다. 16세기에 접어들면서 르네상스 미술의 중심이 피렌체에서 로마와 베네치아로 옮겨졌고 색채와 붓 터치가 살아 있는 회화가 발전하기 시작했다. 베네치아식 회화를 만들어낸 조르조네의 〈양치기들의 경배〉, 티치아노의 〈성모의 승천〉 등이 이 시기의 대표작이다. 17세기 이후 이탈리아에서는 르네상스 시대의 조화롭고 우아한 양식과 달리 화려하고 강한 질감의 바로크 미술이 유행했다. 바로크 미술의 대표작가로는 〈마태의 소명〉을 남긴 카라바조가 있다. 로마를 중심으로 생겨난 바로크 미술은 이후 스페인과 프랑스뿐 아니라 당시 유럽열강들이 식민지로 삼은 라틴아메리카까지 퍼지게 되었다.

건축

BC 1세기부터 4세기까지 로마 제국의 건축물은 그리스 헬레니즘문화의 영향을 받았다. BC 2세기경 그리스를 점령한 로마 제국은 도시 곳곳에 그리스 신전의 기둥양식이나 배치에 적용된 건축기술을 통해 건축물을 세웠다. 이후 점점 영토를 확장한 로마 제국은 제국 건설을 위해 합리적인 도시계획이 필요하였고 공공욕장(목욕탕), 콜로세움, 신전 등 대규모 인원이 모이거나 함께 살 수 있는 공공건축물을 짓기 시작했다. BC 2세기에 이미 화산재나 돌을 섞어 콘크리트를 발전시켰으며, 건물 외관을 장식하기 위해 대리석을 붙였다. 또한 물을 공급하기 위해 도시 곳곳에 수도교를 세우기도 하는 등 당시 유럽의 다른 국가들에 비해 비약적인 발전을 했다. 이러한 특징은 11세기 이후 고대 로마 건축을 바탕으로 이슬람 문화와 기독교 문화가 더해져 이탈리아만의 독특한 건축양식인 로마네스크 건축양식을 완성했다. 로마네스크 건축의 특징은 문과 창문, 천장 등이 둥근 아치 형식을 이루는데, 천장을 돌로 세우기 위해서는 중량을 떠받칠 수 있도록 내부의 벽면을 단단하게 만들어야 했기 때문에 건물이 견고하다는 특징이 있다. 초기에는 나무를 사용했으나 점차 돌로 제작하기 시작했다. 현재 남아 있는 건축물로는 이탈리아에서 가장 오래된 성당인 피사 대성당이 있다.

15~16세기 르네상스 시대에 접어들면서 피렌체를 중심으로 그리스와 고대 로마 건축양식을 발전시킨 새로운 건축형식이 생겨났다. 로마네스크 건축양식의 기본구조(아케이드나 아치)를 사용하면서도 실용적이고 구성적인 면을 강조한 르네상스 건축양식이 전 유럽에 퍼지면서 새로운 개념의 건축양식을 배우기 위해 유럽의 건축가들이 피렌체로 몰려들기 시작했다. 르네상스 시대 대표 건축물로는 원근법의 발명자이자 초기 르네상스 건축양식을 만든 브루넬스키의 '산 로렌초 성당', 로마네크스 건축양식을 체계적으로 분석하여 르네상스 시대 건축가들은 물론 이후 바로크 건축에까지 영향을 끼친 알베르티의 '루첼라이 궁', 그리고 화가이자 조각가로도 알려진 미켈란젤로의 '캄피돌리오 광장' 등이 있다. 16세기 말부터 로마교회와 왕정으로 권력이 집중되면서 르네상스 시대와 다르게 화려한 장식과 웅장함이 강조된 바로크건축양식이 유행처럼 번지기 시작했다. 바로크 건축양식의 대표적인 건물로 로렌초 베르니니가 설계한 바티칸의 '성 베드로 광장', 구아리니의 '카리나뇨 궁전' 등이 있다.

✨ 철학

이탈리아 철학의 기원은 BC 532년 그리스의 철학자 피타고라스가 이탈리아 남부 크로토네에 정착하면서 생성된 이탈리아학파(피타고라스학파라고도 불린다)부터라고 볼 수 있다. 그러나 엄밀히 말하자면 이는 그리스의 철학이 이탈리아로 전해진 것이다. 11세기 이후 이탈리아 출신이자 영국 켄터베리 대주교를 지낸 안셀무스에 의해 중세시대 이성적 사고를 중심으로 종교를 체계적으로 정립한 스콜라 철학이 만들어졌으며, 이후 신학자인 토마스 아퀴나스에 의해 이탈리아를 대표하는 철학으로 발전하였다. 13세기 초 이성적인 신성을 강조하는 스콜라 철학

| 이탈리아 로마에 있는 피타고라스 흉상. 세계적으로 유명한 철학자, 수학자이며 과학자였다.

에 반대하며 인간 중심적인 유연한 신학관을 가지고 있었던 단테에 의해 이탈리아의 철학은 신에서 인간에 대한 관심으로 확장했고 이는 이탈리아가 르네상스 철학을 꽃피우게 되는 원동력이 되었다. 이후 르네상스 인문주의 철학은 인간의 아름다움을 찬양했던 시인이자 철학자인 페크라르카를 거쳐 인간의 현실을 구체적으로 담은 〈데카메론〉의 작가인 보카치오로 이어지면서 본격화되었으며, 15세기 마키아벨리는 이러한 철학사조를 바탕으로 〈군주론〉에서 시민의 자유와 권력이 어떻게 균형을 이루어야 하는지 정의하기도 했다. 더 나아가 르네상스 철학의 관심 주제는 인간을 넘어 자연, 우주로 대상을 넓혀갔으며 레오나르도 다빈치, 갈릴레이, 바니니와 같은 철학자들에 의해 발전하여 근대 자연주의 세계관의 기틀을 마련했다.

| 밀라노에 있는 다빈치의 동상.

❧ 과학

역사적으로 이탈리아가 배출한 대표 과학자로 레오나르도 다빈치와 갈릴레이를 꼽을 수 있다. 레오나르도 다빈치는 1452년 피렌체 근교의 산골마을인 빈치에서 태어났다. 미켈란젤로, 라파엘로와 함께 르네상스 예술을 대표하는 3대 거장이자 조각가로 유명하지만, 위대한 발명가이자 군사전문가이며 과학자로도 잘 알려져 있다. 광범위한 과학 영역에 관련된 드로잉을 남겼으며, 500년 전에 이미 로봇, 탱크, 교량, 비행장치 등의 설계는 물론이고 인체비례, 해부학, 생리학 등에도 많은 저서를 남겼다. 특히 그는 당대의 지식인들과 다르게 관찰과 경험을 통해 자신이 알고자 했던 모든 것을 연구하고 기록했으며, 빛과 그림자, 광원 효과 등 자연과학 분야에서도 남다른 업적을 남겼다. 근대 과학의 아버지라 불리는 갈릴레이는 1564년 이탈리아 피렌체에서 태어났다. 피사 성당의 조등이 흔들리는 것을 보고 진자의 등시성을 발견하였고 피사의 사탑에서 실시한 낙하실험을 통하여 아리스토텔레스 역학의 오류를 밝혔다. 1609년에 스스로 망원경을 제작, 1610년에 목성의 위성, 달 표면의 요철, 토성의 띠, 태양의 흑점 등을 발견하여 천문학 분야에 특기할만한 업적을 남겼으며 코페르니쿠스의 지동설에 강력한 근거를 부여하였다.

음악

　고대 로마의 음악에 대해서는 알려진 바가 거의 없다. 다만 역사적으로 많은 영향을 끼쳤던 그리스와 동방의 음악에 영향을 받았을 것으로 예측할 뿐이다. 이는 당시 음악이 사상에 기반하여 발달한 것이 아니라 상류사회나 거리 공연의 단순한 향락을 위해 존재했기 때문이라는 추측 때문이다. 이후 로마 가톨릭교회가 전 유럽에 퍼지면서 당시 제례에서 사용되었던 성가 역시 중세 유럽 음악이 탄생할 수 있는 기초가 되었다. 특히 그레고리 성가는 로마를 중심으로 교회음악의 표준이 되었다. 14세기에 들어 의식을 위한 음악이 아닌 사랑이나 인간 등 세속적인 음악이 피렌체를 중심으로 등장하기 시작하였는데 이 시기를 대표하는 음악가로는 란디니가 있다. 16세기 베네치아에서도 교회음악을 분할합창으로 발전시킨 음악가 가브리엘리, 최초로 오페라를 탄생시킨 몬테베르디 등 중세시대 전례를 위한 악기음악이었던 교회음악을 참신한 성악으로 발전시키며 이후 베네치아악파로 이어져 뛰어난 성악곡을 많이 남겼으며 이는 오페라가 발달할 수 있는 계기가 되었다. 바로크 시대에는 성악에 기악이 더해지면서 본격적으로 오페라가 발전하기 시작했다. 17세기 이후 40여 곡의 오페라를 발표한 비발디부터 〈라 트라비아타〉, 〈아이다〉 등 오늘까지 사랑받고 있는 오페라를 작곡한 베르디안, 〈토스카〉, 〈라 보엠〉을 남긴 푸치니, 〈세비아의 이발사〉의 로시니 등 20세기에 이를 때까지 오페라는 이탈리아 음악의 대표 장르로 꼽히게 되었다. 오페라의 발생지답게 이탈리아에서 최초로 오페라 극장인 베네치아의 카시아노 극장을 비롯해 피렌체의 코무날레, 밀라노의 라스칼라, 로마오페라 극장 등 역사와 전통을 자랑하는 오페라 극장에서 매년 수준 높은 오페라 공연이 열리고 있다. 제2차 세계대전 이후 산 레모 페스티벌이라는 칸초네 음악 경연대회가 열리기 시작하면서 칸초네는 이탈리아 국민의 사랑을 받는 대중적인 음악이 되었다. 칸초네란 이탈리아어로 '노래' 즉 대중음악이라는 의미로 민요를 포함해 사람들이 쉽게 따라 부를 수 있는 음악을 포함하고 있다. 대표적인 칸초네로 〈오, 나의 태양〉, 〈산타루치아〉, 〈5월의 밤〉 등이 있다.

연극과 뮤지컬

이탈리아에서 연극은 BC 3세기 고대 로마 최초의 극작가인 안드로니쿠스가 호메로스의 서사시 〈오디세이아〉를 비롯해 그리스극을 번안하여 무대에 올리면서 시작되었다. 이후 로마 제국 시기에는 연극이 독립적으로 공연되기도 했지만 검투사들의 경기 중간에 공연되기도 했다. 중세시대에는 공공 광장을 중심으로 종교가곡인 〈라우다〉가 공연되었다. 마치 대화를 하듯 솔로와 합창으로 구성된 라우다는 일종의 종교극으로 이후에 종교극음악인 오라토리오의 모태가 되었다. 15세기 오스만트루크의 침공으로 동로마제국(비잔틴제국)이 멸망하며 학자를 비롯해 많은 음악가들이 이탈리아로 옮겨오면서 르네상스 문화와 맞물려 피렌체와 베네치아를 중심으로 다양한 형태의 연극들이 발달하게 되었다. 10~15명의 연출자, 배우 등으로 구성되었으며 주로 순회공연을 다니던 즉흥극 성격의 가면희극인 콤메디아 델라르테, 대상인들이나 귀족들을 위한 연극이었던 콤메디아 에루디타, 정규연극 막간에 마임이나 춤으로 공연하는 짧은 극인 인터메르조, 오페라 등이 있다. 특히 콤메디아 델라르테와 오페라는 18세기 이후까지 꾸준한 인기를 끌었다.

영화

이탈리아 최초의 영화는 1896년 교황 레오 13세가 축성을 하는 장면을 몇 초 동안 담은 영상으로 볼 수 있다. 1910년대 이탈리아에서는 〈쿼바디스〉, 〈폼페이 최후의 날〉, 〈카비리아〉 등 화려하고 웅장한 사극이 잇따라 제작되면서 영화기술이 발전하고 제작 시스템이 생겨났으며 이후 영화의 소재도 다양해지는 등 무성영화 전성시대를 맞이했다. 그러나 무솔리니 파시즘 정권이 들어서면서 영화의 주제는 애국과 정치선동물, 그리고 통속 멜로드라마에 한정되었고 독일영화에 밀리면서 암흑기가 시작되었다. 그러나 1923년 베니스 국제영화제가 창설되어 영화인들의 안목과 국제적인 교류의 장을 넓히는가하면 대규모 스튜디오인 영화도시 치네치타를 만들면서 영화의 외면을 넓혀 이후 네오레알리스모 시대를 열게 하는 토대가 되었다. '네오레알리스모'란 제2차 세계대전이 끝난 후 이탈리아에서 일어난 사실주의적 영화운동으로 무솔리니 정권 시절 예술적으로 억압받은 영화인들에 의해 시작되었다. 네오레알리스모 영화로는 로베르토 로셀리니의 〈무방비도시〉, 비토리오 데시카의 〈자전거 도둑〉, 루키노 비스콘티의 〈대지는 흔들린다〉 등 현실 문제를 다큐멘터리 형식으로 담은 작품이 있다. 네오레알리스모는 이후 프랑스의 누벨바그를 거쳐 1960년대 영국과 미국의 뉴시네마 운동까지 영향을 끼쳤다. 1950년대 말부터 네오레알리스모 이후 이탈리아에서도 뉴이탈리안 시네마가 등장했다. 전후세대와 달리 정치와 현실 문제를 섞어 주제를 다양하게 확장시켜 다시 한 번 이탈리아 영화의 황금기를 가져왔다. 이 시기의 대표적인 감독으로는 〈로코와 그 형제들〉의 루키노 비스콘티, 〈달콤한 인생〉의 페데리코 펠리니, 〈파리에서의 마지막 탱고〉와 〈마지막 황제〉의 베르나르도 베르톨루치 등이 있다.

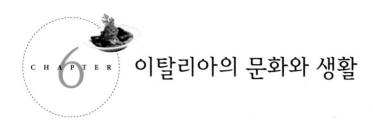

CHAPTER 6 이탈리아의 문화와 생활

국경일 및 공휴일

1월 1일은 이탈리아의 첫 휴일로 '새해 복 많이 받으세요'의 의미를 가진 'auguri'라는 인사를 주고받는다. 이탈리아에서는 12월 31일 자정이 가까울 무렵 가족, 친구, 연인끼리 샴페인을 들고 도시의 주요 광장으로 모여 다 같이 새해를 맞이하는 풍습이 있다. 1월 6일은 아기 예수가 사람들 앞에 나타난 날, 즉 예수가 세례를 받은 후 하느님의 아들로서 인정받은 날을 기념하는 축일이다. 이탈리아에서는 공현대축일 전날 밤에 마녀 베파나가 착한 아이들의 양말 속엔 선물을 주고, 말썽꾸러기 아이의 양말 속에는 재와 석탄을 준다는 이야기가 전해진다. 마녀 베파나는 이탈리아 지방의 전설 속에 등장하는 인물로 아기 예수를 찾아다니던 동방박사에게 아기 예수의 집이 어디인줄 알면서도 가르쳐주지 않고 따라나서지 않았다가 뒤늦게 후회하고 이후 과자와 선물이 담긴 주머니를 들고 집집이 돌아다니며 참회와 용서를 빌었다는 전설속 인물이다. 4월 첫째 주 월요일은 그리스도의 부활을 축하하는 부활절로 매년 날짜가 바뀐다. 이날에는 바티칸에서 교황이 참석하는 대규모의 행사가 열린다. 수 세기 동안 가톨릭 신자로 살아왔던 이탈리아 사람들에게 부활절은 단순한 종교적 축일을 넘어 민족 최대의 명절로서 의미가 있다. 부활절 연휴는 일주일간인데 이 시기에 고향에 있는 가족이나 친지들과 함께 보내기 위해 귀성행렬이 끊이지 않는다. 부활절 저녁 식사 때에는 비둘기 모양의 빵인 콜롬바와 부활의 상징인 달걀을 먹는다. 4월 25일은 이탈리아 독립기념일로 1945년 제2차 세계대전 종전을 기념하는 날이다. 5월 1일은 노동절로 새해, 부활절, 크리스마스와 함께 이탈리아 사람들이 반드시 챙기는 공휴일 중 하루다. 6월 2일은 이탈리아가 공화국을 선포한 것을 기념하기 위한 건국기념일이다. 성모승천대축일인 8월 15일은 성모마리아가 죽은 후 부활하여 하늘로 올라간 날을 기념하는 축일로 1950년 11월 1일 교황 바오로 12세가 성모승천을 교리로 공식 선포하면서 성모마리아대축일과 예수부활대축일, 예수성탄대축일과 함께 가톨릭의 4대 의무 축일이 되었다. 11월 1일 만성절은 축일이 지정되지 않은 성인들을 기념하기 위한 모든 성인의 대축일이다. 609년 교황 성 보니파시오 4세가 로마 판테온 신전을 교회에서 사용하기 위해 축성하고 성모 마리아에게 봉헌하면서 만성절을 제정하였다. 12월 8일은 성모수태일로 성녀 마리아가 성령으로 잉태한 날을 기념하며, 12월 25일은 예수의 탄생을 기념하는 크리스마스다. 이날은 부활절과 마찬가지로 바티칸에서 교황이 참석하는 행사가 열린다. 12월 26일은 성스테파노의 날로 그리스도교회 최초의 순교자 스테파노를 기리는 날이다. 이밖에 나라에서 정한 공휴일과 국경일 외에 도시마다 고유의 수호신을 기념하는 날이 있어 다채로운 행사를 펼친다.

예절

　이탈리아에서는 처음 만난 사람에게는 미소를 띠며 악수를 청한다. 서로 친분이 있는 경우라면 왼쪽과 오른쪽 볼에 에어 키스를 서로 교환하는 것으로 인사를 대신한다. 이탈리아에서는 예절을 갖추어 상대방을 호칭할 때 미혼 여성과 기혼 여성에게 각각 '세뇨리따', '세뇨라'라고 호칭하며 남성에게는 '세뇨르'라 호칭한다. 또한 상대방이 형식적으로 요청하기 전까지는 이름을 직접 부르지 않도록 해야 한다. 이탈리아 사람들은 첫인상을 매우 중요하게 생각하며 사람의 외관은 그 사람의 교육 정도, 가정교육 및 사회적 지위를 반영한다고 믿고 있으므로 옷차림에 공을 들이는 것이 좋다. 이탈리아에서는 연회가 개최될 때 서로 선물을 주고받는 것이 일반화되어 있으며 선물을 줄 때 피해야 할 몇몇 금기 사항들이 있으므로 주의하는 것이 좋다. 줄리어스 시저 시대 이후로 보랏빛은 나쁜 기운을 담고 있다고 여겨지므로 이 색깔을 담고 있는 선물과 애도의 뜻을 담고 있는 검은색은 피하는 것이 좋다. 또한 노란 꽃은 질투의 의미를 담고 있으며, 빨간 꽃은 불미스러운 비밀을 뜻하기 때문에 피하는 것이 좋다. 이탈리아인들이 뺨을 손가락으로 누른다면 칭찬을 뜻하는 의미다. 그러나 반대로 엄지손가락으로 코를 밀어 보이는 것은 조롱을 의미하므로 삼가야 한다. 또한 상대 앞에서 자신의 귀를 만지는 행위는 상대에게 모욕감을 느끼라는 표현이다.

　이탈리아의 식당에서 식사 중에 트림을 하거나 음식을 남기거나 하는 것은 굉장한 실례다. 이탈리아인들이 유쾌하고 어디서나 큰 소리로 대화하는 성향이 있으나 식당에서 종업원을 부를 때만큼은 손짓을 하거나 작게 부르는 등 조심스러워 한다. 가족을 챙기는 문화가 있기 때문에 음식은 연장자부터 건네는 것이 예의다. 고기나 감자튀김, 빵 등은 손으로 먹기 때문에 반드시 손을 닦은 후에 식사를 시작한다. 빵을 포크로 찍어 먹는 행위는 실례다. 음료가 담긴 컵이나 잔에 입안에 남아 있던 음식물을 묻히는 것은 대단한 실례로 여긴다. 또한 음식을 먹을 때 소리를 내는 것도 실례다. 식사 중에 팔을 식탁 아래로 내리거나 팔꿈치를 식탁 위에 괴는 행위는 무례하다고 받아들인다. 소금이나 후추 등 양념을 다른 사람에게 부탁하여 건네받는 건 좋지 않다고 여기는 풍습이 있다. 와인을 따를 때는 왼손으로 병의 바닥을 잡고 오른손으로 병의 목을 잡아 따르는 것이 예의다.

이탈리아에서는 거리의 작은 상점에 들어서면 꼭 물건을 구입해야 한다. 상점에 들어가는 것이 곧 물건을 산다는 것을 의미하기 때문이다. 일단 상점에 들어가면 어떤 것이든 값을 지급하고 구매해야 하는 것이 전통적인 예의다. 따라서 이탈리아에서는 신중하게 생각하고 물건을 확실히 사겠다는 결심이 섰을 때 상점에 들어가는 것이 좋다. 상품을 만져보고 싶을 때는 점원에게 부탁해 건네받고 옷을 입어 볼 때에도 미리 양해를 구한다. 점원이 권하는 상품이 마음에 들지 않는 경우는 의사 표시를 분명하게 하는 것이 좋다.

습관

이탈리아는 역사적으로 로마, 베니스, 피렌체, 밀라노 등 도시국가 중심으로 발달했기 때문에 각 도시의 특색이 강한 것이 특징이다. 때문에 이탈리아인들은 국가보다는 도시 중심으로 사회와 문화가 이루어졌으며 이 중에서도 가족을 중요하게 생각하며 혈통을 중요시한다. 크리스마스나 부활절과 같은 중요한 공휴일에는 늘 가족과 함께 보낸다. 이탈리아인들은 푸짐한 상차림을 좋아하며 매콤한 음식을 잘 먹는다. 성격도 다혈질이며 단체로 모여 활동하는 것을 좋아한다. 이탈리아 사람들은 단답형으로 대답하길 좋아하며 대화할 때 눈에 띄게 손짓을 비롯해 몸을 움직이며 말하는 경향이 있다. 손짓만으로 간단한 대답이나 기분을 알 수 있을 정도다. 양손 모두 손가락의 엄지, 검지, 중지를 붙여 흔들면 '그게 무슨 말이야?'라는 의미이다. 손바닥을 편 채로 다른 손으로 손목을 잡고 흔들면 '그냥 그렇다'는 표현이다. 손을 배에 대고 위아래로 쓰다듬는다면 '배고프다'라는 뜻이다.

속담

이탈리아의 속담에는 '기다림만으로 사는 사람은 굶어 죽는다', '무엇을 먹느냐에 따라 당신이라는 사람이 규정된다', '체스가 끝나면, 왕도 졸과 함께 체스통에 담긴다', '최고의 방어는 사정거리 밖에 있는 것이다', '대포 앞에는 법도 통하지 않는다', '생선이 썩을 때는 머리부터 썩는다', '아침 시간은 입에 금을 떠 넣는 것이다', '부딪치며 행동하지 않으면 손해를 본다', '가장 많이 아는 사람이 가장 많이 용서한다', '강이 가장 깊은 곳이 소리를 가장 적게 낸다', '좋은 말 하는 자가 너에게 빈 숟가락을 준다', '재산은 가진 자의 것이 아니라 즐기는 자의 것이다' 등이 있다.

축제와 문화행사

카니발이란 사순절 전날부터 2주간 모두 함께 어울려 먹고 마시는 기독교 축제인데 이탈리아어로 고기를 뜻하는 '카르네'에서 유래되었다고 알려졌다. 그만큼 이탈리아에서 카니발은 단순한 축제를 이상의 의미를 가지고 있다. 이탈리아에서 가장 유명한 카니발로 베네치아 카니발을 꼽을 수 있다. 프랑스의 니스 카니발, 브라질의 리우 카니발과 함께 세계 3대 카니발로 꼽히는 베네치아 카니발은 16세기부터 시작되어 오랜 전통을 자랑한다. 축제기간 동안에는 귀족과 평민 간의 계급을 무시하고 평소 귀족들에 대한 불만이 많았던 평민들이 귀족들에게 원하는 대로 행동하거나 욕을 할 수 있고 귀족은 이러한 행동을 모두 참는 등 계층 간의 갈등을 완화해 사회통합을 꾀하는 역할을 하기도 했다. 오늘날에는 매년 1월 말~2월 사이 산마르코 광장을 중심으로 베네치아 전역에서 열린다. 이 기간에는 곡예사의 가장무도회, 민속놀이, 황소 사냥 등이 진행되며 이를 보기 위해 연간 30만 명의 관광객 행렬이 줄을 잇는다.

이탈리아 오렌지 전투 역시 유명한 축제이다. 19세기 중반 중세 시대 영주에게 시민들이 저항한 사건을 재현하는 이 축제는 3월 중 이탈리아의 북부 도시 이브레아서 열린다. 오늘날에는 축제에 모인 사람들이 중세시대 군인처럼 무장하고 지상팀과 마차팀으로 나뉘어 오렌지를 마구 던지며 마치 싸우는 듯 즐기는 것이 특징이다.

매년 8월 이탈리아 전역에서 개최되는 팔리오 축제는 일종의 스포츠대회이다. 중세시대에 도시나 마을 대표가 모여 활쏘기, 창던지기, 경마 등을 함께 치르며 자신이 소속된 공동체의 명예를 높이고 나아가 도시나 마을 사이의 친목 도모를 할 수 있는 장으로 시작되었다. 팔리오란 교황과 주교같은 성직자들이 제식에서 겉옷으로 착용하는 제복을 만들 때 쓰이던 옷감으로 경기에서 우승한 사람에게 수여되었다. 또한 우승한 도시나 마을에는 커다란 깃발이 수여되어 1년 동안 마을 광장에 걸어놓기도 했다. 오늘날 가장 유명한 팔리오 축제는 매년 7월 12일, 8월 16일 토스카나주에 있는 시에나에서 열리는 팔리오 축제를 꼽을 수 있다.

이탈리아의 유명한 음악제 중 하나인 베로나 음악제는 7~9월에 열린다. 베르디 탄생 100주년을 기념하기 위해 1913년부터 시작된 이 음악제는 베르디와 푸치니 등 이탈리아가 배출한 작곡가들의 오페라를 야외에서 즐길 수 있는 축제이다. 축제의 특징은 야외음악당에서 공연을 즐길 수 있다는 점이다. 로마 시대에 건설된 경기장에서 공연되는데 약 2만 명이 넘는 인원을 수용할 수 있는 대규모 경기장임에도 불구하고 오페라가수들이 마이크 없이 공연을 해도 객석 어디서나 소리가 전해질 정도다. 그밖에 학문과 도서의 도시로 알려진 볼로냐에서 개최되는 세계 최대 규모의 어린이 책 박람회인 볼로냐 아동도서전, 패션의 도시 밀라노에서 열리는 밀라노 가구박람회 등이 있다.

✨ 음식과 식문화

이탈리아는 유럽 전역의 음식문화에 영향을 끼쳤다. 특히 피렌체 메디치 가문의 마지막 후손인 카트린느는 1533년 프랑스의 왕 앙리 2세와 결혼하면서 프랑스에 자신의 전속요리사들을 함께 데려갔는데 이때 마카롱, 푸딩 등과 같은 음식이 프랑스에 알려져 프랑스 요리를 세련되게 발전시켰으며 이후 프랑스 지배층의 음식문화는 유럽 여러 나라의 본보기가 되었다. 이탈리아인들은 예로부터 다른 민족이 전해준 작물들을 받아들여 자신들만의 독자적인 요리법을 개발함으로써 이탈리아 요리를 발전시켜왔다. 그 중 지중해 연안에 정착한 페키니아인들과 그리스인들로부터 받아들인 올리브유와 병아리 콩은 요리의 주재료가 되었으며 대표 향신료인 레몬, 오렌지 등은 이슬람에서 받아들인 작물이다. 그뿐만 아니라 이탈리아 요리에 빠져서는 안 될 토마토는 콜럼버스가 신대륙을 발견한 후 남미에서 들어온 작물이다.

이탈리아의 대표적인 음식으로는 파스타, 피자, 젤라토 등이 있다. 파스타는 이탈리아를 대표하는 국민 요리로 지역에 따라 넣는 재료와 조리법이 달라 약 150여 종류의 파스타가 있다. 파스타의 기원은 정확하지 않으나 마르코 폴로가 중국에서 국수를 보고 배워왔다는 설과 고대 로마 시대부터 밀을 반죽하여 건조시켜 먹기 시작했다는 설이 있으며, 14세기 이후부터 본격적으로 먹기 시작했다. 파스타의 면은 크게 길이에 따라 나뉘는데 롱파스타에는 스파게티, 탈리아텔레, 라자냐 등이 있으며 쇼트파스타는 마카로니나 푸질리 등이 있다. 남부지역에서는 주로 면을 올리브유로 볶은 후 토마토소스를 곁들인 포모도로나 화이트와인에 조개를 넣고 익힌 후 면을 넣어 볶는 봉골레를 먹으며, 북부지역에서는 넓은 파스타 반죽에 치즈와 고기로 속을 채워 크림소스를 얹는 라비올리나 작은 면을 크림소스에 볶는 파스타 요리인 토텔리니를 먹는다.

이탈리아의 피자는 로마 시대 '마레툼'이라는 이스트 없이 구운 납작한 빵에서 유래되었다고 알려졌다. 피자 하면 이탈리아 나폴리를 떠올리는데 이는 1830년 나폴리에서 최초로 상품화시켰기 때문이다. 피자는 도우의 형태에 따라 크게 나폴리와 로마식으로 나눌수 있다. 나폴리 피자의 도우는 전반적으로 두툼하고 끝이 부풀어 오르는 것이 특징이며, 로마 피자의 도우는 전반적으로 얇고 바삭한 것이 특징이다. 피자의 종류로 마르게리타, 마리나

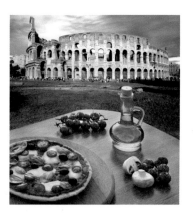

| 이탈리아를 대표하는 음식인 피자. 대표 유적지인 콜로세움이 뒤로 보인다.

라, 콰트로 스타조니, 칼조네 등이 있다. 마르게리타는 1889년 나폴리를 방문한 샤르데나의 왕 움베르토 1세의 왕비 마르게리타를 위해 이탈리아의 국기를 상징하는 토마토(빨강), 모차렐라 치즈(흰색), 바질(녹색)을 넣어 만든 피자다. 마리나라는 토마토와 마늘, 바질이나 오레가노 같은 향신료를 넣어 만든 피자이다. 콰트로 스타조니란 '사계절'이라는 뜻인데 이름처럼 피자 한 판을 4등분 하여 각각 다른 재료를 넣어 만든 피자다. 칼조네는 피자를 변형시

킨 요리로 동그란 도우를 반으로 접어 그 안에 소스와 고기, 치즈, 채소 등을 넣어 굽는다.

이탈리아어로 '얼었다'는 뜻의 젤라토는 이탈리아 전통 아이스크림이다. 로마 시대 네로황제가 눈에 과일과 와인 등을 섞어 만들어 먹기 시작했다는 유래가 있다. 이후 1927년 오텔로 카타브리가 젤라토 기계를 발명하면서 오늘날의 젤라토가 탄생했다. 젤라토는 공기와 유지방 함유량이 보통의 아이스크림보다 훨씬 낮고 밀도가 높아 입속에서 바로 녹지 않고 쫀득한 맛을 유지할 수 있는 것이 특징이다. 현재 이탈리아에서 가장 오래된 젤라토 가게는 1904년 로마에 문을 연 '필라쬬 델 프레또', 우리나라 말로 '얼음 궁전'이다.

이탈리아 사람들은 기본적으로 하루 다섯 번의 식사를 한다. 일과를 시작하기 전 먹는 아침 식사를 '콜라지오네'라고 하는데, 진한 에스프레소 커피 한 잔과 크로와상이나 브리오슈 같은 빵 한 조각을 간단하게 먹는다. 오전 11시 전후로 학교나 일터에서 간식으로 먹는 음식을 '스푼티노'라고 하는데 음료나 커피에 빵이나 과자를 곁들인다. 점심 식사인 '프란조'는 시에스타(남유럽에서 오후 1시-4시 사이 낮잠 자는 시간)시간에 1~2시간 이상 느긋하게 즐긴다. 다시 업무가 시작되고 1~2시간이 지나면 '메렌다'라고 하여 오후 간식시간이 있는데 이때는 근처에 있는 가게에서 피자나 차와 구운 과자를 먹는다. 오후 8시 이후 가족들이 모두 집에 모이는 시간이 되면 본격적으로 저녁 정찬인 '체나'가 시작된다.

스포츠

이탈리아인이 가장 좋아하는 스포츠는 축구다. 이탈리아 축구협회에 가입된 클럽은 약 2만 개, 소속 선수는 14만 명에 이른다. 판타지스타(뛰어난 외모와 실력을 겸비한 선수), 메르카토(축구선수의 이적시장을 뜻함), 티포지(서포터즈), 반디에라 (평생 한 팀에서 경기한 선수), 프리마베라(유소년 축구팀), 인콘트리스타 (수비형 MF)등 축구용어를 일상용어로 사용할 만큼 이탈리아인들에게 축구 는 떼려야 뗄 수 없는 운동이다. 여기에 1934년, 1938년, 1982년, 2006년 FIFA 월드컵 우승을 차지했다는 자부심을 갖고 있다.

이탈리아인들의 많은 사랑을 받는 스포츠로 자전거 경주도 있다. 매년 5 월에서 6월 열리는 '지로 디탈리아(Giro d'Italia)'는 약 4,000km의 코스를 주 파하는 경주로 유럽에서 가장 큰 장거리자전거 경주 중 하나로 지금까지 이 탈리아 국적의 선수가 최다 입상 기록을 가지고 있다. 이탈리아인들은 축구 만큼 모터스포츠도 즐긴다. 자동차회사 페라리의 창업주 엔초 페라리는 세계 적인 자동차경주대회인 포뮬러원(F1) 그랑프리 대회를 위해 자동차 경주팀인 '스쿠데리아 페라리'를 만들 정도다. '스쿠데리아 페라리'는 컨스트럭터 챔피 언십에서 가장 많은 우승을 거머쥔 팀으로도 유명하다. 그 밖에 주세페 파리 나, 알베르토 아스카리 같은 F1 챔프들도 배출하면서 이탈리아는 세계적인 모터스포츠 강국으로 떠올랐다.

미국프로농구인 NBA에서는 이탈리아 출신의 선수들의 활약이 대단하다. 2006년 NBA 드래프트 전체 1순위로 지명되었던 안드레아 바르냐니가 이탈 리아 출신이며 그 외에 마르코 벨리넬리, 다닐로 갈리날리 등이 NBA 선수로 활약했다. 이탈리아 농구대표팀 역시 2004년 아테네 올림픽에서 은메달을 획 득할 정도로 막강하다. 이탈리아 남자 배구는 1990년~1998년 3차례 연속으 로 세계선수권에서 우승할 만큼 세계 최고의 배구 리그 중 하나로 통한다. 이 외에도 여름엔 수영, 요트 등 수상 스포츠가 인기 있으며 겨울철에는 알프스 주변 유럽 최고의 리조트에서 즐기는 스키가 국민 스포츠로 인기있다.

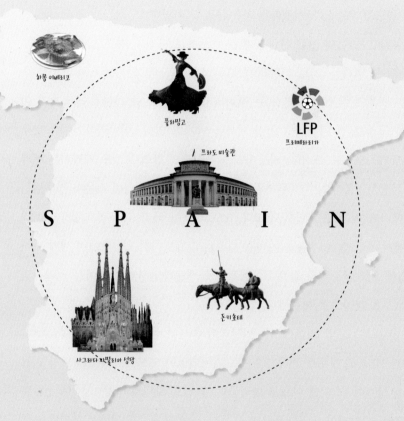

스페인

<blockquote>
CHAPTER 1

스페인
</blockquote>

　스페인(Spain)이란 이름은 영어식 표기이며, 정식 국명은 스페인어식 표기로 에스파냐 왕국(Reino de España)이다. 수도는 마드리드(Madrid)이고, 인구는 우리나라와 비슷한 약 4,700만 명이다. 라틴계 스페인인이 주를 이루고 원주민인 이베리아인, 로마인, 게르만인, 아랍인 등 다양한 종족의 혼혈이 많으며 공용 언어는 스페인어로 세계에서 영어, 중국어 다음으로 많이 쓰인다. 국가 형태는 영국과 마찬가지로 입헌군주국이며 왕위를 물려주는 세습 군주제이자 의회 민주주의 국가다. 통화는 1869년부터 2002년까지 페세타(peseta)라는 스페인 통화를 사용했지만 2002년부터는 유럽연합의 단일 화폐인 유로(EUR)를 사용한다. 시차는 우리나라보다 8시간 늦다. 단 3월 마지막 일요일부터 10월 마지막 일요일까지는 서머타임 적용 기간으로 7시간 느리다.

　스페인을 말할 때 흔히 '정열의 나라'라고 말한다. 열정적인 플라멩코와 수소와 투우사가 강렬한 대결을 펼치는 투우, 지역 곳곳에서 일 년 내내 열리는 다양한 축제들이 스페인의 정열을 상징한다. 또한 스페인은 이탈리아, 중국 다음으로 유네스코 세계 문화유산을 많이 보유한 나라이며, 건축·미술·음악의 거장들이 존재한다. 대표적인 인물은 20세기 미켈란젤로로 불리는 천재 건축가인 안토니오 가우디, 20세기 최고의 화가인 파블로 피카소, 대표적인 낭만주의 화가인 프란시스코 고야, 스페인에서 가장 존경받는 미술가인 호안 미로, 20세기 초현실주의 화가인 살바도르 달리가 모두 스페인 출신이며, 세계 3대 테너 가운데 두 명인 플라시도 도밍고와 호세 카레라스 또한 스페인 사람이다. 이 밖에도 넓은 영토에 나타나는 변화무쌍한 기후와 풍토, 개성 강한 지방색이 공존하는 '다양성의 나라'로 상징된다. 이슬람, 로마 등 다채로운 역사와 문화가 공존하는 정열의 나라인 스페인을 더욱 잘 이해하기 위하여 스페인의 지리, 역사, 정치, 사회, 전통문화, 생활문화, 그리고 그들의 예술과 대중문화 등을 알아보도록 하자.

스페인의 자연환경

스페인은 한국과 마찬가지로 사계절이 있으며 전체적으로 일조량이 많고 온난 건조하다. 그러나 스페인은 다양한 역사와 문화만큼 기후 또한 지역에 따라 다양하다. 마드리드, 세고비아 등 중앙내륙지방은 대륙성 기후로 여름에는 기온이 40℃에 육박할 정도로 덥고 비가 많이 온다. 녹색의 스페인이라고 불리는 북부 갈리시아와 비스케이 만 근처는 여름은 서늘하고 겨울은 온난하여 연교차가 작은 서안 해양성 기후를 나타낸다. 이 지역에는 오크, 너도밤나무, 느릅나무 같은 겨울에 잎이 떨어지는 낙엽 활엽수가 자란다. 빌바오 지역을 제외한 중남부 일부에서는 아프리카 대륙과 사하라 사막에서 뜨거운 바람이 불어와 매우 건조한 기후로 반사막 현상이 나타나기도 한다. 안달루시아 지방의 해안가와 바르셀로나, 발렌시아 등 지중해 연안은 연중 온화하고, 여름에는 매우 건조하지만, 겨울에는 여름보다 습한 지중해성 기후가 나타난다. 이 지역은 올리브, 포도 오렌지 등 과일류와 작은 관목림이 발달했다. 일반적으로 피레네 산맥 일대에서는 고산기후가 나타나고 카나리아 제도는 연중 온난하고 건조한 기후가 나타난다.

스페인의 국민성

연중 태양 빛으로 가득한 따뜻한 기후 때문일까? 점심 후 낮잠을 자는 시에스타 문화에서도 알 수 있듯이 스페인인은 치열하게 일하는 것보다 놀고, 먹는 것을 좋아하고 밤마다 바에 모여 사람들과 어울리는 등 느긋한 삶을 즐긴다. 일 년 내내 축제와 파티를 즐기는 문화에서도 여유롭게 현재를 즐기며 살자는 스페인 사람들의 삶의 태도를 엿볼 수 있다.

천성적으로 서두르는 것을 싫어하는 스페인인의 느긋한 기질을 나타내는 말은 '마냐나'로 우리나라 말로 '내일'이라는 뜻이다. 하지만 스페인에서는 정확하게 '내일'이라기보다는 오늘이 아닌 언젠가를 의미하는 것으로 흔히 쓰인다. 이처럼 내일로 일을 미루는 스페인인의 특성을 과거 국토 회복 전쟁의 결과에서 찾기도 한다. 당시 귀족지위를 가진 사람들의 수가 엄청나게 늘면서 누구도 물질적인 부를 얻기 위하여 자신의 이름과 지위를 더럽히려고 하지 않았다. 그래서 스페인 국민에게는 일에 대한 경시 풍조가 생겨났다고 한다. 스페인 사람에게는 유럽에서 가장 강력한 해상왕국이었던 스페인의 역사와, 수백 년간 전쟁을 치러오면서도 자국을 지켜왔다는 점에서 문화적 자긍심과 거만함도 있다. 하지만 예의를 중시 여겨 외국인들에게 친절하다. 또한 스페인 사람들은 커다란 조직 속에서 단체의 한 구성원으로 행동하기보다는 개인주의적인 경향이 강한데, 국가보다는 출신 지역을 중요시하는 스페인

| 스페인의 옛수도였던 톨레도의 모습.

인들의 독특한 특성에도 드러난다. 이것은 여러 왕국이 모여 국가를 이룬 스페인의 독특한 역사적 배경과 지역적 차이가 뚜렷하기 때문에 생긴 결과로 볼 수 있다. 이 같은 특성으로 지역 사람마다 기질의 차이도 나타난다. 카스티야에 사는 정통 스페인 사람들은 과묵하고 건조한 경향이 있는 반면, 남쪽의 안달루시아 사람들은 낙천적이고 외향적이다. 북동쪽 카탈루냐 지방 사람들은 정확한 비즈니스 감각과 근면한 직업윤리를 가진 것으로 유명하나 타산적이고 사무적이다. 바스크 지방 사람들은 부지런하고 첫인상이 차가워 보이지만 친해지고 나면 한없이 친절하고 호탕한 기질을 가졌다.

스페인의 언어

국가공용어인 스페인어는 사실상 카스티야어로 이베리아 로망스어군에 속하는 로망스어의 하나다. 스페인 북부 지역에 기원하여 카스티야 왕국에서 점차 퍼졌으며, 이후 이베리아 반도에서 통치와 상업의 제 1언어로 발전했다. 15~19세기 스페인 제국의 확장과 함께 아메리카 대륙에도 널리 퍼졌고, 아프리카 및 아시아 태평양 지역에도 상당한 영향을 주었다. 카스티야어인 스페인어 말고도 스페인에는 현행 헌법에 공용어로 명시된 3개의 언어가 더 있다. 카탈루냐어, 갈리시아어, 바스크어가 그것이다.

먼저, 카탈루냐어는 바르셀로나를 포함한 스페인 북동부인 카탈루냐주, 피레네 산맥에 위치한 독립 소국인 안도라, 발레아스 제도, 발렌시아 주의 일부에서 사용한다. 갈리시아어는 서쪽 끝 갈리시아 지방의 첫 이주민이었던 켈트인들의 언어였고, 포르투갈어와 매우 유사하다. 바스크어는 대서양에 면한 프랑스 접경 지역에서 사용되는 언어이다.

스페인의 종교

역사적으로 스페인은 다양한 민족들과 문화가 어우러지면서 가톨릭교, 이슬람교, 유대교 등 여러 종교가 존재했다. 하지만 이슬람교와 가톨릭교는 오랜 시간 충돌해왔고 결국 1492년 스페인은 가톨릭교로 통일을 이루며 이슬람교, 유대교 등은 내쫓았다. 역대 왕들을 포함해 스페인은 엄격하게 가톨릭교를 믿어왔다. 현재 인구의 74.3% 또한 가톨릭 신자다. 하지만 최근 이민자 유입이 지속해서 늘면서 이슬람교 신자가 전체 인구의 2.5%를 차지하게 되면서 가톨릭에 이은 제2의 종교로 성장했다. 힌두교와 시크교의 인구는 0.3% 미만, 유대교 신자는 1% 미만을 차지한다. 스페인의 종교적 자유는 헌법으로 보장되어 있지만, 소수 종교의 지도자들은 종종 그들이 차별받고 있다고 주장한다.

CHAPTER 2

스페인의 지리와 도시들

스페인은 유럽 대륙의 남서쪽에 위치하며 이베리아 반도의 약 84%를 차지한다. 전체 면적은 504,782km²로 대한민국의 약 5배이며 위도가 같다. 서쪽으로는 포르투갈과 접해있고, 북동쪽으로 피레네 산맥을 경계로 프랑스, 안도라 공국과 접하고, 동쪽으로는 지중해에 둘러싸여 있으며 남쪽은 지브롤터 해협을 사이에 두고 아프리카 대륙과 마주하고 있다. 국토의 약 3분의 1이 산지이며, 평균 해발 고도는 660m로 유럽에서 스위스 다음으로 고지형이다. 북부에는 피레네 산맥, 대서양연안에는 칸타브리아 산맥, 남부에는 모레나 산맥, 네바다 산맥이 있으며 중앙에는 해발고도 500~1,000m, 면적 21만km²의 메세타(Meseta) 고원이 있다. 스페인의 해외 영토로는 북아프리카 모로코 북부의 세우타, 멜리야와 지중해 서부의 발레아레스 제도(마요르카, 메노르카, 이비사), 북아프리카 서쪽 대서양의 카나리아 제도(그란카나리아, 푸에르떼벤투라, 란사로떼, 테네리페, 라 고메라, 라 팔마, 엘 이에로)가 있다. 행정구역은 17개 자치주와 2개의 해외 자치시인 세우타, 멜리야로 나뉜다. 각 주마다 자치단체장이 있고 그 자치주는 다시 50개의 작은 단위 주로 나누어져 있으며 지역별로 기후·자연·문화적 특성이 두드러진다.

❧ 갈리시아

갈리시아는 스페인 북서부에 위치한 자치지방이다. 서쪽과 북쪽은 대서양을 접하고 동쪽으로는 카스티야이레온과 아스투리아스 지방과 남쪽으로는 포르투갈 국경과 접하고 있다. 갈리시아 지방에는 항구 도시인 라코루냐, 비로, 폰테베드라가 있고, 내륙 지역에는 루고, 오렌세 등의 주가 있으며 주도는 산티아고 데 콤포스텔라이다. 전반적으로 산이 많은 지역이나 경작지는 적어 농업이 활성화되지 않은 반면, 연안에서는 어업이 활성화되어 최고의 해산물을 자랑한다. 갈리시아 사람들은 켈트인의 혈통으로 알려졌으며 스페인어뿐 아니라 그들의 언어인 갈리시아어도 많이 사용한다.

❧ 바스크

19세기 거대 철강 도시였던 빌바오가 주도이고 비스케이 만과 접해 있는 알라바, 비스카야, 기푸스코아 등의 도시가 있다. 주민 대부분은 바스크인이며 스페인어 말고도 '에우스카라'라는 고유 언어를 사용한다. 과거 파시즘 시대부터 지금까지 독립을 요구하는 분리 운동이 일어나고 있는 지역이다. 철광석과 산림자원이 풍부해 일찍이 공업화되었으며 식품가공업, 화학 산업, 서비스업 등이 이루어지고 있고 빌바오는 스페인 제1의 금융 중심지다.

❧ 마드리드

수도 마드리드가 속한 마드리드 지방은 스페인 중부에 위치하며 카스티야이레온과 카스티야 라만차 지방과 접하고 있다. 아로요몰리노스, 엘에스코리알, 아란후에스 등의 도시가 있으며, 수도 마드리드에 마드리드 지방의 인구 절반이 산다.

발렌시아

스페인 동부에 위치한 자치 지방으로 면적은 23,259km²이며 약 480만 명의 인구가 거주한다. 내륙지방 대부분은 산악 지대이고 해안지역은 비옥한 평야 지대다. 대체로 기후는 온난하고 지중해성 영향을 많이 받는다. 따라서 감귤류 과일이 잘 자라고 쌀 생산량이 많아 파에야 같은 쌀을 이용한 요리가 발달했다. 주도는 발렌시아이고, 토마토 축제로 유명한 부놀과 간디아, 야우리, 히바 등의 도시가 있다.

안달루시아

스페인 남쪽 끝에 위치한 안달루시아 지방은 면적이 87,600km²로 스페인에서 두 번째로 크다. 주도인 세비야를 포함해 코르도바, 그라나다, 말라가, 알메리아, 까디스, 우벨바, 하엔 등 8개 주가 있다. 인구는 약 800만 명 정도로 스페인 자치지방에서 가장 많다. 뜨거운 태양으로 유명하며 특히 남쪽으로는 지중해와 대서양이 맞닿아 있어 아름다운 해변의 도시가 많은 지역이다. 과거 이슬람교와 가톨릭이 지배했던 곳으로 동·서양 문화를 골고루 엿볼 수 있으며, 스페인 제국시대에 콜럼버스의 항해가 시작된 지방이기도 하다. 또한 안달루시아는 스페인 최고의 전통춤과 노래로 손꼽히는 플라멩코가 탄생한 곳이며, 비옥한 땅이 많아 올리브, 포도, 오렌지, 커피 등의 재배가 활발하다.

CHAPTER 3 스페인을 대표하는 관광지

스페인을 여행하기 위해 알아야 할 필수 정보에는 어떤 것들이 있을까? 먼저 비자부터 살펴보면 한국과 스페인은 무비자 협정이 체결돼 관광목적 방문 시 최대 90일간은 비자 없이 체류할 수 있다. 숙박시설은 세계적인 관광국가답게 충분히 갖춰져 있는데, 종류가 다양해 각자의 선호도에 따라 선택할 수 있는 폭이 넓다.

오텔(Hotel), 파라도르(Parador), 오텔 아파르타멘토(Hotel Apartamento), 오스탈(Hostal), 펜시온(Pension), 알베르게(Albergue), 까싸 루랄(Casa rural) 등이 있으며 규모와 시설, 서비스 등에 따라 1~5개의 별로 등급이 매겨진다. 오텔은 일반적인 사설 호텔이고, 파라도르(Parador)는 역사적 가치가 있는 오래된 성이나 궁전, 귀족의 저택, 수도원 등을 호텔로 개조한 스페인 국영 호텔이다. 오텔 아파르타멘토는 우리나라의 콘도처럼 거실과 부엌이 있고 생활용품까지 갖추고 있는 곳으로 직접 요리를 해 먹을 수도 있다. 오스탈은 호텔보다는 작은 규모로 우리나라의 모텔이나 여관 개념이고, 더 규모가 작은 펜시온은 방만 있고 욕실은 공통으로 사용하는 형태이며, 알베르게는 한 방에 여러 명이 함께 머무르는 도미토리 형식의 숙박시설이다. 까싸 루랄은 우리나라의 한옥 체험과 같이 도시 근교나 시골 마을의 오래된 집을 빌려 스페인의 전통문화를 느끼고 싶은 사람들을 위한 숙소다.

스페인은 철도 노선이 발달해 있기 때문에, 7시간 이상의 장거리 이동에는 야간열차를, 주요 도시 간 이동에는 초고속 열차를 이용하면 편리하다. 대도시에서 근교로 운행하는 근교 열차와 대중교통 버스도 잘 되어 있으며 바르셀로나, 마드리드와 같은 관광 대도시들은 시내버스, 투어버스, 지하철, 트램, 택시 등 대중교통을 쉽게 이용할 수 있다. 스페인을 관광할 때는 식당을 여는 시간을 미리 확인하는 것이 좋다. 일반적으로 스페인 식당 개장시간은 낮 1시 30분이다. 대부분 오후 5시부터 저녁 8시까지 문을 닫고, 저녁 9시부터 다시 문을 연다. 또한 스페인을 여행할 때는 가는 지역의 날씨를 미리 알아보고 가는 것이 좋다. 대체로 온화한 지중해성 기후지만 지역에 따라 날씨와 환경이 조금씩 다르기 때문이다. 바르셀로나가 있는 카탈루냐 지방은 연중 강렬한 태양 때문에 선크림, 선글라스, 모자가 필수이고, 마드리드가 있는 스페인 중부는 고지대로 일교차가 크고, 다른 지역에 비해 기온이 낮기 때문에 겨울에는 두꺼운 옷이 반드시 필요하다.

마드리드(Madrid)

스페인의 수도인 마드리드는 도시 전체가 하나의 박물관이라고 할 정도로 왕실의 문화유산과 세계적인 미술품이 시내 곳곳에 산재하여 있다. 또한 스페인의 정치, 문화의 중심이고 다양한 인종과 문화가 교류하는 세계적인 관광도시다. 우리나라에서 직항 항공이 있으며, 마드리드 바라하스 국제공항

| 1619년 펠리페 3세 때 완공된 마요르드 광장. 막강한 국력을 자랑하던 스페인의 자부심으로 만들어졌다.

에서 시내까지는 공항버스, 지하철, 시내버스, 택시 등 여러 교통수단을 이용할 수 있다. 마드리드 시내 관광은 크게 솔 광장을 중심으로 서쪽의 마요르드 광장과 왕궁 주변, 북쪽의 그란 비아, 동쪽의 프라도 미술관 주변으로 나뉜다.

구시가 관광은 '태양의 문'이란 뜻을 지닌 솔 광장에서 시작한다. 광장에는 카를로스 3세의 동상과 마드리드의 상징인 곰과 마드료뇨 나무 동상이 있다. 구시가 관광의 핵심은 웅장하고 화려한 왕궁이다. 동쪽에 있어 '오리엔테 궁전'이라고 불리는 왕궁은 9세기 이슬람교들이 성채를 세운 자리에 있다. 이후 가톨릭교들이 마드리드를 정복한 다음 이슬람교의 성채를 왕궁으로 사용하였다. 하지만 1734년 화재로 소실되어 펠리페 5세가 그 자리에 왕궁을 다시 지은 것이 지금의 마드리드 왕궁이다. 궁전 외부는 신고전주의 양식이고, 내부는 화려한 이탈리아 양식으로 되어 있어 유럽에서 아름답기로 손꼽힌다. 무려 2,800개가 넘는 방이 있지만 약 50개의 방만 일반인들에게 공개된다. 규모가 큰 만큼 내부 관람 시간이 오래 걸리기 때문에 미리 예매를 해두는 게 좋고, 국가 행사가 있는 날에는 개방하지 않는 경우가 있으니 주의해야 한다.

왕궁지역이 끝나는 곳에는 20세기 초 현대적인 도시로 발전한 마드리드의 모습을 보여주는 '스페인 광장'이 있다. 광장 중앙에는 〈돈키호테〉를 지은 세계적인 문호 세르반테스의 기념비가 있다. 그 앞에는 소설 속의 주인공, 돈키호테와 산초 판사의 동상이 있다.

스페인 광장은 마드리드의 제일 번화가인 '그란 비아'로 연결되는데, 그곳에는 호텔, 레스토랑, 영화관, 상점 등이 즐비해 있고, 4개의 지하철 역이 연결되어 있어 늘 사람들로 북적인다.

무엇보다도 마드리드는 미술을 감상하러 온다고 할 정도로 세계적인 미술품들이 전시된 미술관이 많다. 가장 대표적인 것은 파리의 루브르 박물관, 상트페테르부르크의 에르미타주 미술관과 함께 세계 3대 미술관 중 하나인 '프라도 미술관'이다. 이곳에는 스페인 3대 화가인 벨라스케스, 고야, 엘 그레코의 작품은 물론 스페인 제국시대 때 왕실에서 수집한 수많은 예술작품이 전시되어 있다. 주요 작품으로는 벨라스케스의 〈시녀들〉, 엘 그레코의 〈성삼위일체〉, 〈가슴에 손을 얹은 기사〉, 보티첼리의 〈나스타조 델리 오네스티 이야기〉, 뒤러의 〈아담과 이브〉, 고야의 〈옷을 입은 마하〉 등 수없이 많다.

피카소의 〈게르니카〉, 달리의 〈등을 보이고 앉은 소녀〉, 미로의 〈파이프를 쥔 남자〉 등 20세기 현대 미술 작가들의 그림은 프라도 미술관 맞은편 소

| 1819년에 개관한 프라도 미술관은 전시품의 질과 양에 있어 세계 최고 수준을 자랑한다. 특히 회화 작품은 스페인 작가뿐만 아니라 유럽 전역의 수작들이 콜렉션되어 있다.

| 그란 비아 거리의 서쪽에 위치한 스페인 광장의 돈키호테와 산초의 상.

피아 왕비 예술 센터에 있다. 이 밖에도 빛의 화가 소로야의 그림을 감상할 수 있는 소로야 미술관, 19세기 낭만파 귀족의 생활과 예술품을 감상할 수 있는 낭만주의 박물관, 마드리드에서 유일한 레오나르도 다빈치의 작품을 감상할 수 있는 라사로 갈디아노 미술관 등 세계 유명 명화들을 만나볼 수 있는 미술관이 많다. 또한 선사시대부터 19세기까지의 다양한 유물과 초기, 중세 기독교와 이슬람 관련 자료를 볼 수 있는 스페인 최대의 국립 고고학 박물관이 있다.

❧ 톨레도(Toledo)

스페인의 옛 수도였던 톨레도는 스페인 심장에 해당하는 역사의 산실이다. 도시 전체가 유네스코 세계문화유산으로 지정될 정도로 볼거리가 많아 여행자들의 사랑을 받고 있고, 마드리드에서 남서쪽으로 약 70km 정도 위치에 있어 찾아가기도 쉽다. 세르반테스가 〈돈키호테〉의 배경으로 삼은 카스티야 라만차 지방이 바로 톨레도 일대이다. 과거 이슬람교들이 지배했던 지역이라 도시 곳곳에서 이슬람문화를 엿볼 수 있는데, 대표 명소로는 알카사르가 있다. 알카사르는 스페인어로 요새라는 뜻을 가지고 있어 톨레도 외에도 세비야, 세고비아 등 스페인 각 지역에 있다. 그래서 흔히 도시 이름을 붙여 구분한다. 톨레도 알카사르는 톨레도에서 가장 높은 세르반테스 언덕에 있다. 10세기 이슬람 지배 당시 세워졌고, 가톨릭이 탈환한 후, 16세기 카를로스 1세 때 왕실로 쓰였다. 따라서 이슬람의 무하데르 양식과 가톨릭의 고딕양식이 혼합되어 있어 독특한 건축물로 꼽힌다. 톨레도의 상징인 대성당 또한 이슬람 사원 자리에 지어진 건물로 고딕양식과 이슬람 양식이 섞여 있다. 톨레도는 그리스 출신 화가 엘 그레코가 노년을 보낸 곳으로도 유명하다. 엘 그레코가 살던 집 부근의 폐허를 1906년에 베가 인클란 후작이 개조해 당시의 모습을 재현해 놓았는데, 바로 그곳이 '엘 그레코의 집'이다. 그곳에 엘 그레코의 걸작인 〈톨레도의 경관과 지도〉, 〈십이사도의 연작〉 같은 종교화가 전시되어 있다.

세고비아(Segovia)

카스티야 지방의 주도인 세고비아는 톨레도와 마찬가지로 마드리드와 가까워 당일치기로 다녀올 수 있는 작은 도시다. 중세에 지어진 견고한 성벽으로 둘러싸여 있으며 해발 약 1,000m에 자리 잡고 있다. 대표 관광지로는 로마 시대의 유산인 로마 수도교, 세고비아 대성당, 월트 디즈니의 백설공주 성의 모델이 된 세고비아의 알카사르(Alcazar)가 있다. 길이 728m, 높이 28m의 거대한 규모의 수도교는 로마 트라야누스 황제 때 고지대에 물을 공급하기 위해 건설되었다. 오로지 화강암으로만 쌓아 올려 만든 것으로 당시의 건축 기술과 웅장함에 보는 이의 탄성을 자아낸다. 수도교 바로 앞 광장에는 세고비아의 향토 음식인 새끼 돼지 통구이, 애저요리(cochinillo)가 유명한 식당들이 모여 있다. 알카사르는 펠리페 2세의 결혼식이 열린 곳으로도 잘 알려져 있다.

쿠엥카(Cuenca)

카스티야 라만차 지방의 도시인 쿠엥카는 강물의 침식으로 생긴 거대한 기암절벽을 이용해 건설한 중세 요새 도시다. 한때 이슬람교 무어인이 방어 거점으로 사용하였지만, 12세기 카스티야 왕국에 의해 재정복되었다. 1996년 유네스코 세계 문화유산으로 지정됐으며, 기암괴석에 둘러싸인 신비로운

| 기암절벽 위에 만들어진 요새 도시 쿠엥카는 마치 스타워즈에 나오는 미지의 행성을 연상케 한다.

분위기 때문에 '마술에 걸린 도시'로 불린다. 쿠엥카는 역과 터미널이 있는 아랫마을이 신시가, 기암절벽 위에 세워진 마을이 구시가다. 구시가의 중심은 마요르 광장으로 대성당과 시청사가 있으며, 구시가 곳곳에는 성당과 수도원, 귀족들의 저택 등 중세시대부터 전해 내려온 옛 건축물들이 남아있다. 그 중에서 우에카르 강변의 가파른 절벽 위에 있는 14세기 건축물, '허공에 매달린 집' 은 쿠엥카를 대표하는 상징물이다. 한때 시청사로 이용됐으나 지금은 미로, 타피에스 등 스페인 현대 화가의 작품을 전시하는 추상예술 미술관으로 이용되고 있다. 무엇보다 쿠엥카 성곽도시는 성당, 주거지 등 중세의 도시 경관을 온전하게 보존하고 있어 역사, 문화적으로 높은 가치를 인정받고 있고, 스페인 최대 규모의 종교 음악제가 열리는 곳이다.

✿ 아란후에스(Aranjuez)

마드리드의 위성도시로 타호 강과 하라마 강을 끼고 있고 아름다운 자연 경관으로 손꼽히는 지역이다. 16세기 후반 펠리페 2세가 아란후에스의 경관에 매료돼 별궁을 짓기 시작해 지금의 우아한 왕궁이 탄생하였다. 도시 전체가 왕궁이라고 해도 될 정도로 왕궁에 딸린 울창한 정원이 많고, 궁전 안에는 실제 스페인 왕실에서 쓰던 화려한 가구와 예술품들이 전시되어 있다. 아란후에스 왕궁의 아름다움은 스페인 음악의 거장, 호아킨 로드리고에게 영감을 주어 '아란후에스 협주곡'을 탄생하게 한 것으로도 유명하다. 과거에는 왕족들을 위한 여름철 거주지였다면, 현재는 마드리드 거주자들에게도 인기 있는 휴양지며 문화 중심지가 되었다.

✿ 바르셀로나(Barcelona)

카탈루냐 지방, 지중해 연안의 항구도시인 바르셀로나는 유럽의 꽃이라 불릴 정도로 예술, 문화, 건축, 쇼핑, 음식 등 무엇 하나 빠지는 것이 없다. 매년 수많은 관광객을 불러 모으는 바르셀로나는 스페인에서 가장 서구적인 분위기이면서 독자적인 문화를 형성한 곳으로 평가를 받고 있다. 파블로 피카소, 호안 미로, 살바도르 달리 등 독창적이고 뛰어난 예술가를 배출해 예술의 도시로 상징되기도 한다. 바르셀로나 시내는 카탈루냐 광장을 중심으로 남쪽의 구시가와 북쪽의 신시가로 나뉘고 서쪽에는 몬주익 언덕이 있다. 대부분의 볼거리는 구시가에 모여 있어 걸어서 둘러 볼 수 있지만, 도시 곳곳에 있는 가우디 건축과 몬주익 언덕까지 돌아보려면 지하철과 버스 등 대중교통을 이용하는 게 좋다. 구시가는 바르셀로나의 명물 거리인 람블라스 거리와 바르셀로나 현대 미술관이 있는 라발 지구, 중세 건축물이 원형 그대로 보존

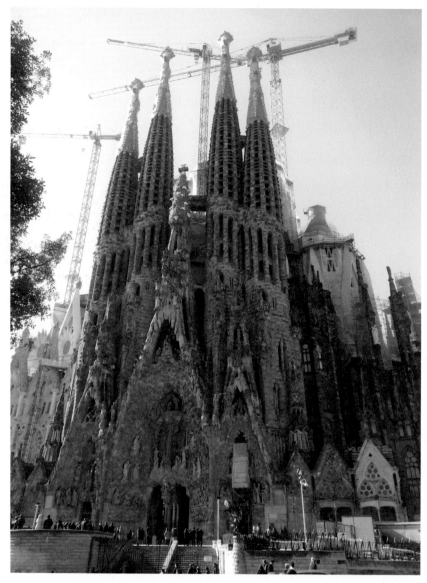

| 가우디 최후의 걸작인 사그라다 파밀리아. 1882년에 시작된 공사가 지금도 진행 중이다. 3개의 파사드 중에서 가우디 생전에 완성한 것은 '탄생의 파사드'뿐이다.

| 바로셀로나 교외 언덕에 위치한 구엘 공원. 가우디의 걸작품이다. 화려하고 독특한 모자이크와 타일 장식으로 이뤄진 동화 속 공원이다.

되어 있는 고딕 지구, 중세 시대 귀족들의 저택이 남아 있는 보른 지구, 지중해가 펼쳐지는 해안가의 바르셀로네타 지구로 나뉜다.

무엇보다 바르셀로나의 대표 명소는 천재 건축가 안토니오 가우디의 건축물들이다. 특히 구엘 공원은 색색의 타일 조각, 화려한 천장, 독특한 기둥과 곡선 모양의 벤치로 관광객들의 감탄을 자아낸다. 이 밖에도 지중해를 테마로 한 '카사 바트요', 카탈루냐의 성지와 몬세라트 산을 모티브로 지은 '카사 밀라', 아직 미완성이지만 바르셀로나의 상징이자 가우디 최후의 걸작인 성 가족 성당이란 뜻인 '사그라다 파밀리아' 등이 있다.

14세기 말, 스페인에서 쫓겨난 유대인들이 모여 살았던 곳인 몬주익 지구는 고도 213m로 바르셀로나의 도시와 바다를 한눈에 감상할 수 있다. 카탈루냐 미술관, 올림픽 주 경기장, 스페인 마을, 몬주익 성, 야외극장 등이 있다. 또한 바르셀로나는 FC 바르셀로나의 홈 경기장인 캄프 노우 스타디움이 있어 경기가 있는 날에 맞춰 간다면 유럽 명문 축구팀의 경기를 관람할 수 있다. 한편 투우는 동물 보호 차원에서 금지되어 바르셀로나에서는 볼 수 없다.

몬세라트(Montserrat)

바르셀로나에서 50km 떨어진 곳에 있어 당일치기 여행으로 인기 있는 곳이다. 카탈루냐어로 '톱으로 자른 산'이란 의미를 지닌 이름만큼 가파른 절벽으로 유명하다. 깎아지를 듯한 회백색 바위산 중턱에 자리 잡은 기독교 성지이며 그 절경이 빼어나 천재 건축가인 가우디가 예술적 영감을 받기 위해 자주 찾아왔었다고 한다. 절벽 위에 있는 몬세라트 수도원까지 등산 열차나 케이블카인 푸니쿨라를 이용해 올라갈 수 있다. 수도원 안에는 외부인의 출입이 금지된 수도사들의 거처가 있고 관광객들이 이용할 수 있는 박물관, 예배당, 호텔, 레스토랑 등이 있다. 가장 인기 있는 명소는 예배당 입구에 있는 신비로운 검은 마리아상이다. 과거 나폴레옹 침략 당시, 검은 마리아상을 빼앗기지 않기 위해 주민들이 목숨을 걸고 지켰다고 할 정도로 이 지역의 자랑이다. 성모 마리아상 한 손에는 둥근 공을 들고 있는데, 공을 만지고 소원을 빌면 이뤄진다는 말이 전해 내려온다. 또한 몬세라트 수도원에서는 세계적으로 유명하고, 유럽에서 가장 오래된 소년 합창단 중 하나인 에스콜라니아 성가대의 노래를 들을 수 있다.

✤ 히로나(Girona)

카탈루냐 지방의 북쪽, 프랑스 국경 가까이에 위치한 작은 도시다. 기원전 5세기, 이베리아 반도에서 가장 오래된 민족인 이베로인들이 세운 도시다. 성벽으로 둘러싸인 중세 도시의 모습이 그대로 남아 있으며, 시내 중심에는 스페인 독립 전쟁의 승리를 기념하는 독립 광장이 있다. 과거 이슬람의 지배를 받았던 흔적인 아랍 목욕탕 터와 유대인의 거리, 대성당 등 다양한 역사 유적지가 보존되어 있다.

✤ 발렌시아(Valencia)

스페인 동쪽, 지중해 연안의 도시다. 오렌지 주산지이고, 아름다운 해변이 유명하며 스페인 대표 요리인 파에야의 본고장이다. 19세기 중엽까지 성벽으로 둘러싸여 있었지만 대부분 철거되었고, 세라노와 콰르트 성벽만 지금까지 남아 있다. 세라노 문은 발렌시아의 '불의 축제' 때 축제의 시작을 알리는 곳이기도 하다. 인기 관광 명소는 고딕양식과 로마네스크, 바로크 양식이 섞여 있는 대성당이다. 내부에는 벽화가 많이 그려져 있고, 예수가 최후의 만찬 때 사용한 성배가 안치되어 있다.

✤ 그라나다(Granada)

스페인 남부 안달루시아 지방에 위치한 도시로 이슬람 최후의 왕조가 있던 곳이다. 대표 명소로는 유럽에 현존하는 이슬람 건축물 중 최고봉 꼽히는 알람브라 궁전이 있다. 이슬람 마지막 왕조인 13세기, 나스르 왕 때 언덕 위에 지어진 궁전으로 그라나다의 경관을 한눈에 볼 수 있다. 1984년 유네스코 세계문화유산으로 지정된 궁전 안에는 두 자매의 방, 왕들의 방, 아벤셀라헤

| 그라나다 알바이신 지구(알함브라 궁전에서 내려다본)

스의 방 등 대리석 바닥이 깔린 아름다운 방들로 유명하고, 섬세한 기둥, 변화가 많은 아치, 정교한 장식 등 화려한 이슬람 미술의 절정을 보여주고 있다는 평가를 받고 있다. 이 밖에도 그라나다에는 당시 아랍 귀족과 서민들이 살았던 '알바이신 지구'와 집시들의 거주 지역인 '사크로몬테'가 있어 다양한 문화를 체험할 수 있다. 사크로몬테에 가면 과거 그라나다의 집시들이 살았던 동굴 집이 여전히 남아 있는데, 이 동굴에서 집시들이 플라멩코 공연을 하기도 한다.

세비야(Sevilla)

세비야는 고대 로마 시대부터 핵심도시로 발달해왔으며 현재 안달루시

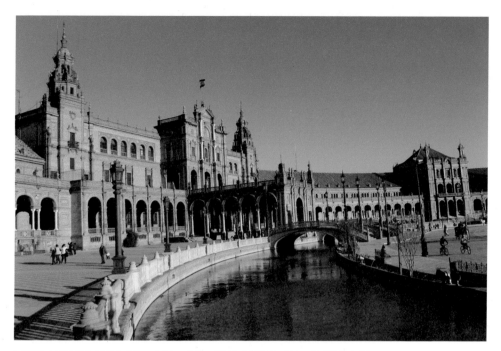

| 세비야 스페인 광장. 영화 스타워즈 에피소드 시리즈에서 외계 행성의 궁전으로 등장한 촬영지다.

아 지방의 예술, 문화, 금융의 중심이다. 과거 이슬람 지배를 거쳤으며, 15세기 콜럼버스가 아메리카 대륙으로 출발했던 지역이다. 스페인 전통춤과 노래인 플라멩코의 본고장이기도 하며, 모차르트와 베토벤이 세비야를 배경으로 오페라를 썼다. 대표 오페라에는 모차르트의 〈돈 조반니〉, 〈피가로의 결혼〉, 베토벤의 〈피델리오〉, 로시니의 〈세비야의 이발사〉, 비제의 〈카르멘〉 등이 있다. 이슬람 사원, 모스크를 개조해 만든 세비야 대성당은 바티칸의 산 피에트로 대성당, 런던의 세인트 폴 대성당 다음으로 유럽에서 세 번째로 규모가 크다. 중세의 왕들이 묻혀 있고, 콜럼버스의 유골도 이곳에 안치되어 있다. 이 밖에도 아름다운 세비야의 풍경이 한눈에 들어오는 히랄다 탑, 로마 시대부터 옛 왕들이 사용하던 궁전인 알카사르, 스페인 광장 등이 관광 명소다.

CHAPTER
4

스페인의 역사

스페인의 선사시대

유럽에서 가장 오래되고 복잡한 역사를 가진 스페인은 선사시대부터 인류가 살아왔다. 1879년, 스페인 북부 칸타브리아 지방, 산티야냐 델 마르에서 구석기 시대 예술품인 알타미라 동굴 벽화가 발견되면서 선사시대 역사가 세상에 알려졌다. 기원전 3만~2만5천 년 사이의 작품으로 알려진 알타미라 동굴 벽화는 말, 소, 사슴, 산양 등 다양한 동물들이 섬세하게 묘사되어 있고, 진한 갈색, 밝은 갈색, 노랑, 검정 등 천연염료를 사용한 색의 표현도 아름다워 완성도 높은 구석기 시대 예술품으로 높이 평가되고 있다. 이 밖에도 북부 칸타브리아 지방 곳곳과 이베리아 반도 내에서 80개 이상의 동굴 벽화가 발견되었다. 구석기 시대 이베리아 반도의 인류들은 소집단을 형성하면서 식량을 찾아 이동생활을 했고, 열매를 따거나 야생동물을 사냥하며 동굴에 거주하게 되면서, 그 속에서 스페인의 고대 역사를 만들어 낸 것이다. 그렇다면 이베리아 반도에는 어떤 민족들이 살았을까? 알려진 바에 따르면 남부 안달루시아에 살았던 타르테소스 부족, 북부 산악지대에 살았던 피레네-칸타브리아 지역의 부족, 그리고 북부 아프리카에서 건너온 이베리아인이 옛 스페인에 거주한 원시 부족이다. 하지만 이베리아 반도 이름이 이베리아인들이 사는 땅이라는 뜻이 지니고 있을 정도로 일반적으로 이베리아 반도의 최초의 주민을 이베리아족이라고 말한다. 그 뒤 유럽 중앙부에 살던 켈트족이 기원전 600년경에 이베리아 반도로 옮겨와 원주민 이베르족과 피가 섞이면서 켈트-이베리아족이 나타나는데, 이 종족이 스페인인의 직계 조상으로 알려지고 있다. 이들은 농업과 목축을 하고 여러 가지 색채를 사용해 정교하게 만든 도자기를 사용하였다.

페니키아인의 점령, 로마의 지배와 게르만족의 침입

스페인은 아프리카 대륙과 마주하고 지중해와 대서양을 끼고 있어 아주 오래전부터 여러 주변 민족들의 침입과 지배를 받아왔다. 그 시작을 알리는 역사 중 하나가 바다 건너 스페인에 발을 내디딘 페니키아인이다. 지중해 동쪽, 지금의 시리아와 레바논 해안지대에 살았던 페니키아인들은 바다 무역을 주업으로 했는데, 기원전 1,100년경 안달루시아 지역에 카디스라는 도시를 세워 무역의 거점을 마련했다. 그리고 지금의 북아프리카 튀니지 연안에 세운 페니키아의 식민도시, 카르타고를 중심으로 지중해를 장악했다. 페니키아인들은 스페인 원주민들에게 문자와 상업을 전수했고, 이들 덕분에 고대 스페인은 농경문화에서 항해의 나라로 발전하게 된다. 그리스인들도 스페인에 들어와 무역 도시를 세우고 포도와 올리브를 경작하는 방법을 전수해 주었다. 반면 무역의 중심지인 지중해를 서로 차지하기 위한 전쟁도 일어났다. 역사적으로 가장 유명한 전쟁은 기원전 3세기부터 2세기 중엽까지 모두 3번에 걸쳐 일어난 포에니 전쟁이다. 포에니는 로마인이 페니키아 사람을 가리키는 말에서 유래된 것으로, 로마와 페니키아의 식민도시, 카르타고 사이의 지중해 패권을 둘러싼 전쟁이다. 결국, 세 차례 포에니 전쟁에서 모두 승리한 로마는 서부 지중해에 대한 패권을 차지하고, 기원전 218년부터 약 500년간 이베리아 반도를 점령한다. 로마 시대에 이베리아 반도를 히스파니아라고 불렀는데 여기에서 '에스파냐'란 말이 유래되었다. 로마는 스페인에 사라고사, 발렌시아, 레온 등의 도시를 건설하고 도로와 수로, 극장, 원형경기장 목욕탕 등을 만들고, 가톨릭을 전파했다. 또한 스페인어의 기원이 되는 라틴어를 공용어로 사용했으며, 법률을 비롯한 제도 등 사회 전반을 로마화 시켰다. 따라서 지금의 스페인 언어, 종교, 법률의 뿌리가 대부분 로마 시대에서부터 시작했다고 볼 수 있다. 스페인인은 로마 시민 자격을 얻었고, 차별대우도 받지 않아서 트라야누스, 테오도시우스 1세 등 스페인 출신의 로마 황제도 탄생되었다. 로마의 저명했던 철학자이며 정치가이자 웅변가였던 세네카도 스페인 출신이다. 하지만 찬란했던 로마의 시대도 쇠퇴의 길을 걷게 된다. 5세기 훈족의 침입을 피해 남쪽과 서쪽으로 게르만족의 대이동이 시작되면서 서로마제국이 멸망하고, 게르만족의 일파인 서고트족이 이베리아 반도 중앙에 위치한 카스티야 레온 지역에 정착하였다. 그리고 서고트 왕국을 세운다.

이슬람의 지배

서고트 왕국은 왕위 계승 문제로 왕족들 간에 전쟁이 끊이지 않았다. 그러다 결국 711년 지브롤터 해협을 건너온 이슬람족의 일파인 무어족에 의해 정복된다. 이후 가톨릭세력은 북쪽 산악지대로 쫓겨 가고 스페인은 1492년까지 무려 800년 가까이 이슬람의 지배를 받게 된다. 이슬람교도들은 이베리아 반도 남부지역을 중심으로 알 안달루스 국가를 세우고 코르도바를 수도로 정한다. 그곳을 지배하는 동안 코르도바를 유럽에서 가장 번영한 도시로 발전시키고 세비야, 그라나다 등의 도시에도 화려한 이슬람 문화를 꽃피운다.

수학, 천문학, 역학 등을 발전시켰고, 지금까지도 스페인에 보존되어 있고 많은 관광객의 감탄을 자아내는, 아름다운 이슬람 건축물을 많이 지었다. 그 대표적인 작품이 그라나다의 알람브라 궁전, 코르도바의 메스기타, 세비야의 알카사르와 98m 높이의 히랄다 탑이다. 이베리아 반도를 지배하던 이슬람교도들은 점차 피레네 산맥을 넘어 세력 확장을 꾀하면서 이베리아 반도를 되찾으려는 가톨릭세력들과 계속해서 대립하게 된다.

국토 회복 운동과 이슬람교도 시대의 멸망과 스페인의 통일

이슬람교도들에게 쫓겨난 서고트 왕국의 가톨릭교도들은 북쪽 산악지대로 이주하여 그곳에서 세력을 키운다. 그러다 722년, 아스투리아스 지방 코바동가에서 펠라요 장군이 이끄는 서고트 왕국의 가톨릭 군이 북으로 확장하고 있던 이슬람군을 처음으로 격퇴했다. 이를 시작으로 가톨릭교도들은 이슬람교도 축출을 위한 국토회복 운동인 '레콩키스타'를 시작했다. 가톨릭교도들은 약 300년 가까이 북서부 지방에서 저항을 계속했고, 이슬람 세력 경계지대에 성을 쌓아 방어해 왔다. 이러한 역사적 이유로 수천 개에 이르는 스페인의 성채와 요새가 대부분 북부지역에 몰려 있다. 결국 9세기 무렵 이슬람 세력이 분열된 틈을 타서 가톨릭교도들은 본격적인 국토 회복 운동을 벌였다. 1085년 이슬람교도의 중심지였던 톨레도를 탈환하고, 1212년에 라스나바스 데 톨로사 전투에서 승리를 거두며 이후 세비야를 점령한다. 그리고 마침내 1492년, 카스티야의 이사벨 여왕과 아라곤의 페르난도 2세 왕의 연합군이 그라나다를 함락하면서 스페인은 가톨릭에 의한 종교적, 정치적 통일을 이룬다. 왕국을 통일하기 위해 결혼을 했던 이사벨 여왕과 페르난도 2세는 가톨릭 통일을 이룬 위업을 인정받아 교황 알렉산데르 6세로부터 '가톨릭 부부왕'이라는 칭호를 하사받는다. 게다가 왕국을 통일한 1492년에는 이사벨 여왕의 재정적 후원을 받은 콜럼버스가 신대륙을 발견하면서 스페인은 아메리카 대륙이란 식민지를 거느린 세계 대국으로 성장한다. 스페인에서 이슬람교도들을 몰아내고 신대륙 발견의 주춧돌이 되어준 이사벨 여왕은 스페인 사람들에게 최고의 왕으로 추앙받고 있다.

스페인 제국 시대

스페인 역사에서 1492년은 영광의 해로 기억하며 지금까지도 그와 같은 날이 다시 오길 스페인 사람들은 기원한다. 그래서 500년 주년이 되는 1992년에 바르셀로나 올림픽과 세비야 엑스포를 개최하며 세계로 향한 새로운 도약을 알렸다. 과거 스페인은 신대륙 발견 이후 본격적으로 해외 영토를 확장해나가면서 포르투갈과 경쟁하기 시작했다. 결국 두 나라는 전쟁을 피하기 위해 1494년 세계를 동/서로 나누어 차지한다는 토르데시야스 조약에 서명한다. 이 조약에서 그은 선을 경계로 서쪽에서 발견되는 땅은 스페인, 동쪽에서 발견되는 땅은 포르투갈 차지가 된다. 이후 스페인은 멕시코, 잉카 제국, 필리핀, 마리아나 제도 등으로 뻗어 나가 식민 제국을 건설했다. 그곳에 스페인어를 전파하면서 포르투갈의 식민지였던 브라질을 제외한 중남미 20여 개의 나라가 스페인어를 사용하게 되었다. 또한 스페인은 많은 식민지를 통해 수많은 재물을 얻으며 부강해졌다. 덕분에 이사벨 여왕과 페르난도 2세 때를 스페인의 황금시대라고 부른다. 그러나 두 사람의 장남인 후안 왕자가 일찍

세상을 뜨면서 대를 이을 왕세자가 없게 되었다. 1504년 이사벨이 죽고, 얼마 후 남편 페르난도 2세까지 세상을 떠나자 스페인은 합스부르크가로 시집을 갔던 딸 후아나 공주와 그녀의 남편인 신성로마제국 황제 막시밀리아노의 아들, 펠리페 1세를 불러들인다. 결국 스페인은 사위의 합스부르크 왕가에 의해 통치되게 된다. 하지만 펠리페 1세가 갑자기 세상을 떠나게 되고, 1516년에 장남인 카를로스 1세가 스페인 왕이 된다. 이후 카를로스 1세는 신성로마제국 황제로도 당선되며 카를 5세의 칭호도 갖게 된다. 그는 방대한 영토를 통합 및 확장하기 위해 끊임없이 전쟁을 했고, 오랫동안 합스부르크 왕가는 지중해와 대서양에서 주도권을 장악하며 북아프리카 일부와 유럽, 남아메리카에 이르는 광대한 영토를 통치하는 대제국을 이루었다.

스페인 제국의 쇠퇴

신성로마제국 황제까지 겸임한 카를로스 1세는 스페인 통치에 집중하기보다는 프랑스, 오스만 튀르크, 개신교도 세력과 전쟁을 하는데 국력과 비용을 쏟아 부었다. 식민지에서 들어오는 황금은 물론 스페인의 국가 재산을 탕진하게 되면서 국민에게 높은 세금을 부과하였다. 결국 스페인 백성들의 불만이 쏟아지며 반란과 폭동 또한 끊이지 않게 된다. 카를로스 1세는 스페인 역사상 최고 전성기를 이루었지만, 수십 년간 전쟁만 벌이다가 1556년에 왕위를 내려놓게 된다. 그의 뒤를 이은 것은 아들 펠리페 2세다. 그는 왕권을 강화하기 위해 수도를 바야돌리드에서 스페인 중심에 위치한 마드리드로 옮기고 거대한 왕궁을 짓는다. 그것이 바로 1563년에 지어진 마드리드 근교 과다라마 산맥 언덕 위에 있는 엘에스코리알 궁전이다. 펠리페 2세의 통치 시대에 스페인은 다시 한 번 대제국의 위세가 절정에 이르게 된다. 그 계기는

1571년, 지중해 패권을 두고 이탈리아의 동방무역 세력과 이슬람세력과의 전쟁에 동참하게 되면서다. 이 레판토 해전에서 오스만 튀르크 제국을 격퇴하고 스페인은 지중해 패권을 장악한다. 그러나 엄격한 가톨릭주의 정신을 내세운 펠리페 2세는 순혈주의를 주장하며 다른 민족과 다른 종교는 물론 개신교를 탄압하는 폐쇄적인 정책을 취한다. 결국 스페인은 안, 밖으로 잦은 분란과 전쟁에 비용을 쏟아 부으면서 파산 선언을 하게 된다. 또한 강력한 해군을 키워 바다의 강국으로 성장한 영국과 네덜란드에 점차 밀리게 되면서 스페인은 점차 쇠퇴의 길을 걷게 된다. 1588년, 펠리페 2세의 무적함대가 영국과 네덜란드 연합 함대에 패배하게 되면서 네덜란드가 스페인 지배에서 독립하게 되고, 대서양 패권마저 뺏기게 된다. 결국 1700년, 해가 지지 않는 제국이라 불리던 합스부르크 왕가의 스페인은 몰락의 길을 걷게 된다. 이어 유럽 최강국으로 떠오른 프랑스 루이 14세의 손자, 펠리페 5세가 스페인 왕위에 오르게 되면서 부르봉 왕조의 시대가 열리게 된다. 신성로마제국이 영국, 포르투갈, 네덜란드와 동맹을 맺어 프랑스와 맞서서 왕위 계승 전쟁을 일으키고 결국, 합스부르크 왕가가 스페인을 지배하는 것을 견제한 연합국들의 배신으로 패하게 된다. 이후 스페인은 영국과 프랑스 등의 신흥 열강들 틈바구니에서 시달리며 많은 영토를 빼앗기고 프랑스의 간섭을 받는 이류 국가로 전락하였다.

🎵 스페인 격동의 근현대사

19세기에도 스페인의 쇠락은 계속되었다. 신성로마제국을 멸망시키고, 1804년 황제에 등극한 나폴레옹이 스페인을 정복하기에 이른다. 나폴레옹은 자신의 형인 조제프 보나파르트(호세 1세)를 스페인 왕으로 앉힌다. 이 사실을 알게 된 스페인 백성들이 분노해 나폴레옹과 프랑스 군대를 몰아내기 위해 독립 전쟁을 벌인다. 스페인 군대뿐 아니라, 농민, 노동자 등 민중들이 목숨을 걸고 싸운 독립 전쟁은 1808년부터 1814년까지 약 6년간 지속되었다. 전쟁동안 프랑스군에 처형되는 스페인 민중들의 모습을 스페인 화가, 프란시스코 데 고야가 〈5월 3일〉이라는 작품에 고스란히 담아냈다. 당시 프랑스 군대가 점령하지 못한 안달루시아 지방의 카디스로 도망쳐 온 스페인의 주요 인사들은 임시 의회를 연다. 1812년 열린 카디스 의회에서 스페인이 입헌 군주국이라는 것을 규정하는 스페인 역사의 첫 헌법을 제정해 반포한다. 치열한 독립 전쟁 끝에 스페인은 프랑스군을 몰아내는 데 성공한다. 나폴레옹은 1814년 4월 황제에서 퇴위하게 되고, 독립전쟁에서 승리한 스페인은 페르난도 7세가 왕위에 오른다. 그는 왕의 권한을 제한한 카디스 헌법을 무효화 하려 했는데, 자유주의자들이 거세게 반발하기 시작했고 끝내 반란으로 이어지게 된다. 게다가 남아메리카에 있던 스페인 식민지 대부분이 독립을 선언하면서 스페인은 심각한 국가 위기를 겪는다. 이후 스페인은 100년이 넘는 동안 폭동, 내전, 수차례의 헌법 개정과 왕정 중단, 쿠데타, 독재가 반복되는 혼란의 시대로 접어든다. 1868년 스페인 부르주아 혁명이 일어나고 3년 뒤 제1공화정이 들어섰지만, 10개월 간 대통령이 네 번이나 바뀌는 등 분란은 계속되었다. 분쟁에 지친 스페인 사람들은 국가를 안정시킬 강력한 왕을 원하게 된다. 결국 1874년 알폰스 12세가 왕위에 오르며, 공화정은 폐지되고 입헌 군주국의 틀을 갖춘다. 알폰스 12세가 왕으로 있는 동안 잠깐 정치가 안정되는 듯했지만, 1898년 다시 스페인은 미국과 전쟁을 벌인다. 이 전쟁에서 패하면서 스페인은 해외의 쿠바, 푸에르토리코, 괌, 필리핀 등 남은 식민지를 미국에 빼앗기게 되며 찬란한 역사의 내리막길을 걷게 된다. 이로 인해 스페인 역사에는 1898년, 스페인의 몰락을 경험하고 절망을 느낀 '98 세대'라는 말이 생겨났다. 1917년 1차 세계 대전 이후 스페인은 극심한 경기 침체를 겪게 되면서 노동자들이 반란을 일으켰다. 당시 카탈루냐 총사령관이었던 프리모 데 리베라 장군이 쿠데타를 일으켜 정권 장악하며 7년간 독재 정치를 했다. 하지만 자유주의자들의 거센 반발과 1929년 경제 대공황으로 스페인 경제가 파탄 나게 되면서 결국 리베라 장군은 정권을 내려놓았다. 이어 스페인은 국민 투표를 통해 공화제를 다시 선포하게 되지만, 국가와 교회의 분리를 주장하고 이혼과 여성의 참정권 허용, 노동자에게 유리한 계약 조건 등의 진보적인 헌법 내용에 보수 세력이 반발하면서 또 다시 대립을 한다. 특히 세계적으로 이념 대립이 심각해진 1930년대, 스페인 또한 좌파 연합과 우파 연합으로 나뉘면서 내전이 발생한다. 1936년 발생한 스페인 내전은 토지를 독점한 교회와 지주 계급, 그리고 소작 농민과 노동자 계급 사이에 벌어진 계급 전쟁이면서, 파시즘과 인민전선 사이에 전개된 이념 전쟁이었다. 약 3년간 지속된 스페인 내전은 1939년 4월, 프란시스코 프랑코 장군이 이끈 파시스트의 승리로 끝이 났다. 이후 스페인은 최고 권력자가 된 프랑코에 의해 36년 동안의 독재 시대를 맞이하게 된다. 내전이 끝나던 해, 세계는 2차 대전이 터지게 되는데, 이때 스페인은 명목상 중립을 선언하지만 내란 때 도움을 받았던 독일과 이탈리아의 부탁을 무시하지 못하고 협조를 한다. 그러다가 독일과 이탈리아가 불리해지자 다시 엄격한 중립으로 돌아섰다. 이 일을 계기로 스페인은 UN 가입도 거부당하며, 국제 사회로부터 고립되었다. 또한 3년에 가까운 내란으로 국토는 파괴되고 생산은 줄고 실업자는 거리에 넘쳐 경제상황도 어려웠다. 하지만 국민들의 노력으로 경제는 조금씩 회복되었고, 1950년 한반도에 전쟁이 터지면서 공산주의에 대한 두려움을 느낀 자본주의 국가들은 반공산주의 성격을 표방한 스페인에 손을 내민다. 스페인 또한 친서방 정책을 펼친 결과, 1953년에 미국과 방위협정, 로마 교황청과 화해조약을 체결하고, 1955년 국제연합에 비로소 가입하게 되었다. 이후 개방 경제 체제로 전환하며 관광산업에 힘을 쏟았다.

유로화 시대와 세계 관광대국으로의 성장

1970년대 경제가 발전하면서 스페인 곳곳에서 민주화 바람이 불기 시작했다. 파업과 시위가 끊이지 않던 스페인은 1975년 11월, 프랑코 사망하면서 긴 독재 시대를 마감했다. 알폰스 13세의 손자인 후안 카를로스 1세가 왕에 즉위하면서 스페인의 새로운 역사가 시작되었다. 프랑코와는 달리 민주적이었던 후안 카를로스 1세는 1978년 새로운 헌법을 통과시켜 입헌군주제를 확립했다. 또한 금지됐던 카탈루냐, 바스크 등의 민족의 자치권을 인정했고 노동조합, 정당 활동을 헌법으로 보장했다. 민주주의가 정착되자 국민들의 신뢰를 얻었고, 대외 관계에서도 변화가 일어났다. 북대서양조약기구(NATO)에 가입해서 공산권과 대치하는 자유 민주주의 진영임을 더욱 확실하게 다졌고, 1986년에는 유럽경제공동체(EEC) 회원이 되어 이웃 유럽 나라들과 교류를 크게 확대했다. 무엇보다 스페인의 경제 성장에 원동력이 된 것은 신대륙 발견 500주기 기념행사와 더불어 개최한 1992년 바르셀로나 올림픽이었다. 세계적인 행사 개최를 통해 스페인에 대한 세계인들의 관심이 높아졌고, 외국 기업들의 투자도 늘어나기 시작했다. 그리고 1999년 스페인은 독일, 프랑스, 이탈리아 등 유럽 11개국과 함께 새로운 단일 화폐인 유로화를 출범시키고, 2002년 1월부터 본격적으로 통용시켰다. 이러한 노력은 아름다운 자연환경과 귀중한 문화유산이 넘쳐나는 스페인으로 세계인들을 끌어 모으는

| 바르셀로나의 명물인 몬주익의 매직분수.

　데 일조하면서 해마다 막대한 관광수입을 벌어들이는 세계 관광대국으로 발돋움하게 만들었다. 하지만 2008년 금융위기 이후 악화된 스페인의 재정위기와 청년들의 실업률 증가, 바스크, 카탈루냐 지방의 독립 요구 등 여전히 풀어야 할 숙제를 안고 있다.

　특히 바스크 지방의 일부 급진 분리주의자들은 무장테러를 통해 수십 년 동안 정부군과 교전을 벌여와 왔고 수백 전부터 독립운동을 해온 카탈루냐 지방에서는 2014년 11월 9일 독립 여부를 묻는 주민 투표를 시행했다. 스페인 중앙정부의 반대 속에 치러진 비공식 주민투표 결과, 230만 명 중 80.7%가 스페인과의 분리에 찬성했다. 하지만 중앙정부는 여전히 카탈루냐의 독립 요구를 허용할 수 없다는 방침을 고수해 대립을 세우고 있다.

CHAPTER 5

스페인의 예술과 학문

스페인은 수천 년 동안 매우 다양한 민족과 문화로부터 영향을 받아왔다. 이러한 문화적 혼합은 문학, 미술, 건축, 음악, 음식 등에도 영향을 미쳐 독특한 개성과 다채로움으로 꽃피울 수 있었고, 이런 스페인의 예술 문화는 꾸준히 세계의 주목을 받아 오고 있다.

문학

스페인 문학 하면 떠오르는 것은 단연 세르반테스의 〈돈키호테〉이다. 하지만 1605년, 돈키호테가 발표되기 훨씬 전인 12세기의 중세부터 스페인 문학은 발달해왔다. 그 기원은 가톨릭으로 국토 통일을 이뤄내는데 주축이 된 카스티야 왕국에서 찾을 수 있다. 인쇄술이 발명되기 전 그 당시에는 글이 아닌 이야기꾼이 입으로 전해 주는 구전 문학의 장르가 발전했다. 대표적인 작품은 〈엘시드의 노래〉다. 이 작품은 1140년경에 쓰인 현존하는 스페인 최고의 무훈 시로 이슬람군과 싸워 발렌시아를 정복한 엘시드(로드리고 디아스 데 비바르) 장군의 이야기를 담고 있다. 프랑스 〈롤랑의 노래〉, 독일의 〈니벨룽겐의 노래〉와 함께 유럽의 3대 서사시 중 하나로 꼽히는 스페인 문학의 기념비적인 작품이다. 13세기에 들어서는 신앙심을 높이려는 목적에서 승려 문학이 등장한다. 대표 작가는 성직자이자, 시인인 곤잘로 데 베르세오이다. 그의 작품 〈성모 마리아의 기적〉은 대중적이고 문체가 깔끔하다는 평가를 받고 있다. 14세기에는 남녀 간의 사랑을 주제로 한 문학이 최초로 등장했는데, 후안 루이스의 〈아름다운 사랑의 서〉가 대표작품이다. 또한 14세기에는 돈 후한 마누엘의 〈루카노르 백작〉을 통해 스페인 최초의 소설이 선보인다. 풍자가 돋보이는 동양풍의 우화집으로 스페인 산문 발전을 크게 도약하게 만든 작품이다. 15세기의 대표 작품은 유명한 희곡체 소설인 페르난도 데 로하스의 〈라 셀레스티나〉가 있다. 두 청춘 남녀의 비극적 사랑을 그린 이 작품은 인간 평등사상을 중심 주제로 다루고 있다. 16세기와 17세기의 스페인은 광대한 영토를 거느린 세계 최강 대국의 정치적 패권을 잃고 몰락의 길을 걸어가기 시작하는 때이다. 반면 스페인 문학사에서는 황금 세기라 불릴 정도로 문학의 발전을 이루었다. 16세기에는 이탈리아 르네상스의 영향을 받아 자연의 아름다움과 그 속에서 누리는 조화로운 삶을 예찬하는 목가 소설이 많이 쓰였는데, 대표 작품으로는 1559년 호르헤 데 몬테마이오르가 쓴 〈라 디아나〉가 있다. 무엇보다 이 시기에는 스페인만의 독특한 문학 장르인 악자 소설이 등장해 큰 인기를 끌었다. 악자 소설은 1인칭 형식의 풍자적 사실주의를 특징으로 하고, 하류층의 삶을 소재로 하며 주인공은 항상 악자(惡者)다. 유명한 작품으로는 작자 미상의 〈라사리요 데 토르메스〉, 리사지의 〈질 블라스〉, 토머스 내시의 〈불운한 나그네〉등이 있다. 17세기에 들어서는 스페인 문학사에 큰 획을 긋는 위대한 명작이 탄생한다. 바로 세르반테스를 세계적인 작가 반열에 올려놓은 〈돈키호테〉이다. 당시 스페인의 시대적 배경이 극명하게 드러난 작품으로 세르반테스는 돈키호테를 통해 기울어져 가는 현실을 외면한 채, 과거의 영광 또는 환상만 좇고 있는 당시 스페인인들을 투영하고 있다. 이 밖에도 기사소설, 역사소설, 신비주의 문학 등 다양한 형태의 작품이 16, 17세기에 등장했다. 합스부르크 왕조가 멸망하고 프랑스의 부르봉왕조가 지배한 18세기 스페인 문학은 쇠퇴기를 맞이했다. 정치 문화를 비롯하여 문학 등이 철저할 만큼 프랑스 문학의 영향을 받았기 때문에 주체성이라곤 찾아볼 수가 없었다. 19세 후기와 20세기에는 미국과의 전쟁으로 쇠퇴하는 스페인을 경험한 세대로 불리는 98세대의 작가들의 작품이 두드러진다. 98세대의 문학의 가장 두드러진 문학 형태는 소설로, 절망적인 주인공 설정을 통해 국가적 문제의식과 현대인의 불안 문제를 다루고 있다. 98세대 작가들의 활동으로 스페인 문학은 새로운 활력을 얻었으며 스페인의 지적, 문학적 번영기를 맞이했다. 대표작가로는 〈불굴의 창조자 피오 시드의 업적〉을 쓴 앙헬 가니베트, 〈안개〉의 미겔 데 우나무노, 〈생존 경쟁〉의 작가 피오 바로하, 〈보헤미아의 빛〉의 발레 인클란 등이 있다. 이 밖에도 스페인 근, 현대 들어서 뛰어난 작가들이 배출된다. 블라스코 이바네스의 〈묵시록의 네 기사〉는 할리우드 영화의 원작으로도 사용되었고, 후안 라몬 히네메스, 비센테 알레익산드레, 카밀로 호세 세라 등은 노벨 문학상을 수상하기도 했다. 특히 1989년 노벨 문학상을 수상한 카밀로 호세 세라의 〈파크쿠알 두아르테 일가〉는 스페인 내전의 경험과 방황의 기록을 담은 이야기로 돈키호테 이후 가장 많이 읽힌 스페인 문학작품으로 알려져 있다.

미술

　유명 화가들과 명화들의 고향이라 할 수 있는 스페인 미술의 역사는 선사시대로 거슬러 올라간다. 북부 칸타브리아 지방에서 발견된 알타미라 동굴 벽화의 섬세하고 아름다운 그림에서 볼 수 있듯이 스페인인의 선조들은 예술적 감각이 뛰어났다. 이베로족의 문화유산인 귀금속 공예품의 정교함만 봐도 그들의 뛰어난 예술성을 짐작할 수 있다. 이처럼 스페인의 미술은 고대로부터 출발해 이베리아반도를 거쳐 간 다양한 민족과 문화의 영향으로 지역색과 독창성을 꽃피웠다고 할 수 있다. 그 대표적인 예로 11, 12세기 로마네스크 양식이 발달한 카탈루냐 미술을 들 수 있다. 카탈루냐 미술에서는 지역 특색도 잘 나타나지만 벽화와 제단화, 조각 등에서 볼 수 있듯이 종교적 성향이 강하게 나타난다. 이는 스페인 미술의 주요 특징이기도 하다. 종교적인 색채가 많이 들어간 작품을 그린 대표화가는 16세기 말 톨레도를 중심으로 활약한 엘 그레코이다. 엘 그레코는 그리스에서 태어났지만, 스페인에서 화가로 활동하며 명성을 얻었다. 그는 종교와 당대의 현실 세계를 개성있고 신비주의적으로 잘 그려내 스페인 회화의 꽃을 피웠다는 평가를 받고 있다. 대표적인 종교화로는 〈성모의 죽음〉, 〈그리스도의 옷을 벗김〉, 〈마우리티우스의 순교〉, 〈오르가스 백작의 매장〉등이 있다. 이 밖에 그는 초상화로도 이름을 날렸으며, 1610년에는 〈톨레도의 풍경〉이라는 풍경화를 그렸고, 작품마다 독특한 표현 방식과 특이한 색채 표현으로 근대 화가들에게 큰 영향을 주었다. 16세기 말에서 17세기 초의 스페인은 창조력이 폭발한 황금시대였다. 이 시기 최고의 스타는 독자적인 명성을 가진 세비야 출신 천재 궁정화가, 벨라스케스이다. 그의 대표 걸작에는 프라도 미술관에 있는 〈시녀들〉, 〈브레다의 항복〉 등이 있다. 19세기에 들어와서는 〈나체의 마야〉를 그린 정열의 화가 고야가 등장해서 특유한 환상적인 기법으로 근대회화의 길을 열었다. 한편 1808년 프랑스의 침략과 전쟁은 고야의 작품에 깊은 영향을 미쳤는데, 전쟁의 참상을 고발하는 〈5월 2일〉과 마드리드의 민중들이 프랑스 군인들에게 처형당하는 모습을 묘사한 〈5월 3일〉을 보면 잘 알 수 있다. 20세기 초기에는 대부분의 스페인 예술가들이 파리에서 활동했으며 모더니즘에 관련해 많은 활동을 펼쳤다. 그 대표적인 인물이 파블로 피카소다. 그는 입체주의에 대한 관념을 만들어 냈고, 1920년대 중반에는 초현실주의 영향을 받았다. 가장 잘 알려진 작품 〈게르니카〉는 전쟁의 공포를 복잡한 화풍으로 담

| 스페인 바로크를 대표하는 17세기 유럽 회화의 중심적인 인물인 벨라스케스. 마드리드에 있는 프라도 박물관 앞에 있다.

아낸 것으로, 바스크 지방의 마을 게르니카에서 1937년 일어난 독일군의 공중 폭격에 영감을 받아 제작되었다. 이러한 그의 천재적인 재능과 다양한 변모는 그때마다 세계 미술에 큰 영향을 끼쳤다. 또한 독특한 환상의 세계를 펼쳐 보이는 미로, 초현실적인 작품으로 1세기를 풍미한 달리도 스페인의 오랜 미술의 전통에서 피어난 화가이다.

✣ 건축

스페인의 건축 양식은 다채로운 역사와 더불어 로마와 이슬람교도의 지배 때부터 내려온 건축의 특성과 현대적인 발상이 어우러져 발전해왔다. 스페인 건축만의 특징을 꼽으라면, 이슬람 양식이 가미됐다는 것이다. 7세기에

이슬람교도 무어인이 스페인에 정착하면서 그들은 '칼리프양식'을 창조했다. 기하학적인 문양과 아치형 문, 화려한 내부 장식들이 이슬람 문화의 절정을 보여 준다. 이슬람 건축물은 이후 재건축되면서 고딕과 르네상스 형식과 결합하여 스페인 건축의 독특한 분위기를 만드는 데 큰 몫을 했다. 대표적인 건물은 알함브라 궁전, 알카사르, 메스키타 사원 등이 있으며 주로 스페인의 남쪽 지방을 중심으로 남아 있다.

무어인들의 지배하에 있지 않았던 스페인 북쪽에는 서고트족의 후손들인 기독교인들이 '서고트양식'과 '로마네스크양식'을 이어갔다. 스페인의 다양한 건축물 중에서도 스페인의 보물이라 불리는 유네스코 지정 세계문화유산들이 있다. 1984년 유네스코 세계유산으로 지정된 부르고스 대성당은 고딕 건축 양식의 최고 걸작으로 평가되며 장장 13세기에서 16세기에 걸쳐 지어졌다. 여러 주제를 가진 열다섯 개의 예배실은 각자 다른 작가의 조각품과 독특한 모양의 황금 계단, 빛이 쏟아지는 높은 창 등으로 장식되어 웅장하고 화려한 모습을 자랑한다. 마찬가지로 1984년 유네스코 세계유산으로 지정된 엘에스코리알 수도원은 펠리페 2세의 명으로 1563년부터 약 20년에 걸쳐 건설된 수도원과 왕궁을 겸한 건축물이다. 건축가 후안 바우티스타가 기획한 엘에스코리알 수도원은 궁전과 신학교, 도서관, 귀족 자제의 학교, 병원 시설을 갖추었으며 건물 안에는 방 300개, 안뜰 16개, 회랑 15개가 있어 이를 합치면 전체 길이는 16km나 된다. 간결하고 수수한 외관에 엄격한 분위기를 가진 르네상스 양식의 건축물로, 이후 스페인 건축에 큰 영향을 미쳤다. 1986년 유네스코 문화유산으로 지정된 톨레도 구시가지는 마드리드에서 남쪽으로 약 70km 떨어진 곳에 위치한 지역으로 로마 시대부터 16세기까지 서고트와 카스티야 왕국의 수도였다. 강으로 둘러싸인 높은 언덕은 적을 방

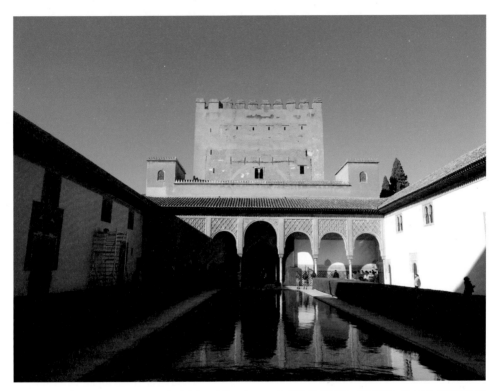

| 알함브라 궁전. 그라나다를 지배한 이슬람 세력인 무어 왕조의 모스크다. 붉은 성이란 뜻을 가진 알함브라는 타레가의 '알함브라 궁전의 추억'이라는 기타 연주곡으로 더욱 유명해졌다.

어하기 좋은 요새였기 때문에, 기원전 190년경 로마인들의 식민지가 된 이후 이슬람교도와 기독교도의 지배를 거쳐 1560년 펠리페 2세가 수도를 마드리드로 옮길 때까지 정치, 문화의 중심지로 발전하였다. 로마인이 세운 알칸타라 다리와 이슬람의 알카사르 성, 기독교의 톨레도 대성당 등과 같은 다양한 특색의 유물을 가진 톨레도는 스페인 역사를 그대로 간직한 지역이다.

스페인의 건축을 이야기하면서 절대 빼놓을 수 없는 인물이 있다. 카탈루냐 바르셀로나 출신으로 스페인을 대표하는 천재 건축가 안토니오 가우디 (Antoni Gaudí i Cornet, 1852~1926)이다. 바르셀로나를 중심으로 독특한 건축물을 많이 남긴 그의 건축물은 주로 자연에서 영감을 얻은 곡선으로 이루어져 있으며, 섬세하고 강렬한 색상의 장식이 주를 이룬다. 그의 대표작인 〈카사 바트요〉, 〈카사 밀라〉, 〈구엘 공원〉, 〈구엘 별장〉, 〈사그라다 파밀리아 성당〉 등은 세계적인 관광 명소가 될 정도로 독창적인 아름다움을 지니고 있다. 특히 그중 백미라고도 불리는 사그라다 파밀리아 성당은 독특한 형태와 현란하면서도 세밀한 장식이 뛰어나고, 4개의 돔의 표면은 완전히 모자이크로 모든 유형의 유기적인 장식으로 뒤덮여 있다. 1883년에 가우디가 직접 건축을 책임지고 짓기 시작했으나 아직까지도 미완성으로 지어지는 중이다.

철학

스페인은 영국, 독일, 프랑스 등 주변 유럽국가와는 달리 비교적 철학이 꽃피우지 않은 곳으로 알려져 있다. 하지만 그리스의 철학 사조가 인류에게 생각하는 방법을 가르쳐 주었다면 중세 스페인이야말로 유럽이 잊어버린 아리스토텔레스의 철학을 재발견하고 이를 개념화한 곳이다. 이미 8세기부터 이베리아 반도를 점령하고 있던 이슬람 철학자들이 아리스토텔레스의 저작들을 아랍어로 번역해 중세 스페인에서 아리스토텔레스의 철학을 부응, 발전시켰던 것이다. 따라서 만약, 아리스토텔레스의 철학이 스페인에서 보존, 해석되지 않았다면 프랑스 파리 대학의 중세 철학도 발전하지 않았을 것이라는 평가를 받고 있다. 19세기 말, 스페인에서는 부르주아 민주주의적 개혁을 실시해야 할 필요성에서 진보적인 사조들이 생겨났다. 대표적인 것이 크라우제 철학이다. 크라우제 철학은 독일의 관념철학자인 크라우제(1781~1832)의 합리주의를 따르는 사상체계를 스페인 관점으로 시의 적절하게 도구화하여 스페인의 사회 전반에 접목해 확산시켜 나간 윤리학이다. 독일 유학을 통해 크라우제 철학을 스페인에 직접 도입한 사람은 철학자, 훌리안 산스 델리오다. 이 철학은 과학을 찬양했으며 근대 교육에 대한 확고한 신념을 갖고 있었다. 크라우제 철학을 지지했던 지식인들은 '종교는 인간과 신의 기본적인 합일'이라는 논리를 도출시켰다. 크라우제 철학은 스페인 문화에도 많은 이바지를 했는데, 특히 가톨릭교회의 의식 위주 행사나 교리 등을 이성, 자유, 발전, 인류 등의 용어를 빌려 경멸하기도 했다. 또한 20세기 초 스페인의 부르주아 철학에는 실존주의적 견해의 창시자인 우나무노(1864~1936)의 철학이 널리 퍼져 있었다. 스페인의 철학가이자 시인이며 소설가인 그는 전쟁을 진보와 전 인류적 도덕에 반하는 현상으로 보고 비난했으며, 스페인이 쿠바나 모로코 인민의 민족해방운동을 진압하는 것에 반대했다. 또한 그는 신의 존재를 인정하기는 했지만, 결코 신을 범신론적으로 자연과 동일시하지는 않았다. 우나무노와 쌍벽을 이루는 스페인의 또 다른 철학자는 호세 오르테가 이 가세트(1883~1955)다. 그는 니체 이후 유럽 최고의 철학가이자 문장가라는 평가를 받고 있다. 호세의 근본 사상은 니체와 딜타이 등의 계통을 잇는 '생의 철학'에 근원을 두었다. 우나무노와 마찬가지로 이성을 생에 적대하는 것으로 보지 않고 우나무노적 비합리주의를 딜타이로부터 배운 '역사적 이성' 또는 '생명적 이성'으로 초월하였다. 생과 이성과의 통합을 겨냥하는 독자적 생의 철학을 구상하였다. 이러한 입장에서 널리 현대의 문제와 문화 일반을 논평하여 스페인뿐 아니라 유럽과 미국 사상계에 크게 영향을 끼쳤다. 저서로는 〈형이상학 강의〉, 〈대중의 반역〉, 〈삶의 의미〉, 〈사랑에 관한 연구〉, 〈돈키호테의 성찰〉 등이 있다.

🎵 과학

스페인 과학은 중세 전반까지 교회 중심의 체제였기 때문에 과학적 업적이 초라했다. 특히 예술과 문학이 발전했으나 과학 지식은 다른 유럽에 비해서도 뒤처졌었다. 18세기에 들어와 카를로스 3세 집권기에 과학이 크게 발달하기 시작했는데 교육을 교회에서 공립 교육기관이 담당하게 되었다. '왕립 자연사 연구소'라는 이름으로 국립 박물관을 설립하고 카디스와 마드리드에 천문대를 설치하기도 했다. 대학 교육은 토목, 건축, 물리학, 수학 등 기술 교육을 중점으로 새롭게 개편하면서 현실에 대입시키려는 노력이 이뤄졌다. 화학은 금속학과 섬유 공학에, 식물학은 농업과 의학에, 지질학은 국가의 광물 자원 개발 면에서 적용을 시도했다. 특히, 아메리카에 식물학과 과학적 연구를 위해 훔볼트 원정대를 지원하기도 했다. 그리고 19세기 후반 30년 동안에 의학과 자연 과학이 크게 발전하여 1906년에 산티아고 라몬 이 카할은 신경계단위 뉴론설을 완성하며 노벨 의학상을 받았다. 1988년에 국가연구개발계획을 시행하면서 집중적인 과학연구개발투자의 대폭적인 증가를 가져왔다.

🎵 음악

스페인 음악의 다양성은 여러 민족의 혈통 및 문화를 흡수해온 역사에서 찾을 수 있다. 특히 민속 음악의 발달로 서구의 다른 나라에서는 찾아볼 수 없는 독특한 특성과 다채로움을 갖추고 있다. 그중 하나가 세계적으로 널리 알려진 플라멩코다. 안달루시아 지방의 민족 감성이 풍부하게 표현되는 전통 민요와 무용, 기타 반주 세 가지가 조화를 이루어 형성하는 민족 예술이다. 이 외에도 카탈루냐의 민속 음악과 무용인 '사르다나', 북부 갈라시아 지방의 민요인 '알랄라', 동부 아라곤의 민속 무곡인 '호타' 등 지방마다 독특한 음악이 존재한다. 이슬람교도들 또한 류트, 기타, 트럼펫, 백파이프, 탬버린 등의 악기와 연주법, 노래 등으로 스페인 음악에 많은 영향을 남겼다. 무엇보다 독실한 가톨릭을 믿었던 스페인에서 음악은 종교와 함께 발달했다. 가장 오래된 종교음악은 6, 7세기 서고트 왕국 시대의 〈모사베라 성가〉이다. '모사베라'는 아랍어로 위장한다는 뜻을 가졌는데, 이슬람 시대에도 많은 기독교인들이 불러왔기 때문에 그런 이름을 갖게 되었다고 한다. 중세 후기의 종교 음악은 프랑스 등 유럽의 이웃 나라와 혼합될 만큼 발달을 보였고 각 지방에 우수한 성가의 전통이 형성되었다. 르네상스 시대의 15, 16세기는 스페인 음악의 황금기라 불린다. 특히 가톨릭으로 통일을 이룬 페르난도 왕과 이사벨 여왕, 두 가톨릭 군주 시대 때부터 나라와 음악이 함께 번영했다. 이제까지의 종교적 음악 대신 성악곡이나 기악곡이 많이 작곡되었다. 유명한 곡으로는 스페인 고유의 멋이 넘치는 세속 가곡, 460여 곡이 수록된 〈왕국의 가곡집〉이 있다. 카를로스 1세 때는 종교 음악의 대가인 빅토리아가 종교음악합창을 꽃 피운다. 16세기 가장 위대한 작곡가로 꼽히는 그는 평생 독신으로 살며 종교음악에만 몰두했다. 그가 작곡한 21개의 미사곡과 44개의 모테트는 당대 가장 훌륭한 작품으로 꼽힌다. 또 〈찬송가〉, 〈4개의 죽은 자를 위한 기도곡〉, 〈레퀴엠〉 등 180곡의 종교음악을 남겼다.

악기 중 가장 빨리 발달한 것은 오르간이다. 대표 오르간 거장으로는 펠리페 2세의 궁정 음악가인 안토니오 데 카베손이 있다. 17세기에는 스페인식 오페레타가 만들어졌고, 아라곤 출신의 가스팔 산스에 의해 스페인 무곡이 기타 음악에 도입되었다. 분쟁과 내란 등 정치적으로 혼란한 시기인 19세기에는 다른 나라에 비해 음악이 발전이 저조했으나, 기타 음악은 왕성하게 발달하였다. 후안 파르가에 의해 플라멩코와 갈리시아 음악이 기타 연주곡으로 재탄생됐다. 이후 스페인 음악은 다양한 형태로 꾸준히 발전해 〈아란후에스〉, 〈알람브라 궁전의 추억〉, 〈로망스〉와 같은 클래식 기타 명곡이 탄생하고 플라멩코 연주곡도 다양해진다. 또한 플라시도 도밍고, 호세 까레라스 등 세계적인 성악가들이 탄생한다.

연극과 뮤지컬

스페인에서 가톨릭은 종교를 뛰어넘어 모든 예술 문화의 뿌리가 되었다고 해도 과언이 아니다. 스페인 연극 또한 교회에서 상연된 성극과 신비극에서 출발했다. 12세기 말의 작품, 〈동방 3박사의 성극〉은 오늘날까지 남아 있는 유일한 성극이다. 16세기 이르러서야 제법 연극의 구성을 갖췄는데, 중심에는 스페인 연극의 아버지라 불리는 엔시나가 있다. 그는 〈목가〉라는 작품을 교황 앞에서 상연하였다. 이후 스페인 연극을 대중화시킨 인물은 극작가인 동시에 감독이자 배우인 '루에다' 이다. 그는 〈파소〉라는 짧은 소극의 형식을 탄생시켰다. 서민의 일상생활을 희극적으로 표현하는 파소는 긴 작품 중간에 기분 전환을 위한 유머나 짧은 촌극으로 작품에 포함되었다. 이것은 20세기까지 스페인 소희극의 줄기를 이루었을 정도로 스페인 연극에 큰 공헌을 했다. 또한 루에다는 국왕 펠리페 2세부터 농민에 이르기까지 각계각층의 관객 앞에서 공연을 했다. 따라서 스페인 연극은 그에 의하여 최초로 민중의 것이 되었다는 평가를 받았다. 17세기는 스페인 연극의 황금 세기라 불린다. 그 대표 주자는 로페 데 베가이다. 스페인의 전설 속 인물과 사상을 다룬 그의 연극은 국민 연극이라는 평가를 받았다. 또 〈세비야의 농락자〉, 〈석상의 초대객〉이라는 연극을 통해 등장인물의 심리 분석이 뛰어난 작가로 칭송

받은 티르소 데 몰리나가 왕성하게 활동했다. 18세기에는 프랑스 문학이 쇠퇴했던 것처럼 연극 또한 프랑스의 고전극만 모방하는 등 보잘것없었다. 낭만주의 시대인 19세기에는 소리야의 〈돈 후안 테노리오〉, 가르시아 구티에레스의 〈음유시인〉같은 낭만파 대표작이 등장했다. 98세대 문학 운동의 대표 극작가로는 하신토 베나벤테를 빼놓을 수 없다. 염세적이며 풍자 희극을 특색으로 하는 그의 작품은 큰 인기를 얻었는데, 그의 대표작 〈타산적 이해〉는 1922년 노벨 문학상을 수상했다. 1980년대와 90년대에 들어서는 스페인 정부의 프로그램 일환으로 마드리드, 바르셀로나, 세비야 등의 대도시에 이름 있는 극장들이 설립됐다. 이러한 환경 조성으로 인해 지역 무대마다 전위적이고 실험적인 작품들이 공연되면서 스페인 연극을 널리 대중화시켰다. 현재 마드리드 문화 센터에서는 일주일을 주기로 작품을 교체하며 공연을 할 정도로 스페인 사람들의 연극에 대한 애정이 높다. 한편, 스페인의 뮤지컬은 세계적으로 유명하지는 않지만, 프랑스, 영국, 미국에서 제작한 뮤지컬 중 스페인을 배경으로 한 뮤지컬은 끊임없이 인기를 끌고 있다. 대표적인 작품으로는 스페인 작가 세르반테스의 소설 〈돈키호테〉를 재해석한 〈맨 오브 라만차〉, 스페인의 젊은 귀족이자 세기의 옴므파탈 돈주앙의 삶과 사랑을 노래한 〈돈주앙〉이 있다. 특히 돈주앙은 화려하고 열정적인 스페인 오리지널 플라멩코를 볼 수 있어 세계 공연마다 폭발적인 인기를 얻었다.

영화

스페인 영화는 창의성과 기술력을 세계적으로 인정받았을 정도로 상당히 높은 수준을 지녔다. 그뿐만 아니라 스페인 사람들은 영화를 무척 즐긴다. 하지만 스페인 영화보다 할리우드 영화의 국내 점유율이 약 4배 정도 높다. 엄청난 제작비를 투자해 만드는 초대형 규모의 할리우드 영화와 비교해 아직 스페인 영화의 제작 규모가 작기 때문이다. 스페인 영화는 1900년대 무성영화로 시작했다. 노벨상을 수상한 하신토 베나벤테의 극작품이 영화로 제작되는 등 당시에는 극작을 토대로 하는 영화가 바르셀로나와 마드리드를 중심으로 만들어졌다. 하지만 루이스 부뉴엘 감독이 등장하면서 스페인 영화의 흐름이 바뀌게 된다. 1928년 그는 화가인 살바도르 달리와 함께 제작한 데뷔작, 〈안달루시아의 개〉를 상영한다. 이 영화는 초현실주의의 실험적인 영상으로 전 세계 영화계에 충격과 파문을 불러일으켰다. 이후 인간의 원초적인 모습을 적나라하게 내보이는 사실주의 영화를 만들기도 하면서 스페인 영화의 색깔을 입힌다. 1950년, 비행소년들을 다룬 그의 사실영화 〈잊혀진 사람들〉은 칸 영화제에서 그랑프리를 수상했다. 자유를 억압하는 사회 분위기와 철저한 작품 검열이 이루어졌던 프랑코 독재 시절은 스페인 영화사에서 가장 어두웠던 시기다. 이에 스페인 영화인들은 1955년 살라망카에 모여 당시 꽉 막힌 스페인 영화의 상황에 대한 가차 없는 비난과 자성의 목소리를 내는 선언서를 채택한다. 그리고 이탈리아의 네오리얼리즘 영향을 받은 새로운 영화(Nuevo cine espanol)를 만들기 시작한다. 그 새로운 흐름을 이끈 첫 번째 감독이 카를로스 사우라이다. 그는 데뷔작인 〈부랑자들〉(1960)을 시작으로 〈사냥〉(1966), 〈얼음이 박힌 박하〉(1967), 〈까마귀 기르기〉(1975), 〈카르멘〉(1983), 〈탱고〉(1998), 〈돈 조반니〉(2009) 등 50여 년간 40편의 영화를 만들었다. 세계 영화제에서 많은 상을 받기도 한 그의 작품은 초기 프랑코 독재정권을 은유적으로 비판한 영화부터 카르멘, 플라멩코와 같은 스페인 예술문화에 대한 영화들까지 다채롭다. 스페인적인 주제를 영화에 잘 담아낸다는 평가를 받으며 세계 영화인들의 존경을 받고 있다. 그를 잇는 또 한 명의 스페인 영화 거장은 1980년대 민주화와 세계화 물결을 타면서 급부상한 페드로 알모도바르 감독이다. 그의 데뷔작, 〈산 정상의 페피, 루시, 봄 그리고 다른 소녀들〉(1980)은 스페인 전역에서 큰 인기를 끌었고, 2000년에는 〈내 어머니의 모든 것〉(1999)으로 아카데미상을 받았다. 스페인 국내는 물론, 국제적으로도 큰 성과를 거둔 그는 현대 스페인 영화를 대표하는 감독으로 꼽힌다. 이후 호세후안 비가스루나, 알레한드로 아메나바르, 비센테 아란다 등 많은 스페인 영화감독들이 세계에서 명성을 얻었다. 현대 스페인 영화의 또 다른 흐름은 영어로 영화를 제작하는 것이다. 할리우드 배우들과 작업을 하는 경우도 많다. 대표적으로 니콜 키드먼이 주연한 〈디 아더스〉, 크리찬 베일 주연의 〈머시니스트〉, 나탈리 포트만과 하비에르 바르뎀이 주연한 〈고야의 유령〉이 스페인 감독들이 영어권 배우들과 제작한 영화다.

CHAPTER 6 스페인의 문화와 생활

국경일과 공휴일

스페인의 국경일 10월 12일은 1492년 콜럼버스가 아메리카 대륙을 발견한 날을 기념한다. 이날은 군사 퍼레이드 등 국가적인 기념행사가 열린다. 또 하나의 국경일은 12월 6일로 스페인 헌법을 제정한 제헌절이다. 이날을 기념하기 위하여 매년 제헌절에는 스페인 각계각층의 유명인사와 학생들이 헌법을 낭독하는 행사를 갖는다.

스페인의 공휴일 대부분은 가톨릭 기념일이다. 1월 6일 주현절은 세 사람의 동방박사가 아기 예수를 경배한 것을 기념하는 날이다. 이날 스페인 부모들은 아이들에게 선물을 준다. 예수의 수난 기념일인 성목요일부터 성금요일, 부활절, 부활절 다음 월요일까지는 예수가 고난당한 주간을 기념해 공휴일로 지정돼 있다. 또 성모 마리아가 사후 부활해 천국으로 올라간 일을 기념하는 8월 15일 성모승천일과 12월 8일 성모 수태일, 예수 탄생을 기념하는 12월 25일 크리스마스가 가톨릭과 관련된 공휴일이다. 이 밖에 5월 1일 노동자의 날, 가족과 함께 조상의 묘지를 방문하는 날인 11월 1일, 모든 성인의 축일인 만성절이 공휴일로 지정돼 있다.

🎗️ 예절

스페인 사람들은 인사성이 밝다. 처음 보는 사람이라도 얼굴을 마주하면 '올라'(Hola) 하고 인사하는 것이 예의다. 또 여유로운 스페인 사람들은 아무리 줄이 길어도 재촉하지 않고 느긋하게 기다린다. 식당에 가서도 웨이터가 뭔가를 하는 도중 부르는 것은 스페인에서는 실례가 되며, 주문한 음식이 안 나온다고 소리를 치는 것도 안된다. 스페인에서는 재촉한다고 먼저 가져다주지 않고 순서대로 느긋하게 진행되기 때문에 스페인에 가면 여유를 갖고 기다리는 것이 좋다. 그리고 식당, 미용실 등 모든 방문은 예약과 약속을 해야 한다. 안 그러면 거절을 당하는 경우도 있다. 스페인에서의 식사 예절은 먼저 후루룩 소리를 내면 안 되고, 음식을 먹을 때 손을 사용하지 않는다. 그래서 요리와 함께 나오는 빵도 포크로 옮긴다. 와인이나 맥주를 딸 때는 오른손으로 따야 한다. 왼손으로 따는 것은 실례다. 식후 트림하는 것은 스페인에서는 절대로 하지 말아야 한다. 상대방 술잔이 비워지기 전에 반드시 채워 주며, 가득 채우지 않는 게 좋다. 술에 취해 비틀거리는 사람은 스페인에서 경멸의 대상이 되므로 주의해야 한다. 스페인에서 선물을 받았을 때는 그 자리에서 풀어보는 것이 예의이며, 노인과 여성을 존중하고 보호하는 사회이다.

🎗️ 관습

스페인의 대표적 관습에는 시에스타(La Siesta, 낮잠)가 있다. 시에스타라는 말은 여섯 번째 시간(hora sexta)는 라틴어에서 유래했다. 해 뜨고 정오까지의 6시간이 지난 후 잠시 쉰다는 의미로, 흔히 점심을 먹은 뒤 잠깐 자는 낮잠을 말한다. 한낮의 온도가 최고 43℃까지 오르는 스페인의 더운 날씨 때문에 생긴 관습이다. 이 시간에는 많은 상점과 박물관, 식당 등이 문을 닫는다. 하지만 이러한 관습은 에어컨 등 냉방 시설이 없을 때 통용되는 관습이었고, 시에스타로 인해 경제적 손실이 크다는 의견이 대두하면서 폐지하자는 움직임도 있다.

속담

스페인의 속담에는 '일 년이 되도록 일어나지 않은 일이 2,3분 내로 일어날 수 있다', '시간은 만물을 성숙하게 한다', '착한 마음은 불운을 이겨 낸다', '내가 바다를 건너기 전까지 내가 바다를 건널 수 있는 능력을 갖추고 있는지 몰랐다', '신은 지체하시지만 잊지는 않으신다', '용감한 자는 그의 행운을 캐낸다', '하나의 문이 닫힐 때 다른 문이 열린다', '썩은 사과 중에서는 선택의 폭이 적다' 등이 있다.

축제와 문화행사

스페인은 축제의 나라다. 대도시는 물론 지역별로 고유 특색을 가진 축제가 매월 열린다고 생각하면 된다. 헤레즈에서는 매년 2월 말에서 3월 초에 걸쳐 플라멩코 댄스 페스티벌이 2주간 열린다. 집시들의 문화였던 플라멩코는 이제 스페인을 대표하는 문화로 자리 잡았다. 전통문화를 발전시키기 위해 열리는 플라멩코 축제는 다른 지역에서는 보기 힘든 전통 플라멩코를 감상할 수 있고 직접 배워 볼 수도 있다. 한편 발렌시아에서는 매년 3월 불꽃축제가 개최된다. 발렌시아의 수호성인인 성모 마리아에게 감사를 표하는 전통 축제로 시작됐다. 700여 개의 거대한 종이 모형을 만들어 전시한 후 3월 19일 성 요셉의 축일에 한 번에 태워 버림으로써 새봄이 오는 것을 기념하는데, 나쁜 기운이나 실패 경험을 없애고 새롭게 나간다는 의미도 있다. 많은 사람이 기다리는 또 하나의 스페인 축제는 바로 토마토 축제이다. 8월 마지막 수요일 발렌시아 지방의 부뇰에서 열리는 토마토 축제는 1940년대 중반, 마을 광장에서 토마토를 던지며 싸움을 한 데서 유래한다. 지금은 약 120t의 토마토를 거리에 쏟아 놓고 마을 사람들과 관광객들이 서로 토마토를 던지며 즐기는 축제로 발전했다. 토마토 축제가 열리는 일주일 동안 불꽃놀이와 공연, 음식 축제 등도 함께 열린다. 팜플로나에서는 성 페르민을 기리는 산 페르민 축제가 열리는데, 소를 모는 행사가 중심이 된다. 바르셀로나의 수호성인인 메르세 성녀를 기념하는 메르세 축제는 카탈루냐 지방 전체를 대표하는 축제로 자리매김했고, 스페인 소도시 타레가에서는 피라타레가 예술 공연 축제가 매년 열린다.

음식과 식문화

　스페인은 기후나 지역적 특성의 영향으로 지역마다 다양한 요리가 발달했다. 그중 프랑스와 국경을 접하고 있는 바스크 지방은 요리의 본 고장이다. 바스크 지방 반경 40km 안에 권위 있는 〈미슐랭 가이북〉에서 별을 받은 레스토랑이 무려 25개가 되고, 전 세계에서 미슐랭 3star를 받은 레스토랑 8곳 중 4곳이 바스크 지방에 있다는 것만 봐도 바스크 지방의 요리 수준이 높다는 것을 알 수 있다. 바스크 지방은 산과 바다가 만나는 지리적 환경으로 신선한 멸치, 참치, 새우, 대구 등을 이용한 해산물 요리가 유명하다. 또 지방 특산품인 고추와 토마토를 이용한 다양한 요리가 발달해 있다. 바스크 지방과 같이 스페인 요리의 양대 산맥을 이루는 지방은 카탈루냐이다. 카탈루냐는 현지의 전통적인 풍미와 함께 다른 유럽 국가의 음식을 적극적으로 받아들인 곳이다. 발렌시아 지방과 같이 쌀 요리의 전통이 깊고, 해산물과 파스타 요리를 즐겨 먹으며, 내륙으로 깊이 들어가면 멧돼지, 토끼, 달팽이, 생선과 감자로 만든 스튜 등과 같은 요리를 접할 수 있다.

인구의 상당수가 어업에 종사하는 갈리시아 지방에서는 매운맛이 나는 삶은 문어, 맛조개, 대합, 홍합, 새조개, 바지락, 청어로 만든 다양한 해산물 요리와 레몬을 첨가해 만든 타르트, 스페인식 파이 요리인 엠파나다 등이 있다. 포도주 종류가 많은 아라곤 지방은 적포도주에 복숭아를 같이 담아서 먹는 음식 문화가 있다. 또한 양갈비, 양고기 스튜, 개구리 뒷다리 등의 요리도 발달했다. 넓은 곡창지대가 있는 무르시아에서는 양파와 달걀, 감자를 같이 모아 만드는 대표 음식, '사란고요'가 있다. 카스티야 라 만차는 양젖으로 만든 치즈와 달팽이 요리로 유명하다. 스페인 중부, 카스티야 레온을 포함한 메세타 고원 지역은 그들만의 독특한 음식문화를 갖고 있다. 도토리만 먹고 자란 멧돼지의 뒷다리와 엉덩이 살로 만든 햄인 '하몽 이베리꼬'는 스페인 최고의 햄으로 칭송받고 있는데, 엑스트레마두라와 살라망카에서 생산된다.

발렌시아에서는 특산물인 오렌지를 이용한 오렌지 파에야가 유명하고 발레아레스 제도 지역 사람들은 장어를 무척 좋아해서 파이 속에 장어를 넣은 마요르카식 에스빠나가다(장어 시금치 파이)를 즐겨 먹는다. 겨울에도 온도가 영하로

| 스페인은 유럽 최대의 쌀 생산국이다. 신선한 해산물과 결합해 만든 전통음식 '파에야'는 한국 관광객들이 가장 많이 즐겨 먹는 요리이다.

떨어지지 않고 여름에는 매우 무더운 안달루시아 지방에서는 차가운 수프인 '가스파초'가 발달했다. 무더운 날씨를 버틸 수 있게 해주는 여름철 대표 음식으로 토마토와 양파, 피망을 썰어 넣고 식초와 올리브 오일을 넣어 걸쭉하게 갈아 소금과 식초로 간을 한 음식이다.

안달루시아는 오랜 기간 이슬람교의 지배를 받았던 곳으로 음식 문화에도 이슬람 영향이 크다. 따라서 국토회복운동이 일어났던 긴 전쟁 동안 먹을 수 있는 하몽과 같은 돼지고기 요리가 발달했다. 이제 스페인 요리의 상징이 된 '타파스'도 안달루시아 지방에서 유래했다. 타파스는 덮개라는 뜻으로 음식에 덮개를 덮어 먼지와 곤충으로부터 보호한 데에서 유래했다. 지금은 스페인 전역으로 퍼져 간단한 애피타이저, 안주 또는 간식 개념으로 발달했다. 스페인 사람들은 바(Bar)에 가서 식사 대신 맥주나 와인에 타파스를 즐

| 돼지 뒷다리를 소금에 절여 건조시킨 스페인의 생햄인 하몽.

겨 먹는다. 타파스의 종류는 셀 수 없을 정도로 많은데, 대표적으로 하몽과 빵을 함께 먹는 하몽 토스타도가 있다. 또 스페인은 세계 3위의 와인 생산국답게 식사 때마다 와인을 곁들여 먹는다.

| 스페인의 투우 경기장.

✦ 스포츠

스페인 사람은 축구를 열광적으로 좋아한다. 스페인 축구는 피파 랭킹 1위는 물론, 유로 2008과 2010년 남아공 월드컵에서 우승을 차지할 정도로 세계 최고 수준이다. 또 레알 마드리드, FC 바르셀로나, FC 발렌시아 등 세계 명문 축구팀을 갖고 있어 세계 축구 팬들을 부러움을 사고 있다. 9월부터 다음 해 5월까지 매 주말이면 수천 명의 팬이 세계 3대 축구 리그 중 하나인 프리메라 리가 경기를 보기 위해 축구장을 찾거나 TV로 축구 경기를 시청한다.

스페인의 가장 전통적인 스포츠 문화는 투우다. 투우 시즌은 2월 첫째 주 시작된다. 가장 추앙받는 투우사로는 마드리드의 호세 토마스, 엘 코르도베스, 엘 줄리 등이 있다. 잔인하다는 이유로 투우를 폐지하라는 여론도 있지

| 마드리드의 랜드마크인 투우사의 동상. 스페인 광장 앞에 있다.

만, 바르셀로나를 중심으로 한 카탈루냐 지방에서 금지된 것을 제외하고 스페인 사람들은 여전히 투우에 열광한다. 최근 들어서는 자동차 경주가 인기를 끌고 있는데, 세계적인 수준의 레이서인 '다니 페드로사'가 유명하다. 이 밖에도 스페인 사람들은 테니스, 골프, 농구, 수영, 스키 등 다양한 스포츠를 즐기며, 1992년 바르셀로나 올림픽을 계기로 국제 스포츠 행사의 메카로 스페인이 주목받고 있다.

상식으로 꼭 알아야 할

유럽

초판 발행   2015년 08월 20일

편   저 | 이야기는 힘이 세다

발 행 인 | 신재석
발 행 처 | (주)삼양미디어
등록번호 | 제 10-2285호
주   소 | 서울시 마포구 양화로 6길 9-28
전   화 | 02 335 3030
팩   스 | 02 335 2070
홈페이지 | **www.samyang𝓂.com**

ISBN | 978-89-5897-304-1(03300)